G. DESDEVISES DU DEZERT

LE

CONSEIL DE CASTILLE

EN 1808

Extrait de la *Revue Hispanique*, tome XVII

NEW YORK, PARIS

1907

LE
CONSEIL DE CASTILLE

EN 1808

MACON, PROTAT FRÈRES, IMPRIMEURS.

G. DESDEVISES DU DEZERT

LE CONSEIL DE CASTILLE

EN 1808

Extrait de la *Revue Hispanique*, tome XVII

NEW YORK, PARIS

1907

A MON AMI

GEORGES GIACOMELLI

Chamalières, 5 Avril 1908

LE
CONSEIL DE CASTILLE
EN 1808.

INTRODUCTION

I

Véritable cœur de la monarchie espagnole, le Royal et Suprême Conseil de Castille recevait toutes les réclamations, requêtes, suppliques et prières qui de la nation montaient vers le roi, et renvoyait aux administrations provinciales ou locales et aux particuliers les rescrits et réponses du souverain. Il était l'intermédiaire nécessaire entre les sujets et le roi, entre le roi et ses peuples. Vu du côté de la nation, il marquait le faîte des grandeurs humaines ; vu du côté du roi, il représentait le premier degré de l'autorité déléguée, le plus direct et le plus immédiat des pouvoirs subordonnés à la majesté royale.

Sa compétence s'étendait aux matières les plus diverses, aux plus infimes comme aux plus considérables. Il agissait tantôt comme comité d'élaboration des lois, tantôt comme conseil privé du monarque, ou comme cour de justice, ou comme tribunal administratif. Il concourait à la nomination des fonctionnaires, surveillait leur conduite, et examinait leurs comptes à leur sortie de charge.

Une section privilégiée du Conseil, la Chambre royale de Castille (*Real Camara*), remplissait auprès du roi le rôle de Conseil de conscience.

Le tribunal de police de Madrid, ou Chambre des juges de l'Hôtel et de la Cour (*Sala de alcaldes de Casa y Corte*), était présidé par un conseiller de Castille et soumis à la suprématie du Conseil, qui avait par lui le gouvernement de la capitale.

Le Conseil était présidé par un gouverneur amovible, nommé

par le roi. Son parquet se composait de trois procureurs généraux (*fiscales*), assistés de quatre substituts (*agentes fiscales*) ordinaires et de quatre substituts extraordinaires. Les conseillers
titulaires, au nombre de trente-cinq, se répartissaient entre la
première et la deuxième Chambre de gouvernement, la Chambre
des quinze cents doubles, la Chambre de justice et la Chambre de
province. Tout un monde de gens de justice gravitait autour de
la Cour : sept greffiers de la Chambre (*escribanos de Camará*), sept
rapporteurs (*relatores*), cinquante receveurs (*receptores*), douze
huissiers (*porteros*), un répartiteur, un imprimeur, sans compter
les employés subalternes des greffes, les clercs des rapporteurs et
receveurs, les procureurs et agents d'affaires, les garçons de salle
et artisans divers vivant dans la mouvance du Conseil.

Le gouverneur du Conseil recevait du roi un traitement de
150.000 réaux, les fiscaux touchaient 66.000 réaux, les conseillers 55.000. Si opulents qu'ils fussent, ces traitements n'étaient
rien en comparaison des honneurs attribués au Conseil. Pris
dans son ensemble, le Conseil avait droit au titre d'Altesse et, en
cas de vacance du trône, à celui de Majésté. Dans les processions
et les cérémonies publiques, c'était lui qui occupait le meilleur
rang et la meilleure place. Invité à toutes les fêtes, il avait part
à toutes les largesses du roi, de la noblesse et de la municipalité
madrilène. Sans toucher d'épices et sans manquer à ses devoirs,
le magistrat tirait encore de sa charge force privilèges, exemptions
et commodités. Obtenir en fin de carrière et comme récompense
suprême de longs services un siège au Conseil de Castille était
l'ambition de tout juge et de tout administrateur castillan [1].

Les places se donnaient parfois à la faveur, mais le gouvernement était lui-même si intéressé à faire de bons choix qu'il ne

---

1. Cf. sur ce sujet notre étude : *Le Conseil de Castille au XVIIIᵉ siècle*
(Revue Historique, t. LXXIX, 1902), extraite de D. Antonio Martinez Salazar,
Colección de memorias y noticias del gobierno general y político del Consejo. Madrid,
1764, in-fº, et de D. Pedro Escolano de Arrieta. *Practica del consejo real en el
despacho de los negocios*. Madrid, 1796, 2 t. in-fº.

procédait, en général, qu'après une sérieuse enquête à la nomination d'un Conseiller de Castille [1].

La réception du nouveau magistrat avait lieu avec une extrême solennité ; l'esprit formaliste et hiérarchique de la Compagnie s'y révélait tout entier et tous les détails de la cérémonie étaient soigneusement consignés par écrit pour servir d'instruction aux générations futures.

Le 7 septembre 1802, D. Felipe Ignacio Canga Argüelles, fiscal du Conseil, prit possession du siège de Conseiller de Castille, qui lui avait été conféré, le 25 août précédent, par un décret royal, daté de Saragosse. Quand toutes les chambres furent réunies en la Grand' Salle, D. Bartolomé Muñoz, secrétaire du Conseil, avertit la Cour de l'arrivée du récipiendaire, et le président ordonna de l'aller quérir et de le faire entrer. D. Felipe fut introduit, et se plaça au milieu de la salle, à droite de Muñoz, qui donna lecture du décret royal de nomination, la porte de la salle étant restée grande ouverte. Après la lecture du décret, la porte fut refermée et D. Felipe se retira derrière la balustrade placée à l'entrée de la salle. Muñoz monta sur l'estrade et remit le brevet royal au gouverneur, qui le baisa et l'éleva au-dessus de sa tête en prononçant la formule : « il sera obéi ». Il invita en même temps le nouveau magistrat à entrer. Muñoz alla chercher D. Felipe derrière la balustrade et le ramena devant la Cour, en le tenant toujours à sa droite. On rouvrit alors la porte pour la cérémonie de la prestation de serment, mais D. Felipe ayant fait observer qu'il avait déjà prêté serment comme fiscal, le Conseil voulut bien le dispenser d'un nouveau serment. Le récipiendaire

---

1. « He querido encargaros, como lo hago, me embieis precisamente una relacion muy particular de ellos, declarando la edad, partes y calidades que cada uno tuviere, de donde son naturales, en que Universidades y colegios estudiaron, se graduaron y exercitaron, que ocupaciones tuvieron antes que fuesen promovidos á ese mi Consejo de Navarra, quanto tiempo ha que sirven en el, y como han procedido en su vida y costumbres y exercicio de sus oficios. » Arch. hist. nac., 740e. *Plazas*, no 17. Le roi à D. Antonio Domingo Villanueva y Pacheco, 7 janvier 1791.

prit place auprès de D. Juan Antonio Pastor, qui le précédait immédiatement comme ancienneté. Cependant cette réception d'un magistrat sans prestation de serment parut irrégulière à quelques membres du Conseil et il fut décidé que le roi en serait informé. Le 19 janvier 1803, Charles IV décida que D. Felipe prêterait le serment habituel ; celui-ci se conforma à l'ordre royal le 24 janvier et tous les rites ayant été, cette fois, accomplis, il fut tenu par tous pour vrai membre du Conseil [1].

Le Conseil de Castille se composait en 1808 en très grande majorité de magistrats de carrière, auxquels étaient venus s'adjoindre quelques favoris de la Cour.

Le doyen et gouverneur intérimaire du Conseil était D. Arias Antonio Mon y Velarde, ancien auditeur à l'audience de Saragosse, ancien président de l'audience de Cáceres, conseiller honoraire de Castille depuis le 6 avril 1791, conseiller titulaire depuis le 30 novembre 1800 [2]. D. Gonzalo Josef de Vilches était conseiller depuis le 19 juin 1791. D. Antonio Villanueva y Pacheco avait été président du Conseil royal de Navarre et y avait acquis une telle autorité qu'après sa nomination au Conseil (8 mai 1794) le roi l'avait maintenu trois ans à Pampelune sans se décider à le remplacer [3]. D. Bernardo Riega y

---

1. Arch. hist. nac. *Expedientes reservados*. Leg. 10, nº 23, 7 sept. 1802.

2. D. Arias Antonio Mon y Velarde, señor de la jurisdicción de Uria y los Villares, con sus agregados, en el principado de Asturias, decano del Consejo y Camara de S. M., ministro del de la Suprema y general Ynquisición, Vicepresidente nato de la Junta de la Inmaculada Concepción, Presidente de la Comisión gubernativa de Consolidación de Vales reales, y del Honrado Consejo de la Mesta, gobernador interino del Consejo.

3. « Satisfecho S. M. de los servicios que ha contraido en la regencia del enunciado reyno de Navarra, y siendo de su real agrado los continuase en ella, se comunico á la Camara en 17 de Diziembre proximo la R. Orden correspondiente, para que allí mismo se le pusiese en posesion de la plaza de Consejo Real, jurando en manos del Virey de aquel reyno, comenzando desde luego á disfrutar el sueldo de ella, y considerandosele su antiguedad, desde el dia en que se le confirio, de que se libro la correspondiente R. Cedula en 11 del corriente (Enero de 1795.) » Arch. hist. nac., *Expedientes reservados*. Leg. 10, nº 26.

Solares avait pris rang le 27 mars 1795. D. Juan de Morales Guzman y Tovar, ancien corrégidor de Madrid, avait obtenu le 15 juin 1795 les honneurs de Conseiller de Castille, et le roi ne l'avait exonéré du corrégidorat que le 23 novembre 1802 [1]. D. Felipe Ignacio Canga Argüelles avait exercé pendant neuf ans (1793-1802) les fonctions de procureur général du Conseil. D. Antonio Gonzalez Yebra sortait du Conseil des Ordres. D. Gabriel de Achutegui avait commencé sa carrière comme employé à la banque de San Carlos, et était passé du Conseil des finances (1792) au Conseil de Castille, où il était entré comme fiscal (27 mai 1793) avant d'y siéger comme conseiller (27 mai 1796). Le marquis de Casa Garcia del Postigo n'était point magistrat de carrière, il avait obtenu les honneurs de Conseiller de Castille le 26 mai 1797 et était devenu conseiller titulaire le 2 octobre 1798. D. Manuel del Pozo, ancien *alcalde de corte,* jouissait des honneurs de Conseiller de Castille depuis le 11 août 1797. D. Josef Maria Puig de Samper siégeait au Conseil depuis le 25 février 1801. D. Sebastian de Torres avait été juge à la *Corte mayor* de Navarre et *alcalde de corte*; il était Conseiller de Castille depuis le 12 juin 1801. Le marquis de Fuerte-Hijar avait prêté serment le 8 mai 1802 [2], et D. Josef Navarro Vidal, ancien *alcalde*

---

1. D. Juan de Morales, n'étant pas gradué en droit portait le costume civil des conseillers de cape et d'épée : « Siendo el ánimo del rey que D. Juan de Morales goce los mismos honores y asista a los mismos actos que los demas ministros del Consejo, sin otra diferencia que la del traje, ha resuelto S. M. que al acto de la Consulta concurra vestido de negro, con espada, y que para cubrirse lleve gorra, como la de los ministros togados, dejando el sombrero donde acostumbran dejarle los obispos. » Arch. hist. nac., *Expedientes reservados.* Leg. 10, nº 27, 28 juin 1795. Le 5 février 1805 le roi décida que Morales ne connaitrait que des affaires administratives et non des affaires judiciaires. Id., *ibid.*

2. Voici quelle était la formule du serment des magistrats :

« Jurais á Dios, y á esta señal de cruz +, y á las palabras de los santos quatro Evangelios, que, como buen y católico cristiano, usaréis bien y fielmente de este cargo (siempre que entreis en el ministerio) que os es encomendado, *de corte* le 24 septembre 1802. D. Domingo Fernández Campomanes siégeait depuis le 4 octobre 1802 et venait du Conseil de Navarre et de la *Sala de alcaldes*. D. Andrés Lasauca et D. Antonio Alvarez de Contreras, sans antécédents connus, étaient entrés tous les deux au Conseil en décembre 1802. D. Ignacio Antonio Cortavarria, installé le 13 décembre de la même année, avait été fiscal de la Junte de Cavalerie. D. Ignacio Martinez de Villela, ancien *alcalde de corte*, était entré le 16 mai 1803 au Conseil suprême de la guerre comme juge de robe longue ; le roi l'avait nommé, le 13 déc. 1807, surintendant-général de police de Madrid et de sa banlieue, et lui avait donné place au Conseil, avec ancienneté à partir du 16 mai 1803 [1]. D. Francisco Domenech y Nadal sortait, lui aussi, de la *Sala de alcaldes*. D. Josef Marquina y Galindo était une créature de Godoy [2]. Ancien secrétaire du gou-

---

y guardareis el servicio de Dios y de S. M. y bien del Reyno, y donde quiera vieredes su servicio lo espondreis y allegareis, y dondequiera·vieredes lo contrario, lo estorvareis, y se lo hareis saber por vuestra persona si pudieredes, y sino por vuestras cartas, y mensageros, y guardareis el secreto del Consejo y las leyes y ordenanzas del Reyno, y que direis y dareis vuestro voto libremente, y que por ningun respeto no dejareis de decir lo que en Dios y en vuestra conciencia os pareciere que conviene al servicio de Dios y del Rey, y bien del reyno, y en todo hareis y cumplireis lo que bueno y fiel consejero deve y es obligado hacer. — Responda : Si, juro — Si ansi lo hicieredes, Dios os ayude, y si no os lo demande, como aquel que jura su santo nombre en vano. — Responda : Amén. » Arch. hist. nac., *Expedientes reservados*. Leg. X, nº 32.

1. Arch. hist. nac., 1193ᵉ. *Juramentos* (1795-1808) : 13 déc. 1807.

2. C'était un homme ambitieux, entreprenant, colérique et de médiocre jugement Ses façons autoritaires avaient souvent fait rire à ses dépens. L'auteur des *Vicios de Madrid* raconte sur lui cette plaisante histoire : « Lo mas gracioso de Marquina es que se pone a pasear solo en su cuarto, y los criados sin que él lo note, se ponen a escucharle, y él paseandose se decia a si mismo : Sr Marquina, Vm. ¿ qué es ? Vm. era un pobre abogado de guardilla y lo hicieron secretario de la presidencia de Castilla, muy buen escalon para hacer su carrera ; luego le hicieron alcalde de Corte, eso es lo que Vm. queria ; despues consejero, ¡ este si que es buen bocado ! Ahora es Vm. corre-

verneur du Conseil, ancien *alcalde de corte*, il était en 1808 surintendant général de police, corrégidor de Madrid et gouverneur de la Sala [1]. D. Francisco Arjona, fiscal du Conseil le 29 mai 1802, avait pris séance comme conseiller titulaire le 1er mars 1807, avec ancienneté du 23 février 1805 [2]. D. Francisco Javier Duran, juge criminel à l'audience de Valladolid (10 août 1794), *alcalde de corte* (17 juin 1804), avait prêté serment comme Conseiller de Castille le 12 juin 1805. D. Miguel Alfonso Villagomez sortait du Conseil des Ordres et avait prêté serment le 24 mars 1806. En même temps que lui avaient été nommés Conseillers de Castille, D. Vicente Duque de Estrada, président de l'audience de Séville, D. Juan Antonio Gomez Carrillo, président de la Chancellerie de Valladolid, D. Tomás Moyano, *alcalde de corte* et D. Juan Antonio Ynguanzo, ancien auditeur à l'audience de Cáceres (novembre 1790) et *alcalde de corte* (1802). D. Alfonso Duran Barrazabal avait passé par le Conseil de Navarre et par la *Sala de alcaldes*. D. Josef Joaquin Colon de Larreategui était aussi un vieil *alcalde de corte* (11 octobre 1791). D. Manuel de Lardizabal, un des membres les plus distingués du Conseil, avait été procureur-général du Conseil et de la Chambre (octobre 1791).

Les trois procureurs généraux de Castille étaient D. Simon de Viegas, très impopulaire comme partisan de Godoy, et fiscal depuis le 22 septembre 1802, D. Nicolas de Sierra, ancien procureur criminel de l'audience de Séville, entré au Conseil le 20 avril

---

gidor de Madrid, governador de la Sala de Alcaldes, y Superintendente general de policia. Ahora si, estara Vm. contento, ya no hay mas que esperar.... Pero, Marquina, ¿ irás a presidio ? Me parece que si, Marquina. » *Revue Hispanique*. XIII, nº 43, p. 188.

1. Nous omettons ici D. Adrian Marcos Martinez, vingt-deuxième conseiller, que nous mentionnerons plus loin comme président de la *Sala de Alcaldes*.

2. Arch. hist. nac., 1193ᵉ. *Juramentos* (1795-1808). 1er mars 1807.

1807 et D. Jerónimo Antonio Diez, ancien président de la Chancellerie de Valladolid, installé le 2 mai de la même année [1].

La charge de secrétaire du Conseil appartenait à D. Bartolomé Muñoz y Torres, le plus ancien des greffiers du Conseil et de la Chambre.

D. Josef Alegre était « grand chancelier du sceau de cire de Castille » comme lieutenant du marquis de Valera [2].

D. Adrian Marcos Martinez, conseiller de Castille, depuis le 18 avril 1804, présidait la *Sala de alcaldes*.

Les conseillers de Castille n'étaient point, comme les magistrats français, acquéreurs et propriétaires de leurs charges. Le roi pouvait les mettre à la retraite [3] en leur conférant, ou en leur

---

1. Le serment prêté par les fiscaux était un peu différent de celui que prêtait les magistrats :

« Que jurais á Dios y á esta señal de cruz +, y á las palabras de los santos quatro Evangelios que usareis bien y fielmente de este encargo que os es encomendado, guardando el servicio de Dios y de S. M. y el secreto del Consejo, y las leyes y ordenanzas del reyno, y que procurarais y seguireis los pleitos y causas reales, tocantes á la preheminencia y jurisdiccion real y á su hacienda y patrimonio, y terneis cuidado y diligencia de saver por todas las vias que pudieredes de las cosas que convengan para el derecho de S. M., y que los pleytos no los dejareis indefensos y os informareis de las cosas que estan tomadas de la corona real, y las pedireis y demandareis, y avisareis de ello á S. M. y á los de su Consejo, y que no dexareis de pedir ni acusar los pleytos fiscales que justamente se devieren seguir, y los fenecer, por deudo ni amistad que tengais con ningunos concejos, ni grandes, ni cavalleros, ni otras personas. Y en todo hareis lo que buen fiscal de S. M. deve y es obligado hacer. — Responde : Si, juro. — Si ansi lo hicieredes, Dios os ayude, y si no os lo demande mal y caramente, como aquel que jura su santo nombre en vano. — Responde : Amén. » Arch. hist. nac., *Expedientes reservados*. Leg. X, nº 32.

2. Arch. hist. nac., 1193ᵉ. *Juramentos*. 6 juin 1796.

3. « He venido en jubilar al ministro del Consejo y Camara D. Francisco Policarpo de Urquijo, con el medio sueldo de su plaza..... Para remover los obstáculos que en mis Tribunales halla la administración de justicia, y para premiar el merito de los que se han inutilizado en mi servicio, he venido en jubilar por su abanzada edad y achaques a los ministros del Consejo y Camara baron de Castiel, D. Juan Mariño de la Barrera, D. Benito Ramon de Her-

refusant l'honorariat. Il pouvait même les exiler et les interner dans une forteresse [1]. Il les tenait par l'appât des faveurs et des distinctions. Cependant ils avaient su garder leur indépendance et méritaient généralement l'estime publique par leur gravité espagnole, la dignité de leur vie, leur esprit de corps et leur respect profond pour les traditions de leur Compagnie.

Ils venaient précisément, au début de l'année 1808, de donner une preuve éclatante de leur courage civil en refusant de s'associer aux basses vengeances de D. Manuel Godoy, prince de la Paix, amiralissime et généralissime des flottes et armées d'Espagne, favori de la reine Marie-Louise et conseiller tout-puissant du roi Charles IV.

Au mois d'octobre 1807, D. Fernando, prince des Asturies avait commis l'imprudence d'écrire à Napoléon sans l'aveu du roi, pour demander à l'empereur la main d'une princesse française. Instruit de ces intrigues, Godoy avait fait arrêter le prince

---

mida ; conservandoles todos los honores y sueldo de sus plazas de Consejo y Camara, en consideracion á sus buenos y dilatados servicios. Con el mismo objeto, y por las mismas razones, he venido en jubilar á los ministros del propio Consejo D. Pablo Antonio de Ondarzu, á D. Juan Antonio Lopez Altamirano y al fiscal de la Camara D. Domingo Codina. » Guadalajara, 15 de Agosto 1802. Arch. hist. nac., *Expedientes reservados*. Leg. 10, nº 28.

Ces décrets nous montrent, dans le même acte, des Conseillers mis à la retraite à solde entière, à demi-solde, et sans traitement. Il ne faut pas prendre au pied de la lettre ce que dit le roi de la maladie de ses serviteurs, puisqu'un décret de Ferdinand VII devait les rappeler tous à l'activité et que D. Benito Ramon de Hermida figura parmi les chefs du parti conservateur aux Cortes de Cadix.

1. « Habiendose examinado la causa formada de orden del rey contra D. Francisco Zamora por ministros de su Real confianza, ha resuelto S. M. con su precedente uniforme dictamen separar al citado Zamora de la plaza del Consejo que obtenia, destinandole al castillo de Pamplona por el tiempo de su voluntad, concediendole por via de equidad 20.000 rs. anuales para su manutención y la facultad de usar de libertad, dentro de la fortaleza, respecto de que no ha de estar encerrado. Tambien quiere S. M. que Doña Maria Guerrero, muger de Zamora, salga de Madrid y sitios reales. 26 de octubre de 1799. Cuesta. » Arch. hist. nac. *Expedientes reservados*. Leg. 10, nº 28.

et avait songé un moment à intenter à l'héritier du trône un procès de haute trahison. La crainte d'attirer sur lui-même la colère de l'empereur, et la haine de la nation espagnole tout entière, lui avait fait abandonner ce projet. Il avait, du moins, résolu de profiter du « complot de l'Escurial » pour se débarrasser de quelques-uns des partisans de Ferdinand. Une commission de douze magistrats [1], choisis parmi les moins riches des Conseils, et présidée par D. Arias Mon, doyen de Castille, fut chargée de juger les ducs de San Carlos et de l'Infantado, le comte d'Orgaz, le marquis d'Ayerbe et le chanoine Escoiquiz, considérés comme complices du Prince des Asturies. D. Simon de Viegas, fiscal de Castille, remplissait auprès de la commission les fonctions de procureur-général [2]. Godoy se croyait si sûr du succès qu'il annonçait par avance qu'il y aurait deux condamnations capitales. Mais les accusés trouvèrent d'énergiques défenseurs. Les avocats Joven de Salas, Fernandez Martinez, Josef de Aznares et Madrid Davila rédigèrent un mémoire si limpide et si concluant que les commissaires se montrèrent très peu disposés à pousser l'affaire plus avant et demandèrent qu'on leur adjoignît de nouveaux juges. On leur nomma huit assesseurs. Le 25 janvier 1808, D. Eugenio Caballero, fiscal du Conseil des Ordres, et membre de la commission, se sentant très gravement malade, fit demander à ses collègues la permission de se rendre en litière

---

1. D. Arias Mon, D. Gonzalo Josef de Vilches, D. Antonio Villanueva, D. Antonio Gonzalez Yebra, Marques de Casa Garcia, D. Eugenio Manuel Alvarez Caballero, D. Sebastian de Torres, D. Domingo Fernandez Campomanes, D. Andres Lasauca, D. Antonio Alvarez de Contreras, D. Miguel Alfonso Villagomez, D. Simon de Viegas (*Gaceta de Madrid*, 31 mars 1808).

« Ce qu'il y a de plus remarquable dans cette affaire, c'est le choix que la Cour a fait parmi le Conseil de Castille des membres les plus pauvres pour être les juges dans ce procès. La Cour espérait les gagner. » Arch. des Aff. Etr. à Paris. *Corresp. Espagne*, t. 673, f⁰ 168, 10 février 1808.

2. « Godoy avait dit que les juges prononceraient contre deux personnes la peine capitale ; il croyait être assuré des juges. » Id., *ibid.*, t. 673, f⁰ 84.

à la séance « pour émettre son vote avant son heure dernière
dans une affaire si importante au salut de la patrie, au bonheur
du roi et de la famille royale et à l'acquit de sa conscience. »
Émus d'une pareille requête, les conseillers se transportèrent
chez D. Eugenio. Ils trouvèrent le malade sur son lit, revêtu
de sa toge et paré de ses insignes. Il demanda à opiner le premier
et proposa aussitôt que D. Simon de Viegas, ayant fait connaître
son opinion sur l'affaire, fût, avant toute discussion, exclu des
débats. D. Andrés Lasauca appuya la motion et déclara même
qu'il se retirerait si D. Simon ne consentait pas à sortir. Le fiscal
une fois parti, D. Eugenio résuma les débats et adopta les conclusions présentées par les avocats des accusés. Les juges ne pouvaient juger que sur pièces originales, seules susceptibles de faire
preuve en justice, surtout lorsqu'il s'agissait d'un procès criminel ; les copies et informations versées au procès ne portaient
aucune garantie d'authenticité, et fussent-elles authentiques, ne
contenaient aucune charge sérieuse contre les accusés ; le délai
de quatre-vingts jours, que les lois de Castille accordaient aux
prévenus pour réunir les éléments de leur défense n'avait point
encore commencé à courir contre les accusés, puisqu'il n'y avait
point eu encore de sentence publique, qui leur ordonnât de faire
la preuve de leurs dires ; si le roi voulait absolument donner
suite à l'affaire, il fallait de toute nécessité recommencer toutes
les informations, ouïr de nouveau le prince des Asturies, les
princes, les grands, les seigneurs dénoncés, accusés, ou impliqués
dans le procès ; mais comme prince héritier reconnu par les
Cortes, le prince des Asturies ne pouvait être traduit que devant
les États du royaume, et les autres infants, princes ou grands
de l'État ne pouvaient davantage être jugés par une simple commission ; ils devaient être entendus par le Conseil de Castille,
toutes chambres assemblées, en audience publique et toutes
portes ouvertes. En admettant même, ce qui n'était pas, que les
commissaires fussent qualifiés pour juger légitimement le procès,
il fallait, avant tout, que le Conseil de Castille, assemblé en

séance publique, apprît quelle *main inconnue* [1] avait dénoncé le complot, tout tribunal, même celui de la Sainte Inquisition, devant toujours connaître le dénonciateur, avec cette seule différence que dans les procès d'Inquisition le dénonciateur pouvait ne pas être confronté avec l'accusé. De tout cet exposé, D. Eugenio déduisait qu'il n'y avait point en l'espèce matière à procès, et que, si S. M. voulait savoir l'avis de son Conseil, les magistrats assemblés ne pouvaient, en conscience, conclure à autre chose qu'à la mise en liberté immédiate de tous les accusés.

Ces arguments, irréfutables au point de vue juridique, frappèrent vivement l'esprit des commissaires. Ils adoptèrent à l'unanimité l'opinion de D. Eugenio, heureux d'avoir rendu hommage à la justice et sauvé leur honneur.

La sentence de la commission fut portée au roi. Le bon Charles IV, qui avait déjà oublié ses emportements et même ses griefs, montra tout d'abord quelque satisfaction de voir cette triste affaire enfin terminée, mais Godoy et ses partisans revinrent à la charge et décidèrent le roi à frapper les hommes que la commission venait d'acquitter. Les ducs de l'Infantado et de San Carlos furent exclus de l'armée et bannis à 60 lieues de Madrid et des résidences royales, le comte d'Orgaz fut interné à Valence, le marquis d'Ayerbe exilé en Aragon et le chanoine Escoiquiz enfermé au couvent d'El Tardon, au diocèse de Cordoue.

Godoy triomphait, mais D. Eugenio Caballero étant mort quelques jours plus tard, les couvents de Madrid se disputèrent l'honneur de faire de dignes funérailles à ce grand magistrat [2].

L'année 1808, qui s'annonçait si troublée, devait être l'une des plus tragiques de l'histoire d'Espagne. Au cours de cette année terrible, Madrid devait connaître la révolution, l'invasion, la domination étrangère, l'ivresse de la victoire et les humiliations

---

1. C'était là une menace directe adressée à Godoy, qui avait dénoncé le complot et qui avait conduit tout le procès.

2. Arch. des Aff. Etr. à Paris. *Correspondance. Espagne*, t. 673, fo 84 et fo 168.

de la défaite, et obéir successivement à neuf maîtres différents :
Charles IV, Ferdinand VII, la Junte de régence, Murat, Savary,
Joseph Bonaparte, le Conseil de Castille, la Junte centrale insur-
rectionnelle d'Espagne et Napoléon.

Aucun corps de l'État, n'était moins préparé que le Conseil de
Castille à vivre d'une vie si agitée et si extraordinaire. Tout ce
que l'esprit conservateur a de meilleur, mais aussi tout ce qu'il
a de plus timide et de plus routinier respirait en lui. Les hommes
qui le composaient, presque tous âgés et las, s'étaient étudiés,
dès leur jeunesse, à comprimer en eux toute spontanéité, tout
élan, et à faire d'eux-mêmes, non des hommes, entièrement
développés en leur originale individualité, mais des pièces, des
rouages de la grande machine administrative, dont ils étaient
fiers d'être les organes et les ressorts. Ils étaient faits pour exécuter,
avec une régularité presque automatique, un certain nombre de
mouvements précis et connus, mais il ne fallait pas leur demander d'en exécuter d'autres. Non seulement ils ne le pouvaient
pas, mais il leur était impossible d'imaginer qu'aucun changement fût légitime, ou même désirable. Institué dès le XIVe
siècle, perfectionné par la sagesse des rois catholiques, instrument des grands desseins de Charles-Quint et de Philippe II,
le Conseil de Castille était une institution aussi parfaite en soi
que peut l'être une œuvre humaine. La prudence des politiques
ne devait s'appliquer qu'à rendre sa marche régulière et normale.
Quand le Conseil fonctionnait comme il devait fonctionner, tout
allait bien dans la monarchie. L'État se trouvait-il ébranlé et
menacé de ruine, c'est que l'action régulière du Conseil se trouvait gênée et contrariée par quelque obstacle et tout l'effort des
gouvernants devait tendre à lui rendre sa liberté. En dehors de
cette autorité traditionnelle, il ne pouvait y avoir que violence
et confusion [1]. Les magistrats castillans appliquaient à ces idées

---

1. D. Benito Hermida disait aux Cortes, le 3 janvier 1813 :

« Muy peligrosa es la novedad que no amaestra la edad y la experiencia..
Clámese en diferentes papeles que leyes nuevas piden gente nueva para su

toute l'intransigeance de leurs âmes catholiques. Ils raisonnaient
en orthodoxes, habitués à voir en toute nouveauté une hérésie,
et à ne jamais suivre que les voies de l'autorité et de la tradition.
De même que, dans le monde spirituel, l'Église représentait à
leurs yeux le seul pouvoir légitime et infaillible, de même, dans
le domaine temporel, le Conseil représentait la seule forme constitutionnelle et raisonnable de la puissance publique. Il n'est même
pas bien certain que le Conseil ne leur apparût point comme une
machine plus savante et plus perfectionnée que l'Église elle-
même. Il est indubitable qu'ils avaient laissé passer sans protestation un fait aussi prodigieux que l'expulsion et l'expropriation
des Jésuites, et qu'ils eussent considéré comme infiniment plus
scandaleuse la moindre atteinte portée à leurs prérogatives et à
la souveraineté de leur juridiction.

Le Conseil de Castille était, en somme, comparable à un
antique et pesant vaisseau, monté par un vieil équipage. Il pouvait, à la rigueur, glisser encore sur les eaux calmes, poussé par
les brises paisibles, mais la moindre tempête devait fatalement
jeter bas sa mâture et fracasser sa coque dorée et vermoulue.

Il est donc intéressant de rechercher comment ce solennel
« *Bucentaure* » se comporta dans le grand cyclone de 1808. Il y
a là un aspect très particulier et encore inaperçu de cette drama-
tique époque, dont l'histoire militaire et l'histoire politique ont
été étudiées tant de fois déjà par tant d'historiens si consciencieux ou si illustres.

II

Les documents les plus importants relatifs à cette question
sont conservés aux Archives historiques nationales de Madrid,
où ils constituent un ensemble de 21 liasses, classées sous la
rubrique : *Reales decretos, ordenes y expedientes causados en el Consejo*

---

execucion. El tiempo vengará á los autores de semejantes maximas. » Discu-
sion del proyecto de Decreto sobre la Inquisicion. Cadiz, 1813, in-8º, p. 103.

real con motivo de los sucesos de Aranjuez, en Marzo de 1808, abdicacion de la corona, hecha por el Sr D. Carlos IV en su hijo. el S^r. D. Fernando 7°, entrada de las tropas francesas en Madrid, y demas extraordinarios sucesos ocurridos hasta 10 de diciembre del mismo año.

Un inventaire sommaire de toutes ces liasses permet de reconnaître, dès le premier abord, qu'elles sont dans le plus grand désordre. La première pièce de la première liasse est une lettre du 16 mars 1808, adressée par l'état-major de la place de Madrid au doyen du Conseil de Castille, pour lui faire part des dispositions militaires arrêtées par le prince généralissime. La dernière est une résolution du Conseil, du mois d'août 1808, pour l'envoi à divers souverains de l'Europe du Mémoire justificatif composé et imprimé par ordre du Conseil. La deuxième liasse nous ramène au 18 mars 1808 et renferme surtout des pièces relatives aux événements de mai et aux débuts de l'insurrection dans les provinces. Avec la troisième liasse, nous revenons encore au 17 mars pour lire une lettre de Charles IV au Conseil, invitant les habitants de Madrid à bien accueillir les Français. La plupart des documents de cette liasse sont relatifs aux incidents quotidiens de l'occupation française en mars et avril 1808. La liasse IV traite des saisies opérées au mois d'août par ordre du Conseil sur les biens des Espagnols qui ont accompagné Joseph Bonaparte dans sa retraite. La liasse V est remplie de pièces relatives aux malades et aux blessés français abandonnés dans les hôpitaux de Madrid et des environs. La liasse VI a trait aux *vales reales*, à leur escompte et à leur consolidation. La liasse VII nous renseigne sur la confiscation des biens de Godoy. On y trouve un inventaire détaillé de ses biens, meubles et immeubles, de ses joyaux et de ses bibelots ; on y voit comment fut organisée l'administration du séquestre, et comment les revenus du prince furent gaspillés, avant tout procès, et contre tout droit. La liasse VIII contient surtout des documents d'ordre financier. Avec la liasse IX, nous assistons aux efforts du Conseil pour rétablir l'ordre à Madrid, après le départ des Français, et pour armer un corps de volontaires. La liasse X est remplie de pièces relatives à l'enrôlement et à l'armement des troupes, aux dons patriotiques offerts par les villes et les particuliers, aux propositions émanant de l'initiative individuelle. Dans la liasse XI sont rangés les documents militaires concernant les provinces de Madrid, Ciudad Real, Toledo, Cuenca, Guadalajara et Avila. La douzième liasse nous montre le Conseil aux prises avec l'opinion, qui lui est devenu hostile à la suite du séjour des Français à Madrid. Il cherche à la regagner, il écrit aux Juntes provinciales et aux généraux des armées nationales, il essaie d'organiser un gouvernement, et ne reçoit parfois que des réponses ironiques et blessantes. La treizième liasse nous initie, au contraire, aux doléances des autorités constituées, qui sont restées dociles au Conseil et se plaignent d'être combattues et violentées par les Juntes révolutionnaires. Il est impossible de définir le caractère des documents réunis dans la liasse XIV. Ordres royaux, réclamations de tout genre, mesures de toute sorte, tout s'y trouve mêlé et confondu, en un pêle-mêle assurément très pittoresque mais réellement chaotique. On y rencontre le décret de Murat rendant aux Catalans le droit de port d'armes, à côté d'un ordre du Corrégidor de Madrid sur la manière d'organiser les processions des Rogations en 1808. Le Conseil y ordonne, le 4 août, des prières publiques pour remercier Dieu du départ des Français. Un peu plus tard, il ordonne de vendre les vins français arrivés en douane à l'adresse du grand-duc de Berg, etc., etc. La liasse XV est, au contraire, bien ordonnée et contient l'histoire législative de la Junte Centrale depuis le 25 septembre, jour de son installation jusqu'au 13 octobre. La seizième liasse est comme la quatorzième un dépôt de notes et pièces diverses sans aucun lien entre elles. La liasse XVII ne renferme qu'une seule pièce : un ordre du Conseil à l'employé principal du secrétariat d'État de grâce et justice, de lui remettre les dossiers de toutes les affaires restées en instance auprès du Tribunal. La liasse XVIII contient les dossiers réclamés par le Conseil et relatifs aux événements de Madrid et d'autres localités du royaume, depuis le mois de mars 1808. La liasse XIX comprend les décrets royaux et les communications officielles adressées aux ministres commissionnés par le Conseil le 4 mai, le 2 et le 6 juin 1808 [1]. Avec la liasse XX, nous voyons les magistrats organiser la défense de Madrid, exalter jusqu'à la dernière heure le sentiment patriotique des Madrilènes et s'efforcer, quand toute résistance est devenue impossible, de rétablir l'ordre dans la cité vaincue. La vingt et unième et dernière liasse est un vrai fond de tiroir où se sont accumulés les documents les plus disparates, et où abondent encore les pièces curieuses et les détails caractéristiques.

Soigneusement triés et catalogués, les papiers contenus dans cette collection nous donnent jour par jour, et parfois heure par heure, la vie du Conseil, depuis le 16 mars jusqu'au 10 décembre 1808, un peu moins de neuf mois de troubles, de révolutions et de combats, qui furent pour les malheureux conseillers neuf mois de travail acharné, de loyaux efforts, de misères, d'angoisses et de tribulations.

La *Sala de alcaldes* a laissé ses archives, comme le Conseil. Le *libro de gobierno de la Sala* nous a donné le résumé de ses délibérations depuis le 20 mars jusqu'au 24 septembre 1808 [2].

Le dossier de la Chambre de Castille se présentait comme beaucoup plus opulent [3], mais sur les vingt-huit liasses qui le composent, une seule est relative à l'année 1808 et ne présente aucun intérêt pour l'histoire de cette époque ; les autres liasses appartiennent à la Chambre de Castille instituée auprès du gouvernement national espagnol de 1809 à 1813. Dans la première

---

1. Cette collection de pièces n'est point parvenue intacte jusqu'à nous. Une *Junte du crédit public*, instituée à Madrid au mois de mai 1814, a fait retirer des liasses un assez grand nombre de pièces, qui n'ont peut-être pas été toutes détruites, mais qu'on ne saurait aujourd'hui retrouver dans l'immense quantité de papiers à inventorier, qui sont entrés aux Arch. hist. nat.

2. Arch. hist. nac. 1399ᶜ. *Libro de govierno de la Sala de alcaldes de Casa y Corte*. Año de 1808, 20 mars-24 sept. 1404 feuillets. Le texte commence au fᵒ 17 ; manquent les folios 502 à 656, 892 à 951, 1030 et 1031.

3. Arch. hist. nac. *Invasion francesa. Camara de Castilla*, 28 legajos.

liasse, correspondant à l'année 1808, nous avons trouvé des mémoires de fonctionnaires sollicitant des places (*relaciones de méritos*) [1], des nominations de membres de la Chambre, d'un surintendant de la police, de deux trésoriers-généraux ; des demandes en augmentation de pension, des demandes de dispenses d'âge, etc. La Chambre de Castille, à laquelle appartenait la juridiction gracieuse du Conseil, continuait imperturbablement ses innocentes fonctions au milieu des secousses terribles qui agitaient la Péninsule ; elle enregistrait le 10 février 1808 l'acte de nomination d'un Camariste par Charles IV, le 2 juin la nomination d'un Conseiller de Castille par Murat.

La municipalité de Madrid n'avait dans le gouvernement de la ville qu'une importance tout à fait secondaire ; l'autorité réelle appartenait au Corrégidor de la ville, à la *Sala de alcaldes* et au Conseil. *L'ayuntamiento* recevait ses nouveaux membres et leur faisait prêter serment de fidélité, accordait des gratifications à ses employés, donnait les ordres nécessaires pour faire payer les notes de ses fournisseurs, écoutait la lecture des ordres royaux et en prenait acte, accordait des permissions pour bâtir, dressait le programme des fêtes publiques et s'occupait de l'organisation des spectacles. S'il n'était point fort occupé, il était du moins fort décoratif, et donna souvent par sa vanité une note plaisante, d'un très singulier effet, au milieu des tragédies dont Madrid était le théâtre. Le *Libro de acuerdos* de l'ayuntamiento de Madrid (année 1808) fut brûlé cette année même dans l'incendie de la maison de D. José Marquina Galindo, mais les brouillons des procès-verbaux des séances étaient restés au secrétariat, et ont été recopiés en 1833 dans le registre actuellement conservé aux Archives de la ville de Madrid [2].

---

1. Un avocat du barreau de Madrid, sollicitant une place, se dit « de vida y costumbres arregladas y muy desinteresado, segun consta de las pruebas referidas en esta relacion ».

2. On lit à la fin du registre : « Es copia de los acuerdos del ayuntamiento que resultan en los membretes del año de 1808, y existen en la secretaria de mi cargo, de que certifico a virtud de lo resuelto por el Exc^{mo} Ayuntamiento

Il existe encore aux Archives historiques nationales de Madrid des inventaires de fonds immenses classés sous la rubrique : *Gobierno intruso*. Nous espérions y trouver quelques renseignements sur notre période, nous n'y avons rencontré que des indications relatives aux confiscations prononcées par le gouvernement de Joseph contre ses adversaires. Au mois d'août et d'octobre 1813, après la retraite de Joseph, les autorités espagnoles mirent la main sur tous ces papiers et les confièrent à l'administration générale des rentes et biens nationaux. En mai 1814 fut établie à Madrid une Junte du Crédit public, et un peu plus tard une Junte suprême de réintégrance (*junta suprema de reintegros*) qui essayèrent de classer cette masse énorme de documents. On dressa des inventaires partiels d'après les provenances diverses et d'après la nature des pièces inventoriées, on disloqua les fonds, on dépeça les liasses, on changea leurs numéros, et tout ce travail, conduit sans suite et sans méthode, n'aurait eu pour résultat que de rendre infiniment plus difficile l'étude des documents, si cette étude n'était devenue tout à fait impossible par suite des déménagements successifs de toutes ces collections. Nous avons bien aujourd'hui aux Archives nationales deux inventaires généraux des pièces confisquées en 1813, l'un qui doit nous donner l'état primitif de ce fonds [1], l'autre qui nous donnerait le dernier classement opéré par la Junte de réintégrance [2] ; mais

---

en 31 de julio de 1833, de cuyo acuerdo se halla certificacion por cabeza de esta, y para los fines que en el se espresan lo firmo en Madrid a 20 de nov. de 1834. Faustino Dominguez. »

1. Arch. hist. nac. *Gobierno intruso* XXXI. Leg. I, nᵒ 2. Inventaire détaillé, sans titre ni date, en onze cahiers. Les 826 liasses inventoriées sont relatives à la période 1808-1813 ; les papiers sont classés sans aucun ordre apparent, les liasses ne sont même pas rangées par ordre. On y trouve des pièces datant de 1799, 1805, 1806 et 1807.

2. Id., *ibid*. *Inventario de varios papeles que en tiempo del govierno yntruso fueron obrados en las oficinas de prefectura, direccion y administracion de bienes nacionales, comision de secuestros y otros de esta capital y demas del reyno. Imbentario de todos los legajos á lo corto, 415 legajos.*

que sont devenus les papiers ?... C'est ce que personne n'a pu nous dire au juste lorsque nous les avons cherchés, en 1905, aux Archives historiques nationales de Madrid. Le directeur des Archives, D. Vicente Vignau y Ballester, nous dit qu'à son estime, les documents d'ordre financier devaient être conservés aux archives du Ministère des finances, et que les documents administratifs (*de gobierno*) pourraient exister parmi les documents entrés aux Archives et non encore classés, D. Ricardo Aguirre, archiviste bibliothécaire aux Archives historiques nationales, nous informe que 40 liasses provenant du fonds de la junte de réintégrance sont aujourd'hui classées. La lecture de l'inventaire général nous a permis de constater qu'un très petit nombre de documents relatifs à l'année 1808 devaient figurer dans cette collection [1].

Les journaux n'offraient pas dans l'Espagne de 1808 l'intérêt historique qu'ils auraient aujourd'hui, cependant la *Gazeta* et le *Diario de Madrid* donnent parfois de curieux détails, et il faut bien que leur action n'ait point été absolument négligeable, puisque le gouvernement français les plaça sous sa direction sitôt qu'il le put [2].

---

1. Legajo. 45. — Fournitures faites aux troupes françaises en 1808. — Id. Leg. 122.

— 88. — Contribution de 20 millions imposée à la ville de Madrid après la capitulation. — Id., Legajos 208, 357 et 358.

— 175. — Fournitures faites en 1808 par la ville d'Arganda. — Demande de D. Manuel Aquilon, pharmacien au Pardo, en paiement de fournitures faites par lui en 1808, sur l'ordre de la Junte centrale.

— 205. — Impôt sur le sel. Rapports sur l'état comparé des localités en 1808 et 1810.

— 248. — Perception (en 1810) de l'arriéré des contributions de 1807 et 1808.

— 272. — Correspondance de l'administration des Biens nationaux avec les acquéreurs de maisons pour le paiement de l'arriéré de 1808.

2. A partir du 10 mai 1808, le *Diario* fut publié in fo par les soins de l'autorité française. Du 18 juin au 7 août, il cessa de paraître, mais la *Gazeta*, jusqu'alors hebdomadaire, devint quotidienne. Le *Diario* reparut le 8 août.

Tout autre est l'importance du *Manifeste*, adressé à la nation par le Conseil de Castille, au mois d'août 1808. Rédigé en moins de quinze jours par le conseiller D. Ignacio Antonio Cortavarria [1], il présente, sous la forme solennelle et grandiloquente familière aux magistrats castillans, une habile défense de la conduite du Conseil au cours des sept premiers mois de l'année 1808. Ce document n'est évidemment pas d'une impartialité absolue, il présente les choses telles que le Conseil voulait qu'elles fussent vues, mais nous le croyons loyal et sincère et l'effet qu'il produisit en Espagne paraît avoir rallié au Conseil beaucoup de bons esprits.

Les articles publiés en 1905 par D. Juan Pérez de Guzman dans le journal *La Época* [2] constituent une contribution très importante à l'histoire encore peu connue du 2 mai 1808. L'auteur a étudié la question de fort près, à l'aide de sources originales et inédites, et a montré dans son récit un véritable esprit critique.

Les *Mémoires d'un septuagénaire* de D. Ramon de Mesonero Romanos [3] ne nous donnent sur les événements de 1808 que les impressions d'un enfant, mais ces impressions sont racontées et mises en valeur par un des écrivains les plus avisés et les plus spirituels de son temps.

Le très curieux manuscrit publié par M. Foulché-Delbosc sous le titre *Los Vicios de Madrid* [4] complète de la façon la plus inté-

---

1. *Manifiesto de los procedimientos del Consejo Real en los gravisimos sucesos ocurridos desde Octubre del año proximo pasado.* Madrid, 1808, en fº. —

2. *El 2 de mayo de 1808. La confabulación de los artilleros* (La Epoca, 2 mai 1904). *En el Parque de Monteleon* (La Epoca, 2 janvier, 9 janvier, 18 janvier, 23 janvier 1905). — *Escenas del 2 de mayo de 1808. Fragmentos de un libro inedito. I. La irrisión por castigo* (La Epoca, 30 avril 1905). II. *Los despojos de la muerte, las pérdidas de la jornada* (La Epoca, 2 mai 1905).

3. *Memorias de un Setenton, natural y vecino de Madrid.* Madrid, 1880, in-12.

4. *Los Vicios de Madrid. Dialogo entre Perico y Antonio, por el subteniente del Real Cuerpo de Yngenieros. D. J. M. S. Año de 1807* (Revue Hispanique, 1905, t. XIII, nº 43, p. 163-228).

ressante ce que nous savions déjà sur la physionomie pittoresque de « l'Impériale et couronnée ville. »

L'histoire militaire de la guerre de l'indépendance a été renouvelée à la fin du xixᵉ siècle par le général D. José Gómez de Arteche y Moro. Nous avons eu l'honneur, il y a quelques années, de voir le vieil historien et nous nous rappelons avec quelle courtoisie charmante il nous fit, pour ainsi dire, les honneurs de son livre : « Cette publication avait été le travail de toute sa vie ; l'Académie de l'Histoire lui avait imposé la tâche d'écrire l'histoire de Charles IV, il ne l'avait acceptée qu'à son corps défendant, il n'en voulait pas parler ; sa *Guerre de l'Indépendance* [1] était, au contraire, son œuvre de prédilection, le travail le plus sérieux, croyait-il pouvoir dire, de tous ceux qui avaient paru en Espagne sur ce sujet. Il avait profité des recherches de ses devanciers ; il avait travaillé sur pièces ; il avait connu les plus récentes publications anglaises, et notamment les dépêches de Wellington, il s'était attaché à présenter les faits dans le meilleur ordre possible, simplement, sans fracas, sans partialité, et il espérait avoir fait œuvre solide et utile. » Le général Gómez de Arteche jugeait sainement son livre ; il a écrit un précis exact et bien documenté, qui sera pour nous au cours de cette étude un guide sûr et précieux.

Les documents et les ouvrages que nous venons de citer nous présentaient les hommes et les choses vus du côté espagnol, il nous fallait aussi les voir du côté français, pour donner à notre tour une note juste et impartiale. La correspondance de Murat et de Savary, conservée aux Archives du Ministère de la Guerre à Paris [2], la *Correspondance de Napoléon* [3], les *Mémoires du roi Joseph* [4]

---

1. *Guerra de la Independencia. Historia militar de España de 1808 à 1814.* Madrid, 1868-1903, 14 vol. in-8º.

2. Archives du ministère de la Guerre à Paris. *Correspondance, 1808, Armée d'Espagne.*

3. *Correspondance de Napoléon Iᵉʳ*, 28 volumes, in-4º.

4. Ducasse, *Mémoires et correspondance politique du roi Joseph.* Paris, 1853-1855. 10 vol. in-8º.

nous ont fait connaître les impressions, les sentiments, les idées des grands chefs français. Nous emprunterons au livre du lieutenant-colonel Clerc [1] les renseignements dont nous aurons besoin au sujet des événements de Baylen. Nous suivrons avec le commandant Balagny [2] la marche de Napoléon à travers l'Espagne jusqu'à Somo-Sierra et Chamartin.

Nous reviendrons enfin aux documents des Archives historiques nationales de Madrid pour relater la curieuse tentative de résurrection du Conseil de Castille opérée par Joseph lui-même, et pour suivre à travers ses vicissitudes l'histoire des *Juntas de negocios contenciosos* [3] créées par le roi intrus et que la fierté castillane laissa mourir d'inanition.

CHAPITRE I

RÉVOLUTION D'ARANJUEZ.

LE CONSEIL DE CASTILLE ET FERDINAND VII.

(17 mars-10 avril 1808.)

I

Si l'on veut se faire une juste idée de l'Espagne de 1808, il importe tout d'abord de distinguer soigneusement la nation de son gouvernement.

En tant que nation, l'Espagne, qui était sortie agonisante des mains des princes autrichiens, avait repris, grâce à un siècle de paix intérieure, une partie de son ancienne prospérité.

Sa population était remontée de 5.700.000 à 11 millions d'habitants. Elle avait gardé toutes ses Indes, considérées encore

---

1. Lt-Colonel Clerc, *Capitulation de Baylen, causes et conséquences*. Paris, 1903, in-8º.

2. Cᵗ Balagny, *Campagne de l'Empereur Napoléon en Espagne*. Paris-Nancy, 1902-1903, 3 vol. in-8º.

3. Arch. hist. nac. *Invasión francesa. Juntas de negocios contenciosos*. 16 legajos.

comme très fidèles à la métropole, et peuplées de 14 millions d'hommes. Elle avait une bonne armée de 109.000 hommes, et 42 vaisseaux dans ses ports. Elle payait au roi un revenu de 550 millions de réaux, et son commerce moyen montait à un milliard de réaux.

La richesse publique s'était incontestablement développée, puisque l'agriculture et l'industrie avaient progressé. Les villes s'étaient assainies, embellies et ornées de fastueuses constructions; de nombreux établissements d'instruction ou de bienfaisance y avaient été fondés. Des routes, vraiment carrossables, avaient mis Madrid en communication régulière avec la France, la Galice, Cadix, Valence et Barcelone. Le service des postes était organisé dans toute la Péninsule.

L'administration et la justice laissaient sans doute à désirer, comme en tout pays et en tout temps ; elles ne paraissent pas avoir été beaucoup plus tracassières, ni beaucoup plus vénales que dans la France de l'ancien régime.

La culture intellectuelle de la nation était en progrès comme sa richesse. Si la masse du peuple était restée très ignorante, la curiosité scientifique avait commencé de s'éveiller dans la bourgeoisie et la noblesse ; l'Espagne s'était remise à réfléchir et à écrire ; elle avait des historiens, des économistes, des polygraphes, de sens plus rassis et d'esprit plus libre et plus ouvert que beaucoup de ceux d'aujourd'hui. Elle avait d'agréables prosateurs, quelques poètes, des artistes. L'Inquisition était toujours debout, mais démodée et méprisée ; sa suppression était désirée par les esprits les plus sages et imminente [1].

L'esprit public, si longtemps comprimé, se ranimait. L'Espagne commençait à avoir des journaux, à étudier la vie économique des autres nations, à prendre conscience de ses besoins et de ses

---

1. *Antonio.* Yo tengo miedo de la Ynquisición : dicen que hasta en los militares manda¿ Es verdad que queman vivos ? *Perico.* Antes lo hacian ; ya se acabóeso. Si queman ahora, es despues de dar garrote. *Los Vicios de Madrid* (Revue Hispanique, nº 43, p. 182).

intérêts. Les *sociétés économiques des amis du pays*, fondées dans les principales villes, s'efforçaient de remettre en honneur le goût du travail et le savoir.

Il s'en fallait assurément de beaucoup que l'Espagne fût dans un état matériel et intellectuel comparable à celui de la France, de l'Angleterre ou de l'Allemagne, mais si l'on songe à la situation presque désespérée où elle se trouvait en 1700, il n'est pas d'homme de bonne foi qui ne reconnaisse que le xviiie siècle lui avait été favorable et l'avait réellement rendue à la vie[1].

La nation espagnole de 1808, encore bien superstitieuse, bien ignorante, bien pauvre, était du moins une nation saine, fière et courageuse, éprise d'indépendance et de liberté, qui allait donner à l'Europe l'un des plus beaux exemples d'héroïsme que connaisse l'histoire.

Le gouvernement de l'Espagne était, au contraire, si méprisable et si inepte qu'on n'en pourra jamais dire assez de mal.

Le roi Charles IV paraît avoir été une doublure de notre Louis XVI, dont il exagéra encore la faiblesse et l'inintelligence. Presque tous ceux qui l'ont connu vantent sa franchise, sa bonté, sa loyauté[2]. Goya nous en a laissé de vivants portraits, qui le

---

1. Cf. Sur ce sujet notre *Espagne de l'ancien régime* (La société, les institutions, la richesse et la civilisation). Paris, 1897-1904, 3 vol. in-8º.

Sur l'armée espagnole : Général Foy, *Guerres de la Péninsule*. Paris, 1827, 4 vol, in-8º et Conde de Clonard. *Historia de las armas de infantería y caballería*. Madrid, 1851-54, 7 vol. in-4º

Sur la marine : Salazar (D. Luis Maria de) *Juicio critico sobre la marina militar de España*. Ferrol, 1888, 2 vol. in-4º, réimpression.

Sur l'histoire économique : Canga Arguelles (D. Agustin), *Diccionario de la hacienda*. Londres, 1826, 2 vol. in-4º.

Sur le mouvement intellectuel : Rousseau, *Règne de Charles III d'Espagne*. Paris, 1907, 2 vol. in-8º. Fitzmaurice-Kelly, *Littérature espagnole*. Paris, 1904, 1 vol. in-8º. *Revue Hispanique* (Paris-New York), 1894-1906, 15 vol. in-8º.

2. « C'est dans les félicitations du roi que j'ai trouvé cette manière ouverte, naturelle et franche qui distingue particulièrement ce souverain de presque toutes les personnes de sa cour et qu'il lui serait impossible de prendre ailleurs que dans les mouvements de son âme, aussi pure que vraie. » Lettre de Beau-

peignent tout entier. Ce bon gros homme au teint rouge, à l'œil
bleu faïence, à la lèvre épaisse, prompt à la colère et à l'oubli,
eût fait un excellent gentilhomme campagnard et a fait un détestable roi. Ajoutons qu'il était aussi mal entouré que possible, et
n'en a jamais rien su [1].

La reine Marie-Louise de Parme [2] est un des personnages les plus
méprisables que l'on puisse imaginer. Ses contemporains parlent
de son esprit et de sa grâce, et il est possible qu'elle ait eu en sa
prime jeunesse quelque enjouement ; mais elle se fana très vite
et finit par devenir le véritable monstre édenté, à la peau flétrie,
aux yeux éraillés, aux cheveux en broussailles, à la physionomie
sournoise, insolente et bête que Goya nous a peint. On ne peut
s'empêcher de murmurer en la voyant les paroles de Napoléon :
« Quelle femme ! quelle mère ! ». Si abjecte qu'elle soit cepen-

---

harnais au Ministre des affaires étrangères, 4 juillet 1807. Archives des Aff.
étr. à Paris. *Correspondance. Espagne*, t. 671, f⁰ 368.

Il disait, le 4 octobre 1807, à l'ambassadeur de France : « Vous me connais-
sez bien, vous ! Je suis un peu lent à me décider, vous le savez, mais je vous
ai dit, je vous ai répété et je vous répète que je suis le plus fidèle allié de
l'empereur : Je n'ai plus rien à ajouter. Je le serai toujours, dans la bonne
comme dans la mauvaise fortune. » *Ibid.*, t. 672, f⁰ 191.

1. « Le roi d'Espagne est d'une vivacité qui va parfois jusqu'à la violence,
mais il est bon, droit et franc, et n'imagine pas tout ce qui se passe autour de
lui. Il voit dans la reine une épouse chaste, une mère quelquefois sévère mais
toujours juste, dans les infants des princes qui détestent un serviteur aussi
fidèle que le prince de la Paix, et dans le généralissime un administrateur
étonnant. » *Ibid.*, t. 671, f⁰ 376, 12 juillet 1807.

On sait que le salut de Godoy fut l'unique préoccupation de Charles IV
après la journée d'Aranjuez, que Godoy le suivit en France et à Rome, et
resta, tant que le roi vécut, son confident, son compagnon inséparable et son
ami.

2. « La reine a autant d'intrigue que d'esprit. Subjuguée par ses faiblesses,
elle dirige et se laisse diriger tour à tour. Quand elle a besoin d'argent pour
ses plaisirs secrets, le Prince obtient les signatures dont il a besoin pour sa
propre sûreté. Le Prince à son tour prend, ou achète quelquefois ses avis,
quand il a fait des bévues, ce qui rend très réciproque et très égal le marché. »
Ibid., t. 671, f⁰ 376, 12 juillet 1807.

dant, ce n'est pas à elle, croyons-nous, que doit être attribuée la responsabilité des malheurs de l'Espagne. Corrompue et dépensière, elle contribua à la corruption de la Cour et au gaspillage des deniers publics, mais on ne peut lui imputer les guerres désastreuses qui remplirent le règne et conduisirent la monarchie à sa perte. L'auteur responsable de ces guerres, c'est Godoy.

Godoy est assurément la figure la plus intéressante de ce singulier trio. Fils d'un petit gentilhomme d'Extremadure, il vient à la Cour à l'âge de seize ans, obtient une place aux Gardes du Corps, plaît à Marie-Louise, alors princesse des Asturies, et commence à vivre le plus étrange roman d'aventures qui se puisse rêver. Sa maîtresse, devenue reine, le pousse aux affaires, lui gagne la confiance du roi, lui fait donner le titre de duc d'Alcudia et l'entrée au Conseil. Le jeune favori y trouve devant lui l'un des hommes d'État les plus réputés du règne précédent, le comte d'Aranda, et songe aussitôt à le supplanter. On est en 1793, Aranda ne veut pas de la guerre contre la France, il veut rester en paix avec la Révolution ; Godoy fait déclarer la guerre et le voilà premier ministre. Après deux ans de combats honorablement soutenus par les armées nationales, Godoy sent que la nation se fatigue ; il réconcilie l'Espagne avec la Convention. Le voilà Prince de la Paix, et pendant quelques mois, l'homme le plus populaire de l'Espagne. Il n'a fait cependant que revenir à la vieille politique d'Aranda. Mais la faction aristocratique et dévote de la Cour conspire sa perte : la reine est un moment gagnée au complot. Godoy la ressaisit et, pour garder son crédit ébranlé, rejette l'Espagne dans la guerre ; elle est cette fois l'alliée de la France et l'ennemie de l'Angleterre. La guerre dure six ans et coûte à l'Espagne trois milliards et demi de réaux.

La popularité du Prince de la Paix y sombre sans retour. Il se brouille avec la reine, mais reste l'homme de confiance du roi. Retiré des affaires, il assiste, ironique et toujours tout-puissant, aux tentatives désespérées de ses adversaires Saavedra et Urquijo pour relever la fortune de l'Espagne. Quand il le veut, le jour

qui lui convient, il reprend la reine et rentre en scène. C'est pour
faire « la guerre des oranges »[1] qui le couvre de ridicule et,
dès 1804, rejeter l'Espagne dans la guerre contre l'Angleterre aux
côtés de la France. Et cette guerre, il ne sait pas la pousser avec
l'énergie et la frénésie qui seules eussent pu en assurer le succès,
il s'en dégoûte presque aussitôt et, las du joug de Napoléon, il
ose songer à retourner à l'alliance anglaise, à se joindre à la
coalition. Il lance étourdiment en 1806 un appel aux armes.
Iéna lui répond et Friedland ouvre son procès. C'est le moment
précis que choisit Charles IV pour le créer Altesse Sérénissime,
pour le placer à la tête de ses armées et de ses flottes, lui donner
le commandement de sa garde, en faire un maire du palais tout
puissant et le désigner, par cette extraordinaire accumulation de
faveurs, à la jalousie, à la haine, à la fureur de toute la nation.

Godoy est à ce moment l'homme le plus puissant et le plus
abhorré de toute l'Espagne ; il sent la haine sourdre et monter
autour de lui, il la lit dans tous les yeux ; chansons, pasquins,

---

1. On appela ainsi la courte campagne de Portugal, parce que la reine
s'était montrée en public avec des oranges cueillies sur les glacis d'Elvas par le
prince de la Paix.

Le sonnet suivant, attribué à un certain D. Pascual Camito (peut-être
Beña) montre en quel mépris on parlait déjà de Godoy en 1801 :

> En daros Excelencia, o bien Alteza,
> La publica opinion no se ha fijado ;
> Dudase, gran señor, si sois casado,
> Y cual es vuestra esposa con certeza ;
>
> Si son vuestros honores y riqueza
> La gloria o el ludibrio del Estado,
> Y si de Guerra debe ser llamado
> El titulo de Paz que os dio grandeza.
>
> Ultimamente, al ver los veteranos
> Tercios marchar, à cuya frente brilla
> La doncella Tizona en vuestras manos,

pièces fugitives la lui jettent au visage, mais il connaît trop les hommes pour être sensible à leurs mépris ; il sait que parmi ceux qui le vilipendent, l'injurient à huis clos et lui prodiguent l'insulte anonyme, presque tous lui envient son opulence, son pouvoir, sa vie brillante et voluptueuse et n'auraient pas, comme lui, l'excuse d'avoir l'âme indulgente et l'esprit ouvert à certaines idées libérales et généreuses [1]. Puis, il a pour lui le roi, la reine et Napoléon.

En face du bouc émissaire, l'idole : en face de Godoy, Ferdinand, prince des Asturies. On connaît peu l'héritier du trône, mais on le sait détesté de la reine et du favori ; c'en est assez pour que tous les ennemis de Godoy transforment en héros ce prince maussade et sournois, que Napoléon devinera en cinq minutes et peindra de main de maître en trois mots : « Le prince des Asturies est très bête, très méchant, et très ennemi de la France. » Pour le moment, D. Fernando est le dieu de l'Espagne, et, lui aussi, espère en Napoléon.

Et Napoléon pense en conquérant et en fondateur de dynastie : « Malheur à qui se trouve sous les roues de son char ! » Il a la France, l'Italie, l'Allemagne ; il lui faut l'Espagne pour fermer aux Anglais le Portugal et la Méditerranée, pour déborder sur l'Afrique, pour avoir un jour part au commerce des Indes, aux mines du Mexique et du Pérou. Autant qu'un empe-

---

Nos ocurre, señor, una dudilla :
¿ Iran á Portugal los castellanos,
O vendran portugueses á Castilla ?

Cité par Mesonero Romanos, *Memorias de un setenton*, p. 19.

1. Cf. Les *Mémoires du Prince de la Paix*, où Godoy a revendiqué non sans raison, ni sans noblesse, la part qui lui revient dans le développement de la culture et de la richesse espagnoles sous le règne de Charles IV. Nous nous souvenons avoir entendu un jour, chez M. Menéndez y Pelayo, un des représentants les plus illustres de la presse espagnole faire l'éloge du Prince de la Paix et le peindre comme un grand homme méconnu. Il est certain que Ferdinand VII l'a bien vengé de ses ennemis.

reur peut aimer un roi, il aime le vieux Charles IV, son fidèle allié, mais il le sait trop faible pour avoir confiance en lui, et il s'irrite des obstacles de toute nature qu'il rencontre en Espagne ; il ne peut plus s'arranger d'une alliance, c'est le domaine direct et absolu sur l'Espagne qu'il ambitionne. Il faut que ce pays passe sous sa main, et devienne le poste avancé de l'Empire sur l'océan. Comment opérer cette mainmise, voilà depuis Tilsit, la pensée dominante de l'empereur. Un instant, il a l'idée de donner l'Espagne à Godoy ; mais cette folle pensée ne tient pas devant ce que lui disent ses ambassadeurs de la légèreté, de la paresse, de la nullité politique du Prince de la Paix. Un instant, il songe à s'attacher Ferdinand par un mariage, il pense à la petite Tascher, parente de l'impératrice, à une fille de Lucien.... « Mauvaise politique ! » comme il le dira lui-même à Escoiquiz [1], l'Espagne ne serait gagnée que pour quelques mois, et l'on retomberait dans tous les embarras de l'alliance. Reste l'absorption. Mais là se révèle le génie italien de l'empereur ; à la conquête violente, mais loyale — et qui eût probablement fini par réussir, — il croit possible de substituer l'occupation progressive, la pénétration lente et sournoise ; il prend les Espagnols pour des Italiens, il espère les séduire, les charmer, les fasciner, les prendre au filet, avant que leur défiance soit éveillée, et trois jours après sa rentrée triomphale à Paris, il commence à monter la prodigieuse machine qui doit, dans sa pensée, lui livrer l'Espagne sans combat.

Le 30 juillet 1807, il décrète la formation du premier corps d'observation de la Gironde. Le 18 octobre, le général de Laborde passe la Bidassoa et prend la route de Portugal. Le 30 novembre, Junot entre à Lisbonne. Déjà un second corps d'occupation de la Gironde est créé, des réserves s'échelonnent de Bordeaux à Orléans. Le 22 novembre, la division Barbou passe la Bidassoa

---

1. D. Juan Escoiquiz, *Exposé des motifs qui ont engagé, en 1808, S. M. C. Ferdinand VII à se rendre à Bayonne*, Paris, 1816, in-8°.

et marche sur Vitoria. Le 24 janvier 1808, Moncey entre à son tour en Espagne, bientôt suivi de Dupont. En quelques jours, les Français pénètrent jusqu'à Valladolid, Medina del Campo et Ségovie. Le 9 février, le général Darmagnac s'installe à Pampelune ; le 16, il escamote la citadelle. Le 10 du même mois, le général Duhesme pénètre en Catalogne, le 13 il est à Barcelone, le 29 ii occupe la citadelle. Le 5 mars, Saint-Sébastien est occupé, le 10 mars Pancorbo est pris, le 18 mars Figuères reçoit une garnison française. Depuis le 20 février, le prince Murat, grand duc de Berg, beau-frère de l'empereur, est général en chef des armées françaises en Espagne ; le 26 février, Murat est à Bayonne et le 15 mars à Somo-Sierra [1].

On a peine à comprendre, en face d'une pareille manœuvre d'enveloppement, que les Français aient pu, en cinq mois, amener 80.000 hommes en Espagne et occuper cinq grandes places fortes sans brûler une amorce. Ce miracle ne peut s'expliquer que par le prestige personnel de Napoléon. Comme Charles IV, comme Godoy, comme Ferdinand, l'Espagne attendait son salut de l'empereur des Français. Toutes les correspondances de l'époque attestent la prodigieuse popularité de Napoléon en Espagne. Beauharnais revient à chaque instant sur cette idée. « La reine est informée par les rapports secrets de la police du respect qu'on porte à l'empereur..... Le peuple, les grands, tous attendent un autre ordre de choses... la haine contre le prince (de la Paix), le mépris pour la reine sont aussi fortement exprimés que l'admiration pour l'empereur, duquel l'Espagne attend son salut [2]..... Je puis avoir l'honneur d'assurer à S. M. I. qu'Elle est ici le *dieu tutélaire*, l'amour et l'espoir de toute l'Espagne [3]. » Les Espagnols ne parlent de l'empereur « qu'avec la plus grande admiration et

---

1. Général Gómez de Arteche, *Guerra de la independencia*, t. I, p. 141-238.
2. Archives des aff. étr. à Paris, *Correspondance. Espagne*, t. 672, fo 335, 22 nov. 1807.
3. Id., *ibid.*, fo 350, 25 nov. 1807.

pour le proclamer leur libérateur. C'est le désir le plus sincère et le plus hautement prononcé que l'empereur veuille bien prendre sous sa protection immédiate et ce pays et leur jeune prince royal, qu'il daigne lui donner une princesse de son choix. Voilà le langage actuel des littérateurs, des magistrats, du clergé, du militaire, de la noblesse, du commerce, et on peut dire, sans exagération, de presque toute la nation. C'est le sujet des conversations parmi les graves Espagnols, dont la haine pour les Français paraît dans cette occasion avoir été, comme par magie, convertie en un amour franc et sincère. » [1]... « Tout est ici dans une grande agitation, écrit le chargé d'affaires Chabannes, et les esprits flottent entre la crainte et l'espérance, entre le désir et l'effroi, entre l'amour pour le prince des Asturies et la haine pour le prince de la Paix. L'empereur tient absolument dans sa main le sort de l'Espagne. Il est sans doute déjà maître de sa destinée par l'influence de son nom, la gloire de ses armes, la puissance irrésistible de ses armées, mais il peut le devenir encore bien plus par le bonheur qu'il peut répandre ici dans les cœurs, qui, dès ce moment, se voueront pour jamais à l'empereur et à sa dynastie et feront de l'Espagne l'allié le plus fidèle... et le plus utile au commerce, à l'industrie et à la richesse de France [2]. » « Un regard paternel de S. M. I., reprend l'ambassadeur, l'autorisation d'un seul mot de bienveillance de sa part donnerait l'espérance et le bonheur à tout un peuple, qui se met à la discrétion de S. M. I. » [3].

Mais ce mot de bienveillance, Napoléon ne voulait pas le dire et peu à peu la défiance remplaça dans l'âme des Espagnols l'ardent enthousiasme qui s'en était un jour emparé.

Les correspondances militaires portent bien encore que « la

---

1. Arch. des aff. étr. à Paris. *Correspondance. Espagne*, t. 672, f⁰ 362, 30 nov. 1807.

2. Id., *Espagne. Supplément*, t. 20, f⁰ 120. Chabannes au ministre, 30 nov. 1807.

3. Id., *Correspondance. Espagne*, t. 672, f⁰ 383, 6 déc. 1807.

venue de l'empereur est désirée par beaucoup d'habitants [1]... que l'expulsion seule du prince de la Paix pénétrerait les Espagnols de reconnaissance envers l'empereur, que le dessein d'unir les deux Cours par les liens du sang à un grand nombre de partisans [2].... que l'opinion de la capitale est en général favorable aux Français [3].... Mais elles ne dissimulent pas que presque toutes les classes de la nation commencent à s'étonner du long silence de l'empereur et à soupçonner « que Napoléon n'a pas créé des armées uniquement pour renverser le prince de la Paix. » [4] Les villes se plaignent des charges que l'entretien des Français leur impose [5]. Darmagnac trouve les habitants de Pampelune animés d'un mauvais esprit [6], Duhesme déclare que le bas peuple de Barcelone est mal disposé [7], que le militaire et le clergé redoutent beaucoup une occupation française [8]. Dupont signale un commencement d'émeute à Valladolid à la nouvelle de l'occupation de Pampelune [9]. Les gens de qualité tiennent à leurs prérogatives et à leurs titres et en redoutent la perte, les ecclésiastiques sont peu contents et attendent les événements avec inquiétude, la « classe pensante » tout en désirant des réformes, veut des ménagements, la nouvelle de l'entrée du général Miollis à Rome augmente les défiances, les habitants des campagnes sont fort tranquilles, mais presque tous sont armés. Les *vales* royaux ont baissé de 8 %, à l'annonce de l'occupation de la citadelle de Pampelune[10].

---

1. Archives du ministère de la guerre. *Correspondance, 1808, Armée d'Espagne*, 9 février, Bulletin non signé, daté de Valladolid.

2. Id., *ibid.*, *Notes sur l'Espagne par M. Buchet, aide de camp du général Hullin*, mars 1808.

3. Id., ibid., *Bulletin, daté de Valladolid*, 7 mars 1808.

4. Id., *ibid.*, même bulletin.

5. Id., *ibid.*, Bulletin du 9 février 1808.

6. Id., *ibid.*, 10 février 1808.

7. Id., *ibid.*, 27 février 1808.

8. Id., *ibid.*, 19 février 1808.

9. Id., *ibid.*, 24 février 1808.

10. Archives de la guerre. *Notes sur l'Espagne par M. Buchet*, mars 1808.

A Madrid, l'optimiste Beauharnais avouait lui-même que la
situation était bien changée. L'Espagne devenait nerveuse et
l'opinion publique vacillante [1] « les idées étaient très sinistres,
les têtes entièrement désorganisées, les espérances qu'on avait
conçues s'évanouissaient et étaient remplacées par le deuil et
la douleur chez toutes les personnes de bien... Nous sommes
ici, disait-il, environnés de nuages si épais qu'il n'en peut
résulter qu'une tempête [2]. »

Le danger se faisait, en effet, si imminent que le prince de la
Paix lui-même avait fini par l'apercevoir. Longtemps il s'était
flatté d'avoir regagné, à force de platitudes, toute la confiance de
Napoléon. Le traité de Fontainebleau, du 27 octobre 1807, lui
avait paru sceller la réconciliation ; il voyait le Portugal, conquis
à frais communs par la France et l'Espagne, partagé entre
Charles IV, la reine d'Etrurie et lui ; il serait prince souverain,
prince des Algarves ! et vivrait dans sa principauté, à l'abri de la
haine de Ferdinand. Charles IV serait empereur des Indes, et ce
serait encore lui, Godoy, qui aurait donné à son vieux maître et
ami ce titre magnifique, et en aurait fait l'égal de Napoléon!...
Mais chaque jour disloquait un peu plus cette brillante et éphé-
mère apparition. Le château de nuages disparaissait, emporté morceau par morceau, et la dernière trace s'évanouit quand D. Eugenio Izquierdo vint, dans les derniers jours de février, apporter à
Godoy les nouvelles propositions de l'Empereur. L'état présent de
l'Europe obligeait Napoléon à modifier ses plans ; il demandait ou
le Portugal avec une route militaire d'Irun à la frontière portugaise, ou la ligne de l'Èbre avec la Catalogne, l'Aragon, la Navarre
et les provinces basques. C'était l'étranger en permanence sur le
territoire espagnol ou le démembrement de la monarchie.

Cette fois, Godoy comprit et ne pensa plus qu'à fuir, et pour
gagner du temps, renvoya Izquierdo à Paris (10 mars). Il n'y

1. Arch. des Aff. étrangères à Paris, t. 673.
2. Arch. des Aff. étrangères à Paris. *Corresp. Esp.*, t. 673, fo 223, 16 février
1808.

avait pas de résistance possible à Madrid; on pouvait essayer encore de défendre les passages de la Sierra Morena, s'établir fortement à Séville, rassembler autour de soi toutes les forces nationales et négocier. Le plan était si juste que les militaires français pensaient eux-mêmes que Godoy l'adopterait [1]. Il essaya en effet de concentrer toutes les troupes disponibles sur la route d'Andalousie. Le 26 février, il ordonna à la cavalerie de l'armée espagnole de Portugal, qui n'avait pas encore passé la frontière portugaise, de revenir en arrière et de prendre ses cantonnements entre Talavera et Tolède. Le 4 mars, il donna les mêmes instructions au général Socorro, cantonné avec une division dans l'Alemtejo. Le 13 mars, il enjoignit aux deux généraux Socorro et Carrafa de se porter en toute hâte en Extramadure et de couvrir le flanc droit de la route d'Andalousie [2]. Le 14 il leur manda de se rabattre sur Talavera et Tolède, pour y rallier les troupes de la garnison de Madrid et protéger la résidence royale d'Aranjuez.

Mais, à ce moment même, mille obstacles imprévus vinrent contrarier les desseins de Godoy et ôter à la maison royale sa dernière chance de salut. Charles IV, toujours si docile, ne voulait pas entendre parler du voyage d'Andalousie. Ne lui avait-on

---

1. « On ne peut se dissimuler que si ce prince avait assez de caractère pour organiser les moyens de résistance, il ne put causer quelques troubles sérieux en Espagne et obliger les Français à agir militairement. Une campagne contre l'armée espagnole ne serait pas de longue durée, *mais le peuple serait dangereux en cas d'hostilités.* » Archives de la guerre. *Correspondance, 1808. Armée d'Espagne*, Bulletin daté de Valladolid, 7 mars 1808.

2. « Para que haciendo desde luego uso de las fuerzas de su mando, y demas disponibles de infanteria, caballeria, artilleria y zapadores, comprendidas las del general Carrafa, permaneciese en Extremadura en observación sobre cualesquiera movimientos de las tropas francesas, que intentasen adelantarse hacia Andalucia, cubriendo el flanco derecho de la carretera que se encamina à aquella provincia, para salirle al encuentro e impedir la ejecución de sus designios, si llegase el caso. » Gómez de Arteche. *Guerra de la Independencia*, t. I, p. 256.

pas toujours répété que l'empereur était son allié et son ami ?
Pourquoi lui tourner le dos quand il faisait annoncer son arrivée imminente à Madrid ? Ne serait-ce pas courir au devant
d'une rupture ? Il fallait attendre l'empereur, le voir, lui parler;
une simple conversation dissiperait tous les malentendus. L'opposition du candide Charles IV n'aurait pas été invincible, mais
le prince des Asturies, infiniment plus opiniâtre, était, lui aussi,
opposé à la retraite de la Cour, et, derrière lui, étaient la garde,
l'armée et Madrid.

L'étonnante ville avait une physionomie que personne ne
lui avait vue peut-être, depuis les jours déjà anciens de l'émeute
des chapeaux et des capes. En 1807, Madrid est encore le village malpropre et fastueux [1], paradis des oisifs, des flâneurs, des
joueurs, des intrigants, des poètes, des galants et des femmes.
Son grand café de la *Fontana de oro* a plus de causeurs que de
consommateurs, mais on y parle en toutes les langues d'Espagne
et des Indes politique, poésie, théâtre et galanterie. Le Prado a
son allée de carrosses et ses files de chaises, où les dames à pied,
les *mujeres de infanteria*, viennent chaque après-midi passer la
revue des promeneurs. Il y a des maisons de jeu où il n'est
point prudent d'aller si l'on tient à garder son argent. Il y a des

---

1. Cf. la description de la *Calle de San Anton*, par le chapelain des *recogidas*.

> Perros, borricos y machos,
> Viejas horribles y eternas,
> Bodegoncillos, tavernas,
> Y cagadas de muchachos,
> Gran numero de borrachos,
> Juramentos y disputas,
> Cascaras de varias frutas,
> Ravaneras y cabreros,
> Muchos chiquillos en cueros,
> E infinidades de putas.

> *Los Vicios de Madrid.*
> (Rev. Hispanique, n° 43, p. 169.)

billards tenus par les fermiers de la régie ; les gardes vont au
billard de la *Corredera*, les joueurs fameux à celui du Prado, les
tricheurs à celui de la rue de la Croix ; les vrais Madrilènes
savent que celui du *Barrio nuevo* est obscur, qu'il y a trop de
monde a celui de *Levante*, que celui du *Principe* ne s'ouvre que
la nuit. Chaque soir, on peut se rendre à la salle de danse
publique, où, sous la présidence d'un *bastonero* et la surveillance
distraite de quelques matrones, on peut danser avec de jolies
filles et avancer ses affaires auprès d'elles. Mais malheur au mauvais danseur, et gare aux jaloux ! Le duel fait encore fureur à
Madrid, en dépit des ordonnances, et les militaires sont toujours
fort prompts à vous demander raison, quand même tous les torts
seraient de leur côté. Les théâtres sont très fréquentés. On joue
l'opéra aux *Caños del peral*, la comédie et le drame au *Principe* et
à la *Cruz*. Le spectacle n'est pas toujours sur la scène.On se
montre les gens connus, les femmes à la mode : la Vicenta, la
Teresa, la Zenona, la Dientes ; on cite les noms de leurs amants,
on raconte leurs aventures, leurs succès, leurs malheurs... Parfois, la voix des acteurs est couverte par des cris et des éclats de
rire ; c'est un jeune seigneur qui s'amuse avec quelques bonnes
filles ; l'alcalde de service l'envoie prier de faire un peu moins de
bruit ou de sortir, et l'insolent de répondre que : « hormis le
roi, le président du Conseil et son père, personne ne lui commande ! » Madrid a d'excellents acteurs : Ynfantes, Maïquez,
Querol, et des actrices adorées du public, comme Rita Luna, qui
rit, pleure, joue la colère et l'attendrissement avec un naturel
sans pareil, la Tirana, la Bermejo, la Mariquita Garcia pour le
drame et la tragédie, la Antonio Prado pour la chanson et la gui-
tare. On joue les pièces classiques du théâtre espagnol, la *Raquel*,
le *Pelayo* et le *Duque de Vizeo* de Quintana, la *Condesa de Castilla* de Cienfuegos, et tout le théâtre de Moratin, alors dans
toute sa nouveauté. On se pique de littérature et même de
science, on lit l'*Émile* et le *Contrat social* de Rousseau, les *Contes*
de Voltaire, les *Cartas Marruecas* et les *Eruditos á la violeta* de

Cadalso, le *Fray Gerundio* du P. Isla, la *Derrota de los pedantes* de Moratin. On cite avec admiration le *Tratado de series recurrentes* de D. José Ramon de Ybarra, excellent mathématicien « rival de Carnot », original et distrait comme un savant doit l'être, et qui faisait trois parts de son revenu, l'une pour le vivre et le couvert, la seconde pour les livres et la troisième pour les femmes, en véritable Espagnol qu'il était. Enfin — et c'est la grande occupation de tous ces gens — on cause, on parle, on disserte, on discute, sans fin, sans trêve, à perte de vue, effleurant tout sans s'arrêter à rien, mêlant le sacré et le profane, le grave et le plaisant, le sévère et le grivois, passant quelquefois de la plus fine plaisanterie à l'obscénité la plus crue, et de ces palabres interminables, de ces flâneries si creuses et si vaines jaillissent par instant des traits d'excellente satire, des mots du meilleur aloi, des réflexions marquées au coin du bon sens le plus parfait, des maximes dignes des Sept Sages. Ces hommes mobiles et superficiels, incapables de se fixer nulle part, sont des philosophes, des observateurs sagaces et profonds, des critiques avisés et gracieux, des Athéniens du temps d'Aristophane, absurdes et charmants, prompts à toutes les folies et à tous les enthousiasmes, si prodigieusement ondoyants et divers qu'aucun étranger ne les pourra jamais saisir, ni comprendre [1]. Le Madrid de 1808 n'est pas plus sérieux que celui de 1807, mais s'il flâne, s'il bavarde, s'il joue, s'il s'amuse comme par le passé, c'est par habitude, par mode, par bravade peut-être. Il a au cœur une haine et un amour, il haït Godoy, il adore Ferdinand, et il attend que Napoléon se prononce entre eux. Il attend, anxieux, fiévreux, ayant peine à ne pas perdre dans l'angoisse de l'attente sa gravité castillane, sa dernière vertu, son dernier orgueil. Les étrangers le sentent frémir d'impatience, et s'effraient des prochaines et possibles catastrophes : « Je ne serais pas étonné,

---

1. *Los Vicios de Madrid* (Revue Hispanique, t. XIII, n° 43, p. 163-228).

écrit Beauharnais, que si le Prince de la Paix venait à commettre quelque inconséquence de marque, il fût lapidé [1]. »

II

Le 16 mars 1808, le prince généralissime fit passer aux Gardes du Corps, aux bataillons de la Garde espagnole et wallonne et aux escadrons légers des carabiniers royaux l'ordre de quitter Madrid pour se rendre à Aranjuez, et pensant bien qu'une pareille mesure ne manquerait pas d'inquiéter le public, il fit prier le gouverneur du Conseil de publier un avis, dans lequel il affirmerait la solidité inaltérable de l'alliance entre le roi et l'empereur des Français [2].

D. Arias Mon convoqua le Conseil vers les neuf heures et demie du matin. L'affaire fut jugée de si grande importance que le Conseil voulut entendre les trois fiscaux et resta en séance jusqu'à quatre heures et demie de relevée. Considérant que l'ordre royal du 19 septembre 1804 défendait au Conseil de publier aucun édit, sans en avoir au préalable avisé S. M., le Conseil résolut d'en référer au roi et d'aviser de sa décision l'État-Major de la place. Le Conseil disait au roi qu'il tenait l'édit pour inopportun. Le peuple pourrait croire que l'on doutait de sa fidélité et de son obéissance, l'empereur des Français serait induit à penser que l'on n'avait pas en son intime alliance et véritable amitié toute la confiance que méritait la sincère union qui s'était établie entre lui et S. M. et qui régnait depuis son exaltation au trône. — « Sire, ajoutaient les magistrats, le peuple de Madrid et tout le royaume aiment V. M. de l'amour le plus cordial et le plus loyal, et V. M. n'a rien à craindre de lui. Tous à l'envi se sacrifieront avec bonheur pour V. M. et

---

1. Arch. des Aff. étrangères à Paris. *Correspondance. Esp.*, t. 673, f⁰ 328, 11 mars 1808.

2. Arch. hist. nac. *Invasion francesa Consejo*. Legajo I, pièce 1, 16 mars 1808.

sa royale famille. Le Conseil n'hésite pas à l'affirmer à V. M. et une longue expérience est le plus sûr garant de cette vérité. » Le Conseil osait même aborder le sujet si délicat du voyage d'Andalousie, et déclarait « ne pas trouver de paroles pour exprimer sa surprise ». Une pareille détermination ne pouvait qu'effrayer les peuples et irriter l'empereur. S'il y avait réellement quelque modification diplomatique dans les rapports entre le roi et l'empereur, le Conseil suppliait S. M. de ne prendre aucune résolution définitive sans avoir demandé l'avis d'une junte de citoyens instruits et zélés pour le service de leur prince. Il protestait de son dévouement absolu au monarque et à sa famille, et déclarait, dans les termes les plus forts et les plus persuasifs, qu'il était prêt à donner son avis au roi avec toute la célérité, la rectitude et le désintéressement que lui imposaient ses serments et son zèle pour le service de Dieu et du roi [1].

Cette protestation enflammée, telle que la pouvaient concevoir des hommes d'honneur, très mal renseignés sur les desseins de Napoléon et sur les forces respectives de l'Espagne et de la France, témoigne du trouble extrême où l'annonce de la fuite du roi mettait les esprits les plus pondérés. On peut juger par là de ce que pensait le peuple de Madrid, plus mal renseigné encore que le Conseil et plus prêt à s'enflammer. Les magistrats avaient si peur d'une explosion populaire, qu'ils n'osèrent même pas publier l'édit réclamé par Godoy, et redemandé une seconde fois dans la soirée du 16 mars, par une nouvelle dépêche d'Aranjuez. Ils décidèrent qu'on attendrait à connaître l'effet produit auprès du roi par la lettre du Conseil.

Le lendemain 17 mars une lettre du marquis Caballero annonça au Conseil que 50.000 hommes de troupes françaises se rendant à Cadix allaient passer par Madrid. Il priait la Cour de s'entendre avec le capitaine général pour assurer à l'armée française tous les secours qu'elle pouvait réclamer, comme alliée du roi. Il enga-

---

1. Arch. hist. nac. *Invasion francesa. Consejo.* Leg. I, pièce 1.

geait le Conseil à publier un avis pour assurer aux Français le meilleur accueil possible à Madrid [1].

D. Arias Mon avertit aussitôt le Corrégidor de préparer tous les logements disponibles pour les officiers, et de faire meubler même les appartements inoccupés. Il chargea D. Josef Navarro de présider aux fournitures de viande et de charbon, et D. Gabriel de Achutegui aux approvisionnements de pain [2]. On dut savoir dans la soirée que les Français étaient à Somo-Sierra. La journée se passa dans l'attente et dans une agitation indescriptible. Le peuple était rempli de curiosité, les gens plus instruits étaient plus anxieux et l'on sentait une grande fermentation dans les esprits [3].

Le 18 au matin, des gens venus d'Aranjuez apportèrent la nouvelle de l'échauffourée de la nuit et de la chute de Godoy, exonéré par décret royal de toutes ses charges, emplois et dignités. En un clin d'œil, Madrid fut dans les rues, criant sa joie et mêlant aux cris de : Vive le roi ! les cris de : Mort à Godoy ! (*¡ muera Godoy ! ¡ muera el chorizero !*) Le Conseil publia un édit, portant que sur la fausse nouvelle du départ du roi pour le Mexique, il y avait eu rencontre entre quelques paysans et hussards et la Garde Royale, et que tout était bientôt rentré dans l'ordre [4].

Le 19, au matin, D. Arias engagea le gouverneur de la *Sala* à faire établir des tavernes particulières pour les Français, afin d'éviter l'encombrement des auberges madrilènes « vraiment scandaleuses à force de bruit et de désordres. » [5] L'avant-garde des troupes impériales était à Villacastin.

---

1. Id., *ibid.*, 17 mars 1808.

2. *Libro de acuerdos de la Sala*, 17 mars 1808.

3. *Archives de la guerre à Paris, armée d'Esp. 1808*. Dupont à Murat. 19 mars 1808.

4. Arch. hist. nac. *Inv. fr. Consejo.* Leg. I, fasc. 2, 18 mars 1808.

5. Id., *ibid.*, 19 mars 1808. « A fin de evitar la mucha concurrencia y la permanencia de gente en las demas tabernas de esta poblacion, por que es ciertamente escandaloso el bullicio y desorden que se note en ellas. »

A mesure que la journée s'avançait, de nouvelles dépêches d'Aranjuez venaient porter à son comble l'anxiété du Conseil et l'agitation de Madrid. Le prince de la Paix avait été découvert, et sa vue avait rallumé l'émeute, qui avait grondé jusque sous les fenêtres du palais. Le prince des Asturies avait été chargé par le roi d'instruire le procès de Godoy et avait ordonné le transfert de l'accusé à l'Alhambra de Grenade [1]. Le Conseil, averti de ces événements par le marquis Caballero, fit immédiatement afficher le décret royal.

Si la chute de Godoy avait rempli Madrid d'une joie folle, la nouvelle de son arrestation l'exalta jusqu'au délire. Vers le soir, le peuple des bas quartiers, toute la *manoleria*, reflua vers la ville et parcourut les rues en hurlant et chantant. Quand on fut las de courir, de danser, de crier, on se mit à piller les maisons des parents et des amis du favori. On jetait les meubles par les fenêtres et on en faisait un feu de joie, autour duquel hommes et femmes dansaient des rondes frénétiques. On pilla ainsi les hôtels de D. Diego Godoy, de D. Manuel Sixto Espinosa, du marquis de Branciforte, de D. Josef Eustaquio Moreno, de son frère, le comte de Fuenteblanca, gouverneur du Conseil des Finances, de D. Antonio Alvarez de Faria, et de D. Josef Marquina. Vers minuit, une bande précédée de clairons, de tambours et de porteurs de torches, se rendit devant le palais des Conseils et demanda à parler au gouverneur. D. Arias Mon se montra au balcon, harangua le peuple, lui réitéra l'assurance de l'arrestation de Godoy, lui dit que le prince des Asturies était chargé d'instruire son procès. La foule se retira en criant : « Vive le roi ! vive le prince ! vive le Conseil ! » [2]

---

1. « Habiendome autorizado mi augusto padre, rey y señor para formar causa á D. Manuel Godoy, principe de la Paz, he resuelto que entre tanto doy las ordenes convenientes para hacerle la competente sumaria y juzgarle conforme á derecho, salga inmediatamente y sea conducido preso á la Alhambra de Granada. Tendreislo entendido para executarlo puntualmente. Yo el Principe. » Id., *ibid.* Leg. I, fasc. 2, 19 mars 1808.

2. Arch. hist. nac. *Invasion fr. Consejo.* Leg. II, fasc. 2, 19 mars 1808.

Un peu plus tard, le Conseil reçut l'avis de l'abdication de Charles IV, et un nouveau décret de Ferdinand, devenu roi, ordonnant le transfert de Godoy au quartier général des Gardes du Corps [1].

D. Adrian Marcos Martinez, gouverneur de la *Sala*, parcourut la ville et donna au peuple lecture du décret, il fut très applaudi, mais le pillage continua et l'émeute menaça bientôt la maison du trésorier-général Noriega, les palais de Buenavista [2] et de l'Amirauté [3].

Le lendemain, 20 mars, le Conseil reçut notification de l'abdication de Charles IV et répondit au roi dans des termes qui semblent marquer un sincère regret de perdre un monarque « si bienfaisant, si porté à faciliter le bonheur de ses vassaux, si aimé de ses peuples, et pour la longue vie duquel les magistrats soupiraient, priant Dieu que cette consolation ne leur fût pas refusée. » [4] Ferdinand VII adressa au Conseil la lettre par laquelle il acceptait la couronne [5], déclara maintenir tous les fonctionnaires en charge, et rétablit le titre aboli de Président de Castille, en faveur du duc de l'Infantado, qu'il nomma en même temps colonel des Gardes espagnoles [6].

La ville gardait toujours un aspect révolutionnaire, les rues restaient pleines de monde, et la foule avait des caprices d'enfant : à neuf heures et demie du matin, un groupe vint demander au Conseil un portrait du nouveau roi ; à midi, les magistrats

---

1. Arch. hist. nac. *Inv. fr. Consejo*. Leg. II, fasc. 2, 19 mars 1808.

2. Le palais de Buenavista, aujourd'hui Ministère de la guerre, avait été récemment donné au prince de la Paix par la ville de Madrid.

3. Aujourd'hui ministère de la Marine, était en 1808 la résidence ordinaire de Godoy.

4. Arch. hist. nac. *Inv. fr. Consejo*. Leg. I, fasc. 2, 28 mars 1808.

5. Le dernier président de Castille avait été D. Juan Manuel Joaquin Alvarez de Toledo, comte d'Oropesa, qui avait résigné ses fonctions en 1699 (Salazar, *Memorias del Consejo*, cap. 2).

6. Arch. hist. nac. *Inv. fr. Consejo*. Leg. II, fasc. 2, 20 mars 1808.

reçurent une nouvelle délégation. Ils ne se séparèrent qu'à une heure et demie, après avoir décidé de publier un avis, et d'organiser des rondes et patrouilles pour rétablir l'ordre. L'avis annonçait au peuple la confiscation générale de tous les biens de Godoy, qui devenaient ainsi propriété royale et devaient être respectés. Le roi ferait son entrée à Madrid, sitôt que la population, si loyale et si attachée à sa royale personne lui aurait donné des preuves de son apaisement et de sa tranquillité. » Deux sentinelles des Gardes wallonnes furent placées à la porte des palais de Buenavista et de l'Amirauté. Tous les ouvriers employés aux travaux du palais de Buenavista furent envoyés aux chantiers du chemin du Pardo.

Mais la populace était lâchée et l'édit ne produisit aucun effet. L'émeute continua toute la soirée et toute la nuit ; beaucoup de soldats se joignirent aux perturbateurs et leur distribuèrent des armes tirées des casernes ; totalement fous, alors, les émeutiers se mirent à tirer à tort et à travers des salves de mousqueterie, allèrent délivrer les *presidiarios* du Prado, les femmes enfermées à *la Galera*, pillèrent les boutiques de comestibles, les débits d'eau-de-vie et brûlèrent les meubles de la marquise de Mejorada, de D. Juan Diego Duro et de D. Pedro Truxillo [1]. La populace envahit même le palais de Buenavista et y commit mille insolences [2]. La marquise de Castelar et le comte de Torre Muzquiz craignaient de voir leurs maisons assaillies par la populace [3].

En face de l'anarchie qui s'établissait, le Conseil résolut d'agir énergiquement. Les chefs militaires furent engagés à sévir contre les soldats qui se mêleraient aux groupes séditieux, et à faire rentrer les armes et effets détournés par les mutins. Ordre fut donné aux *alcaldes de Corte*, et aux *alcaldes de barrio* de parcourir leurs quartiers respectifs avec des patrouilles composées d'artisans

---

1. Arch. hist. nac. *Inv. fr. Consejo.* Leg. I, fasc. 2, 20 mars 1808.
2. Id. *ibid.* Leg. II, fasc. 4, 21 mars 1808.
3. Arch. hist. nac. *Libro de acuerdos de la Sala*, 21 mars 1808.

et de personnes honorables, et de faire tous leurs efforts pour ramener le peuple à la raison. Le Conseil recommandait de n'user de la force qu'à la dernière extrémité. Si les rondes d'alcaldes ne suffisaient pas, les membres du Conseil eux-mêmes descendraient dans la rue [1].

Les marchands de comestibles de la *Plaza Mayor*, au nombre de deux cents, vinrent offrir au Conseil de coopérer au rétablissement de l'ordre ; le Conseil accepta. Sur le soir, on prit des mesures plus sérieuses : huit patrouilles d'infanterie, de 30 à 50 hommes, commandées par un capitaine, parcoururent les principales rues, quatre patrouilles de cavalerie circulèrent dans les quartiers les plus remuants, quatre piquets de cavalerie furent installés sur les places del Ángel, de la Cebada et Sto Domingo et rue d'Alcalá, près le couvent du Carmel [2].

L'*Ayuntamiento*, heureux de témoigner de son zèle pour le bien public, décida de siéger en permanence, et plusieurs de ses membres se joignirent aux alcaldes pour faire des rondes par la ville [3].

Peu à peu le calme se rétablit, il y eut encore un peu de bruit et de désordre, quelques pilleries chez les marchands de vin et de comestibles, quelques dégâts chez un horloger ; si peu de chose, en somme, que la noblesse de Madrid s'offrit à prier le roi de hâter son arrivée dans sa capitale [4]. Le roi avait déjà fixé son entrée au 24 mars et en faisant part au public de la résolution de

---

1. Arch. hist. nac. *Inv. fr. Consejo.* Leg. II, fasc. 2, 21 mars 1808. *Libro de acuerdos de la Sala.* 21 mars 1808.

2. Arch. hist. nac. *Libro de acuerdos de la Sala.* 21 mars 1808.

3. *Ibid. Inv. fr. Consejo.* Leg. II, fasc. 3, 21 mars 1808.

4. *Ibid. Libro de acuerdos de la Sala,* 21 mars 1808. « La grandeza á la Sala. Muy Sr nuestro, nos ha parecido del caso, en vista de la tranquilidad que se va manifestando en esta Corte, pasar al sitio, con otros de nuestra propia clase, á estrechar á nuestro soberano que venga. Dios gde V. M. Madrid y Marzo 21 de 1808. El duque y grande de Soto Mayor, el duque y grande de Hijar, marques de Oracia, el conde de Noblejas, mariscal de Castilla. »

S. M., le Conseil en tira occasion de le rappeler au calme et à l'observation des lois [1].

Il n'était que temps, en effet, de revenir à la sagesse, car les Français étaient à San Agustin, et le pauvre vieux Charles IV poussait l'inconscience jusqu'à rétracter son abdication de l'avant-veille et à prendre Napoléon pour arbitre entre son fils et lui [2].

La journée du 22 se passa sans incidents notables et ne donna pas aux gens sérieux une haute idée du nouveau gouvernement. Au lendemain des troubles qui venaient d'agiter Madrid, Ferdinand VII ne trouva rien de mieux que de supprimer la surintendance générale de police créée en décembre précédent [3]. Il fit déclarer par le Conseil qu'il suivrait le même système d'alliances que son père, et engagea les habitants de Madrid à bien recevoir les Français « qui venaient en amis et pour des fins utiles au roi et à la nation » [4]. Le même jour, D. Tomas de Foronda et D. Gabriel Felipe Melendro, chargés de vérifier les comptes du trésorier-général Noriega, brutalement destitué le 20 mars, rendaient plein hommage à sa probité et à la régularité de ses opérations [5].

Le Conseil montrait plus de prudence dans l'expédition des affaires courantes. La *Sala* lui avait soumis un projet d'édit

---

1. Arch. hist. nac. *Inv. fr. Consejo*. 21 mars 1808. Le Conseil assure au peuple « que vera cumplidos en el dia señalado los deseos que ha manifestado de ver á S. M. siempre que en este medio tiempo le dé pruebas de estar reducido todo al sosiego y orden debido. »

2. Arch. hist. nac. *Inv. fr. Consejo*. Leg. XIX, 21 mars 1808. « Protesto y declaro que todo lo manifiesto en mi Decreto del 19 de Marzo, abdicando la corona de mi hijo, fue forzado, por precaver mayores males y la efusion de sangre de mis queridos vasallos, y por tanto de ninguno valor. Yo el Rey. »

3. Id. Leg. XX, fasc. 5, 22 mars 1808. Marquina, qui occupait cette charge, était une créature de Godoy, mais on pouvait changer le titulaire, sans supprimer la fonction.

4. Id. Leg. II, fasc. 2, 22 mars 1808.

5. Id. Leg. VIII, fasc. 1, 22 mars 1808.

pour enjoindre à tous les détenteurs d'objets, provenant des pillages des derniers jours, de les remettre aux *alcaldes de barrio*, dans un délai de deux jours, sous peine d'être poursuivis comme complices de vol ; le Conseil résolut de surseoir à la publication de l'avis et recommanda aux alcaldes de procéder avec la plus grande circonspection, pour ne point réveiller les passions assoupies [1]. Il donna ordre au Corrégidor de faire fermer les maisons saccagées, afin qu'elles ne devinssent point un refuge de vagabonds [2], et il fit dire à l'*Ayuntamiento* qu'il pouvait se séparer sans inconvénient [3]. Les Français étaient à Fuencarral et devaient entrer à Madrid le lendemain.

Murat fit tout son possible pour laisser aux Madrilènes l'impression d'une puissance irrésistible. Il se fit précéder de détachements de la cavalerie de la Garde impériale, il parut entouré d'un splendide État-major et prodigua à la foule les saluts et les sourires. Madrid le reçut avec une courtoise allégresse, mais quand parurent derrière la cavalerie de la Garde et l'État-major, les pauvres divisions de conscrits, commandées par Musnier, Gobert et Morlot, quand les Espagnols aperçurent ces malheureux petits soldats, mal vêtus, et à moitié morts de fièvre et de fatigue, l'admiration fit place à la pitié et au mépris, et il n'y eut pas un *manolo* qui ne se crût de taille à se mesurer avec de si chétifs adversaires [4]. Murat assura par un ordre du jour sévère la discipline de ses troupes [5], s'établit fièrement, de sa propre autorité,

---

1. Id. Leg. II, fasc, 3, 22 mars 1808.
2. Id. Leg. II, fasc. 18, 22 mars 1808.
3. Id. Leg. II, fasc. 3, 22 mars 1808.
4. Le 16 février, Dupont avait déjà 2.000 hommes dans les hôpitaux. Le 4 mars le grand-duc de Berg était averti qu'il existait dans les différents corps de troupes une assez grande quantité de galeux. Le 22 mars, le maréchal Moncey écrivait au général Grouchy de laisser en arrière tous les hommes malingres et hors d'état de paraître sous les armes *d'une manière un peu convenable*.
5. Archives de la guerre à Paris, *Correspondance, 1808. Armée d'Espagne*.

au palais de l'amirauté, à trois cents mètres du Palais Royal, et
dépêcha l'ambassadeur Beauharnais à Aranjuez, pour obtenir le
renvoi immédiat en Portugal de toutes les forces espagnoles
ramenées par Godoy sur Talavera, et pour chercher à retarder
l'entrée de Ferdinand VII à Madrid [1]. Ferdinand, qui se savait
attendu avec une impatience fébrile, n'accéda pas aux désirs du
grand-duc.

Les Madrilènes avaient considéré l'entrée des Français comme
un spectacle [2] ; ils avaient assisté, curieux et narquois, au défilé
des troupes, mais leur attention était ailleurs. Ils lisaient et com-
mentaient le règlement de police édicté par la *Sala* à l'occasion
de l'entrée du roi : défense aux voitures de circuler dans les rues
que devait suivre le cortège, défense de monter sur les toits,
défense de rien jeter des balcons, défense de promener par les
rues des bannières, des écussons ou des palmes [3]. On lisait tout
cela au milieu des rires et l'on se promettait une joie divine à
faire tout ce que défendait la *Sala*.

Ordre du jour de Murat, 23 mars 1808. « Il y aura tous les jours un régiment
d'infanterie de garde, établi sur la place d'armes avec deux pièces d'artillerie.
Un régiment de cavalerie sera de service et prêt à monter à cheval ; trois
pièces d'artillerie seront commandées pour le suivre, s'il devait marcher.
Patrouilles de jour et de nuit. Retraite à 6 heures du soir. Trois appels par
jour. Tous les deux jours, revue de propreté. Deux jours de prison à tout
soldat trouvé dans les rues après la retraite. Un jour de consigne pour mauvaise tenue. Huit jours de cachot pour ivresse. Vingt-quatre heures d'arrêts ou
de prison à l'officier ou au soldat rencontré en ville sans son uniforme, ses
marques distinctives, ou ses armes. »

1. Gómez de Arteche. *Guerra de la independencia*, t. I, p. 282.

2. Arch. de la guerre à Paris. *Corresp. 1808. Armée d'Espagne*. Rapport au
grand-duc de Berg, 24 mars 1808. « Les habitants ont accueilli les Français
dans la journée d'hier 23 avec intérêt, et d'une manière tout à fait fraternelle.
Partout le soldat est vu de bon œil et la nuit a été parfaitement tranquille.
Toutefois, il règne dans le peuple de cette capitale un sentiment d'inquiète
curiosité sur notre venue, sur les suites de l'état actuel des choses, et généralement l'arrivée du nouveau roi est désirée. »

3. Arch. hist. nac. *Inv. fr. Consejo*. Leg. I, fasc. 2, 23 mars 1808.

Ferdinand VII entra à Madrid le 24 mars, vers dix heures du matin. Il se présenta en souverain, sûr de l'affection de ses peuples, et qui n'a pas besoin d'une garde imposante : quatre éclaireurs des Gàrdes du Corps ouvraient la marche ; immédiatement après, le roi, monté sur un cheval blanc, qu'il conduisait en écuyer accompli, puis les infants D. Carlos et D. Antonio Pascual, dans un carrosse fermé ; une légère escorte, et c'était tout. Mais le peuple délirait d'enthousiasme ; c'était un vertige de passion et d'idolâtrie. Le cheval pouvait à peine avancer. Hommes et femmes se précipitaient pour baiser les mains du roi. D'autres jetaient en l'air leurs chapeaux, étendaient leurs capes et leurs manteaux sur le sol. On jetait des fleurs, des poésies, des bonbons ; on donnait la volée à des pigeons. Des gens montés dans les clochers, sonnaient les cloches avec frénésie, tiraient des pétards et des coups de fusil. Le roi mit deux heures à se rendre de la Puerta del Sol au palais [1]. Un seul nuage en ce beau ciel : les Français n'avaient pris aucune part à la fête et avaient même poussé l'insolence jusqu'à manœuvrer sur le passage du cortège royal [2].

---

1. Mesonero Romanos, *Memorias de un setenton*, p. 28.

2. Archives de la guerre. *Corresp. 1808. Armée d'Espagne.* Grouchy au grand-duc de Berg, 25 mars 1808. « Le roi est arrivé. Vers les dix heures, il a fait son entrée à cheval, l'épée à la main, revêtu de l'habit de colonel des Gardes du Corps, et environné de la majeure partie des trois compagnies qui les composent. Il était précédé et suivi des Gardes à pied espagnoles et wallonnes. Sa famille l'accompagnait dans des voitures. Le peuple l'a accueilli avec transport ; cependant à peine quelques maisons de la ville ont été illuminées le soir... Les grands sont agités, inquiets, il y a des pourparlers entre eux. » Le récit de Grouchy diffère, comme on le voit, sur certains points de détail du récit de Mesonero Romanos, mais l'auteur castillan est l'écho de toutes les traditions espagnoles, et Grouchy, très courtisan, n'a dit à Murat que ce qu'il pensait devoir lui être agréable.

III

Ferdinand VII resta dix-huit jours à Madrid avant d'entreprendre son fatal voyage à Bayonne. Ce court espace de temps fut rempli par les intrigues françaises et marqué par des difficultés extraordinaires, contre lesquelles l'inexpérience et l'ignorance du roi et la médiocrité de ses ministres eurent grand'peine à lutter.

Ferdinand VII a laissé dans l'histoire une détestable réputation, et il paraît souvent difficile d'imaginer un homme plus complètement antipathique. Avec la vivacité et les passions de sa mère, il en avait toute l'hypocrisie et tout le cruel égoïsme. Son front haut, mais étroit, ses yeux ardents, sa bouche en trait de scie disent son entêtement, sa violence et sa méchanceté. Cependant on doit reconnaître qu'il montra dans les premiers jours qui suivirent son avènement quelque bon vouloir, quelque vague souci de réparation, de justice et de progrès.

Il choisit des ministres honnêtes [1] ; il tira d'exil Cabarrus, Florida Blanca et Jovellanos. Il rappela à l'activité les *alcaldes de corte* et les conseillers de Castille, victimes des rancunes de Godoy [2]. Il promit qu'aucun membre de la noblesse, ni aucun membre des Conseils ne pourrait être exilé sans avoir été préalablement jugé conformément aux lois [3]. Il recommanda à tous les ministres et juges du royaume de se consacrer très spécialement

---

1. O'Farril à la guerre, Azanza aux finances, Sebastian Piñuela à la justice, Gil y Lemus à la marine, Cevallos au secrétariat d'État.

2. Arch. hist. nac. *Inv. fr. Consejo.* Leg. XIV, fasc. 1, 24 mars 1808. Id., *ibid.*, 28 mars 1808. Id., *ibid.*, 5 avril 1808. Profitèrent de ces mesures, D. Francisco Perez de Rozas et le marquis de Los Llanos, alcaldes de corte, le comte del Pinar, D. Domingo Codina, D. Manuel de Lardizabal. D. Josef Joaquin Colon de Larreategui, et D. Juan Antonio Lopez Altamirano, conseillers de Castille.

3. Arch. de la guerre à Paris. *Corresp. Esp. 1808*, 28 mars 1808.

à l'accomplissement de leurs obligations, à la bonne et stricte administration de la justice [1]. Il mit à l'étude un plan d'amélioration des routes du royaume, et un projet d'adduction des eaux potables à Madrid [2]. Il fit diminuer le prix du tabac et les droits d'entrée sur les vins [3]. Il donna à tous le droit de chasse et promit le prochain rétablissement des courses de taureaux [4].

Mais si quelques-unes de ces mesures étaient vraiment louables, d'autres révélaient chez le roi et ses ministres une ignorance fâcheuse des intérêts de l'État et des vrais principes de la justice [5]. Le pape avait accordé au roi, en 1806, la permission de vendre un septième des biens ecclésiastiques ; cette mesure, indispensable alors pour assurer le service de la dette, était naturellement très mal vue des prêtres ; pour les gagner, Ferdinand VII arrêta la vente des biens d'Église ; il décida quelques jours plus tard que le *noveno eclesiástico* serait appliqué aux besoins du clergé [6]. Les dépenses de la Cour ne perdirent rien de leur exagération [7].

Les poursuites ordonnées contre Godoy et ses partisans prirent toute l'apparence de vengeances personnelles. D. Simon de Viegas,

---

1. Arch. hist. nac. *Inv. fr. Consejo*. Leg. XIX, 30 mars 1808.

2. Gómez de Arteche, *Guerra de la independencia*, t. I, p. 274.

3. Archives de la guerre à Paris. *Corresp. 1808. Armée d'Espagne*, 31 mars 1er avril 1808.

4. Id., *ibid.*, 25-26 mars 1808.

5. Id., *ibid.*, 30 mars 1808. « Jusqu'à présent, le nouveau gouvernement n'a pas eu de marche assurée. Aucune main vraiment forte et habile ne dirige les choses. Les meneurs même ont eu la maladresse de le laisser apercevoir et mes relations avec eux ne m'ont jusqu'à ce moment fait connaître aucun homme d'un grand intérêt, ni d'une trempe supérieure. » Grouchy au grand-duc de Berg.

6. Id., *ibid.*, 31 mars-1er avril 1808. Grouchy au grand-duc de Berg.

7. Arch. hist. nac. *Inv. fr. Consejo*. Leg. VIII, fasc. 2, 26 mars 1808, Du 20 au 26 mars 1808, il fut dépensé 275.000 réaux pour l'entretien de la famille royale, et 1.942.967 réaux pour la maison du roi.

fiscal du Conseil, fut banni pour six mois [1]. D. Josef Marquina, surintendant de police, interné à Fuensalida, Doña Josefa Tudó arrêtée sur la route d'Andalousie et mise en prison ainsi que Doña Antonia Alvarez, le comte de Fuenteblanca, D. Josef Eustaquio Moreno et le marquis de Branciforte. Le 3 avril, le roi déférait au Conseil D. Manuel Godoy, prince de la Paix, D. Diego Godoy, duc d'Almodovar del Campo, son frère, D. Luis Viguri, ancien intendant de la Havane, D. Manuel Sixto Espinosa, directeur de la Caisse de consolidation des *vales*, D. Antonio Noriega, grand Trésorier, et ordonnait que leur procès fût instruit avec toute la célérité possible, de préférence à toute autre affaire, par les deux fiscaux, D. Gerónimo Antonio Diez et D. Nicolas de Sierra. Le 5 avril, un nouveau décret royal commettait le comte del Pinar et D. Juan Antonio Inguanzo, membres du Conseil, à l'instruction du procès de Godoy et de ses coaccusés. Le 9 avril, les fiscaux étaient déjà prêts à déposer leurs conclusions. Le Conseil décrétait d'arrestation D. Miguel Cayetano Soler, D. Josef Marquina, D. Simon de Viegas et le prêtre D. Pedro Estalla. Il ordonnait de saisir les biens et les papiers de tous ces hommes. Le 12 avril, il ajoutait à la liste des accusés D. Eugenio Izquierdo, agent de Godoy à Paris, et décrétait pareillement la mise sous séquestre de tous ses biens. Dès le 20 mars, Ferdinand VII avait prononcé la confiscation générale des biens du Prince de la Paix, puis, reconnaissant « que la confiscation est une peine et ne doit atteindre l'accusé qu'après jugement et condamnation » il avait consenti à changer la confiscation en simple

---

1. « Excmo Sr : El Rey ha concedido licencia á Don Simon de Viegas, Fiscal del Consejo, para que se vaya inmediatamente por seis meses á su pais, ó donde quiera, como no sea Madrid, ni Sitios Reales, avisando el pueblo en que fixare su residencia. Lo que, de orden de S. M. comunico á V. E. para su inteligencia y la del Consejo ; en el concepto de que, con esta fecha, se lo aviso al referido Viegas, para su puntual complimiento. D. g. á V. E. m. a. Palacio 1º de abril de 1808. El marques Caballero. Sor Presidente del Consejo. »

séquestre, et avait fait rendre à la princesse de la Paix et à sa fille ce qui leur appartenait [1]. Mais déjà la confiscation avait produit tous ses effets. L'inventaire des biens du prince de la Paix, dressé avec une hâte fébrile, avait montré que ses revenus montaient à 5.472.897 réaux 16 ms. 1/2 ; on avait saisi chez lui 3.269.140 réaux en argent ; ses meubles avaient été estimés 2.165.684 réaux ; ses joyaux et bijoux avaient donné 88 marcs 6 onces d'or et 2.307 marcs d'argent ; le roi s'était emparé de la vaisselle du prince et s'en servait sur sa table, le reste avait été converti en monnaie, à l'exception de quelques pièces précieuses, qui furent gardées à la trésorerie générale [2]. Godoy, transféré secrètement d'Aranjuez à Villaviciosa, sous la garde du marquis de Castelar, y préparait courageusement sa défense [3], sans rien connaître des pressantes démarches que faisaient en sa faveur Charles IV et la reine auprès de Napoléon, et Napoléon lui-même auprès de Ferdinand, démarches qui se brisèrent longtemps contre l'obstination haineuse du jeune roi.

Presque tous les personnages arrêtés à la suite des événements d'Aranjuez furent remis en liberté plus tard par Murat ; mais il y eut au moins un de ces procès qui tourna à la confusion des accusateurs, celui de D. Antonio Noriega. D. Andrés Lasauca, conseiller de Castille, chargé d'instruire l'affaire, demanda aussitôt s'il ne conviendrait pas, avant toute procédure, d'attendre que l'accusé eût rendu ses comptes (7 avril), le Conseil en référa au roi (9 avril), et le ministre ayant répondu que les comptes seraient communiqués à D. Andrés aussitôt qu'ils auraient été dressés

---

1. *Manifiesto de los procedimientos del Consejo Real*, p. 5 à 18.
2. Arch. hist. nac. *Inv. fr. Consejo.* Leg. VII, fasc. 1.
3. *Compendio de las providencias y ordenes expedidas por el Principe de la Paz desde principios de Agosto de 1807, hasta mediados de Marzo de 1808, sobre la reunión y operaciones de los cuerpos de ejército que han entrado en Portugal, y la entrada de las tropas francesas en España, su asistencia e incidencias ocurridas con este motivo* (Ms. cité par Gòmez de Arteche. *Guerra de la Indep.*, t. I, p. 142).

(13 avril), le Conseil déclara que les comptes formaient la matière même du procès et que D. Andrés devait être adjoint aux commissaires chargés de les établir (28 avril). Le 10 mai, sur l'avis conforme des fiscaux, Murat autorisait la mise en liberté de Noriega [1].

Tous ces menus faits, qui eussent occupé en temps ordinaire l'attention publique, disparaissaient devant les immenses difficultés résultant de la présence à Madrid d'une armée de 28.566 hommes et 3.732 chevaux [2]. Le Conseil avait bien créé une Junte d'approvisionnement (*Junta de suministros*) présidée par D. Pedro de Mora y Lomas, corrégidor de Madrid et D. Juan de Peña y Ruiz, intendant de l'armée de Nouvelle-Castille [3]; la *Sala* avait indiqué les points de distribution des vivres [4], mais

---

1. Arch. hist. nac. *Inv. fr. Consejo.* Leg. VI, fasc. 2, avril-mai 1808.

2. Id., *ibid.* Leg. III, fasc. 2, 1er avril 1808.

3. Id., *ibid.* Leg. III, fasc. 2, avril 1808. Junta que ha de entender en lo relativo á la subsistencia del ejército francés : Pres. D. Pedro de Mora y Lomas, corregidor de esta villa, D. Juan de Peña y Ruiz, intendente del ejército de Castilla la Nueva. *Carnes* : El illmo Sor D. Josef Navarro. *Utensilios* : D. Tomas Foronda, D. Gabriel Melendro, tesoreros generales. *Pan paja y cebada* : D. Juan Pedro Vincenti, director general de provisiones. *Menestras y vino* : D. Matias Vayo, regidor de Madrid. *Alojamiento de tropas y oficiales* : el Ayuntamiento, alternando sus individuos. *Para vigilar* : D. Anselmo Rivas, comisario ordenador. *Secretario* : D. Santiago Ruiz de Santayana, comisario de guerra. *Fueron posteriormente nombrados* : D. Manuel Alejo Gómez, de Aranda de Duero, y D. Bernardo Lopez Mañas, comisario ordenador honorario.

4. Id., *Libro de acuerdos de la Sala.* Marzo de 1808.

Pan. S. Achutegui. Meson de Paredes.

Carnes. S. Navarro. Rastro.

Legumbres. Cajones de la Plaza.

Paja y Cebada. S. Vincenti, quartel de Gardias de Corps.

Vino. D. José Trapero, en sus almacenes, calle de los jardines, plazuela del Angel y Calle Mayor, portal de Guadalajara.

Paja. En la calle de la Palma alta á las Maravillas.

Leña. D. Nicolas del Portillo, en la factoria de utensilios, en el Consejo.

les exigences des Français passaient vraiment toute mesure [1], et les membres de la Junte, laissés sans ressources, ne savaient plus à qui s'adresser. Dans la première semaine (20-26 mars), les 2.040.000 réaux confisqués au prince de la Paix avaient alimenté les caisses royales, et permis de payer à bureau ouvert les traitements et pensions, très irrégulièrement servis depuis vingt mois; mais, dès la semaine suivante, ces ressources extraordinaires n'avaient plus donné que 1.440.964 réaux, et du 3 au 9 avril, le produit n'avait plus été que de 19.100 réaux [2]. Dès le 27 mars, le corrégidor de Madrid demandait 300.000 réaux à la Caisse de consolidation des *vales* et obtenait à grand'peine 50.000 réaux versés sur l'ordre du Conseil [3]. Le 1er avril, le roi régularisait la situation en donnant l'ordre à la Caisse de fournir des ressources à la Junte d'approvisionnement [4]. Le Conseil autorisait un premier prélèvement de 300.000 réaux [5], mais la Caisse se refusait à en donner plus de 150.000 [6]. Le 5 avril, l'*Ayuntamiento* se déclarait à bout de ressources et refusait de meubler de nouveaux appartements pour les officiers français [7]. Le 9 avril, il fallait créer une Junte spéciale chargée de réunir des ressources pour permettre à la Junte d'approvisionnement de fonctionner [8].

---

1. Id., Leg. III, fasc. 2, 3 avril 1808.

L'intendant général de l'armée française demandait pour Madrid : 300.000 rations de biscuit, 3.000 quintaux de farine, 75 000 pintes de vinaigre, 94.000 pintes d'eau-de-vie, 15.000 quintaux d'orge, 35.000 capotes, 40.000 paires de souliers (en plus des 10.000 paires déjà demandées), 2.000 paires de bottes. Pour Buytrago : 3 fours de 4 à 500 rations, 200,000 rations de biscuit, 10.000 quintaux de farine — autant pour Aranda — autant pour Burgos.

2. Id., *ibid.* Leg. VIII, fasc. 2, mars-avril 1808.

3. Id., *ibid.* Leg. III, fasc. 2, 27 mars 1808.

4. Id., *ibid.*, 1er avril 1808.

5. Id., *ibid.*, 4 avril 1808.

6. Id., *ibid.*, 5 avril 1808.

7. Id., *ibid.*, 5 avril 1808.

8. Id., *ibid.*, 9 avril 1808.

Et malgré tant d'efforts, les Français n'étaient pas contents. Grouchy se plaignait de la qualité de la viande [1], Belliard écrivait à Murat que l'armée était un corps sans âme, une *pétaudière*, qui menaçait de crouler sous son propre poids [2]. On avait 816 malades le 31 mars, 1.306 malades le 3 avril, 1.441 le 4 avril, 1.489 le 5, 1.548 le 6, 1.572 le 7. Excellents pendant les premiers jours, les rapports entre Français et Espagnols ne tardèrent pas à s'altérer. Tout ce que la situation respective des deux peuples avait de faux apparut chaque jour plus clairement à tous les yeux. Les Français ne savaient pas ce que l'empereur attendait d'eux, mais ils savaient qu'ils étaient les premiers soldats du monde, et se disaient que si l'empereur les avait envoyés en Espagne, ce ne pouvait être que pour la conquérir. Les Espagnols crurent un instant que les troupes françaises étaient destinées à faire le siège de Gibraltar ou à passer en Afrique. Ces desseins leur paraissaient avantageux à l'Espagne et conformes à l'alliance intime, qui existait, disait-on, entre leur roi et l'empereur, dont on annonçait comme imminente l'arrivée à Madrid. Mais à mesure que les jours s'écoulaient, que les Français arrivaient plus nombreux, que Murat multipliait les revues et les précautions militaires [3], que s'affirmaient les différences de mœurs et de caractère entre les deux nations, la confiance des

----

1. Archives de la guerre à Paris. *Corresp. 1808. Armée d'Espagne*, 31 mars-1er avril 1808. La viande de Madrid, maigre et sèche, est effectivement de très médiocre qualité.

2. Id., *ibid.*, 30 mars 1808. Berthier, très piqué des observations de Belliard, lui répondit de Bordeaux le 6 avril, qu'il fallait veiller à la nourriture, au couchage et aux soins de propreté du soldat, qu'il ne s'agissait pas de déprécier la nouvelle organisation donnée par l'empereur, mais de la perfectionner, qu'une armée formée de jeunes gens tirés des dépôts ne pouvait pas être considérée comme une armée organisée de longue main, et que c'était à force de soin et de travail qu'on pouvait rendre ces corps utiles.

3. Arch. de la guerre à Paris. *Corresp. 1808. Armée d'Espagne*. Grouchy à Murat, 2 avril 1808. Sitôt qu'un mouvement est annoncé, toutes les troupes prennent les armes dans leurs casernes respectives. Un escadron court prévenir

premiers jours faisait place au soupçon, à l'inquiétude, à l'aigreur. Dès le 31 mars, Grouchy constatait que Madrid commençait à s'inquiéter ; on se contait à l'oreille que les Français avaient des vues hostiles et n'étaient point de bonne foi [1]. Le 3 avril, on disait dans les lieux publics que si l'empereur n'acceptait pas les résultats de la révolution d'Aranjuez, des mouvements étaient à craindre [2]. Le 6 avril, on notait chez les Espagnols des dispositions à l'inquiétude, à l'impatience et à l'humeur [3]. « L'Espagnol est, de sa nature, tranquille et patient, mais sa tranquillité et sa patience s'irritent facilement et finissent par se changer en férocité, du moment qu'il se voit trompé. Pourquoi, disait-on, ne pas décider notre sort tout de suite, soit bon, soit mauvais, au lieu de nous faire mourir tous les jours d'inquiétude et de misère. Chacun de nous prendrait alors son parti. Celui qui ne se trouverait pas bien ici irait chercher ailleurs un gouvernement qui lui conviendrait, et les gouvernants ni le peuple ne seraient exposés à des convulsions qui font toujours le malheur des uns et des autres [4]. »

Avec cette disposition des esprits, c'était miracle que l'ordre public ne fût point troublé. On sentait, de part et d'autre, que le moindre éclat pouvait rompre l'équilibre et déchaîner l'avalanche.

Dès le 26 mars, trois jours après l'entrée des Français à Madrid, une rixe avait eu lieu dans un mauvais lieu de la rue San Antonio entre soldats français et espagnols. La garde espagnole ayant voulu faire sortir les Français, ceux-ci s'étaient jetés sur les Espagnols, en avaient désarmé deux et avaient brisé leurs

le Grand-Duc. Rassemblement au Prado. Tous les canons au Retiro. Patrouilles d'heure en heure, commandées par un officier, avec chaque patrouille un *alguazil* et quelques soldats espagnols.

1. Id., *ibid.* Grouchy à Murat, 31 mars 1808.
2. Id., *ibid.* Grouchy à Murat, 3 avril 1808.
3. Id., *ibid.* Grouchy à Murat, 6 avril 1808.
4. Id., *ibid.* Esprit des conversations de Barcelone, du 6 au 7 avril 1808.

fusils, mais trois Français, dont un soldat de la Garde, avaient été blessés, arrêtés et conduits à l'hôpital [1]. Quoique tous les torts fussent du côté des Français, Grouchy avait témoigné un grand mécontentement, et le Président de Castille et le Capitaine général avaient décidé que les patrouilles espagnoles n'auraient plus de cartouches [2].

Le 1er avril, deux mouvements populaires assez sérieux faillirent amener une catastrophe. Deux soldats français volèrent deux moutons à un boucher du *Rastro*. Les deux soldats furent arrêtés sur la *Plaza Mayor*, la viande fut rendue, et ce qui manquait fut payé, mais, pris d'un accès de générosité, le boucher demanda la grâce des deux militaires ; le peuple fit chorus et réclama les deux soldats, déjà mis au cachot ; comme on refusait de les lui rendre, il se mit en furie, maltraita un factionnaire, jeta des pierres sur les troupes, blessa un major. On se décida enfin à exhiber les délinquants, que la foule porta en triomphe chez Murat, puis chez Grouchy, avec la lettre par laquelle le général Belliard annonçait que le Grand-Duc leur avait fait grâce. Grouchy ajoute avec raison dant son rapport « qu'on était parvenu à dissoudre l'attroupement, dont le tort des deux soldats était le prétexte, mais qui, bien évidemment, ne cherchait qu'à arriver à une rixe sanglante avec quelque poste français ». — Le second mouvement eut lieu aussi sur la *Plaza Mayor*, et ne fut, sans doute, que la suite naturelle du premier ; un officier montra trop de vivacité en repoussant la foule qui serrait sa troupe de trop près ; le rassemblement se reforma ; un coup de couteau fut donné à un cheval, des pierres furent jetées, et pour calmer les esprits, il fallut que le général Buget haranguât la foule, blâmât l'officier et le fît remplacer par un autre. Il y eut encore des attroupements ; des militaires isolés furent attaqués à coups de pierres et de bâtons. L'officier de service dut

1. Archives de la guerre à Paris. *Corresp. 1808. Armée d'Espagne*, 25-26 mars 1808. Grouchy à Murat.

2. Id., *ibid*. Grouchy à Murat, 27 mars 1808.

mander les troupes cantonnées au couvent de Santo Tomas, les ranger en bataille sur la place et faire charger les armes. Grâce à l'intervention du Président de Castille l'affaire n'eut pas de suites [1] ; les troupes purent rentrer à la caserne, mais l'alarme avait été chaude. « Il ne faut pas se dissimuler, Monseigneur, écrivait Grouchy, que le peuple de cette ville ne cherche qu'un prétexte pour se porter à des voies de fait contre nous. Il est excité par tous les moyens, et il y a à Madrid une grande fermentation des esprits. Les têtes sont montées de manière à ce que des événements, tant que les Espagnols n'auront pas appris à nous craindre, sont plus que probables... Nombre de paysans venant des campagnes affluent dans la ville, qui se remplit ainsi de gens sans aveu et de ceux qui ont contribué aux événements du 17 [2]. »

Le Conseil publia un *bando* pour défendre les attroupements et ordonner la fermeture des cabarets à huit heures du soir [3].

Il ne pouvait empêcher les manifestations individuelles, les gamineries de la jeunesse, qui allait chanter, sur le mode suraigu, des chansons ferdinandistes le long du Palais du grand-duc de Berg [4].

---

1. Id., *ibid.* Grouchy à Murat, 1er avril 1808. Arch. hist. nac. *Inv. fr. Consejo.* Leg. III, fasc. 1, 2 avril 1808.

2. Grouchy à Murat, 1er avril 1808.

3. Arch. hist. nac. *Invas. fr. Consejo.* Leg. III, fasc. 1, 2 avril 1808.

4.
       Cuando el rey D. Fernando,
         Larena,
       Va á la Florida.
       Juana y Manuela,
       Va á la Florida,
        Prenda,
       Hasta los pajaritos,
        Larena
       Le dicen ¡ Viva !
       Juana y Manuela,
       Le dicen ¡ Viva !
        Prenda.

Cité par Mesonero Romanos, *Memorias de un setenton*, p. 33.

Sachant les Espagnols très religieux, les chefs français faisaient l'impossible pour éviter de choquer les sentiments de leurs alliés. Ils faisaient rendre les honneurs militaires au Saint–Sacrement[1], ils envoyaient des détachements à la messe. Ils ne parvenaient pas à détruire les préjugés des Espagnols contre l'impiété française. Quand les soldats de la Garde entraient dans les petites églises de Madrid, au son assourdissant du clairon et du tambour, les Espagnols scandalisés et indignés sortaient comme s'ils eussent été témoins d'une profanation. Les prêtres, les moines surtout, nous restaient franchement hostiles[2]. Le 8 avril, le prieur et les moines du couvent de l'Escurial se plaignaient amèrement de la conduite des Français « qui s'emparaient parfois des vivres destinés à la communauté ». Ils demandaient au Conseil s'il n'était pas à craindre que les cérémonies de la semaine sainte fussent troublées par quelques-uns de ces individus[3], et le Conseil, pénétré, au fond, des mêmes craintes, les engageait à célébrer la semaine sainte dans un autre monastère[4].

La venue de Napoléon aurait seule réussi à réconcilier les deux nations. S'il fût venu jusqu'à Madrid, peut-être eût-il compris que l'Espagne entière voulait Ferdinand ; s'il le lui eût

---

1. Archives de la guerre à Paris. *Corresp. 1808. Armée d'Espagne.* Grouchy à Murat, 30 mars 1808.

2. Id., *ibid.* Murat écrivait le 12 mars 1808 à Duchesne : « Appelez chez vous les curés, faites-leur entrevoir un meilleur avenir... dites au contraire aux moines que vous êtes informé de leurs sourdes menées, tendant à exaspérer l'esprit des habitants contre vos troupes. Promettez-leur la protection de l'empereur, s'ils veulent changer de langage et prêcher la bonne harmonie et l'amitié qui doivent exister entre les deux nations, mais annoncez-leur que, dans le cas contraire, vous les rendrez responsables de tous les troubles qui pourraient arriver. »

3. Arch. hist. nac. *Inv. fr. Consejo.* Leg. XIV, fasc. 3, 8 avril 1808. Les moines craignaient de voir... « propasarse alguno o algunos individuos con ireverencia en el templo, al tiempo de tener á nuestro divino Redemptor patente, lo que no podria sufrir el verdadero católico. »

4. Id., *ibid.,* 9 avril 1808.

donné avec une constitution libérale, il fût devenu le dieu des Espagnols et les troubles intérieurs qu'un changement de régime n'eût pas manqué de déchainer dans toute la Péninsule auraient mis l'Espagne hors d'état de rien entreprendre contre l'Empire. Suivant un mot célèbre, « elle eût cuit dans son jus », et Napoléon n'aurait eu qu'à surveiller le feu [1].

Soit crainte pour sa sûreté personnelle, soit dédain de la nation espagnole, soit machiavélisme pur, Napoléon, qui faisait chaque jour annoncer son arrivée, ne partit de Paris que le 2 avril et n'alla pas plus loin que Bayonne. Mais tout Madrid l'attendait, et le roi, tout le premier, voyait dans sa venue un bienfait du ciel [2].

Comme Murat se refusait à lui rendre visite, il lui envoyait le duc del Parque pour le complimenter en son nom [3]; il lui adressait une délégation du Conseil de Castille [4], et une délégation de la noblesse [5]. Il faisait partir pour la France une ambassade de trois grands d'Espagne : le duc de Frias, le comte de Fernan Nuñez, le duc de Medina Celi [6]. Le 5 avril, il faisait remettre

1. Cette idée, dont Napoléon ne s'avisa qu'à Sainte-Hélène, eût été la véritable solution. Pour être reconnu par l'empereur, Ferdinand eût certainement accepté la réunion de Cortes générales constituantes. Ces Cortes auraient voté, dès 1808, une Constitution très analogue à celle de 1812 et la mise en vigueur de la Constitution, les difficultés avec la noblesse, le clergé, les paysans, les ambitions des politiques et des militaires, les coups d'État et les pronunciamientos eussent rendu l'Espagne absolument inoffensive pour ses voisins.

2. Arch. hist. nac. *Inv. fr. Consejo.* Leg. I, fasc. 6. Aranjuez, 23 mars 1808. Le roi est persuadé que dans deux jours et demi ou trois jours l'empereur des Français sera à Madrid. Ordre au Conseil de faire en sorte qu'il soit reçu avec toutes les démonstrations de fête et d'allégresse qui correspondent à sa haute dignité et à l'intime amitié et alliance qui existent entre le roi d'Espagne et lui, pour le bonheur de la nation.

3. *Gazeta de Madrid*, 25 mars 1808.

4. Arch. hist. nac. *Inv. fr. Consejo.* Leg. I, fasc. 3. 25 mars 1808.

5. Id., *ibid.*, 26 mars 1808.

6. *Gazeta de Madrid*, 25 mars 1808.

à Murat l'épée de François Ier, splendide trophée de la victoire de Pavie, que les Espagnols voyaient avec chagrin disparaître de l'*Armeria real* [1]. Le 6, l'infant D. Carlos prenait à son tour le chemin de la frontière française. Le bruit courait que l'empereur l'avait déjà franchie, un de ses fourriers était arrivé à Madrid, on préparait les appartements de Charles IV au Palais royal pour recevoir S. M. I. et R.; des voitures chargées, disait-on [2], d'objets appartenant à l'empereur étaient entrées à la douane; on avait porté au Palais un chapeau et une paire de bottes de l'empereur [3], on lançait les invitations pour le banquet qui devait être donné en son honneur ; on lui préparait un bain.

Murat faisait insinuer par Beauharnais qu'il serait convenable que le roi se rendît au devant de Napoléon. Ferdinand VII n'osait se décider, mais, le 7 avril, arriva à Madrid le général Savary, duc de Rovigo, homme de confiance de l'empereur, passé maître en intrigue et aussi audacieux que subtil. Il dut être bien persuasif [4], car, le 8 avril, le voyage de Ferdinand était résolu. Le roi avertissait le Conseil que, d'après les nouvelles les plus dignes de foi, son intime ami et auguste allié l'empereur des Français était à Bayonne et se préparait à entrer en Espagne [5]. Le roi allait partir au devant de lui, et pendant son absence, qui

---

1. *Gazeta de Madrid*, 5 avril 1808. « En la testera de una rica carroza de gala se colocó la espada, sobre una bandeja de plata, cubierta con un paño de seda de color punzo, guarnecido de galon ancho brillante, y flecos de oro. » L'épée fut présentée à Murat par le marquis d'Astorga.

2. Gómez de Arteche, *Guerra de la indep.*, t. I, p. 290.

3. Mesonero Romanos, *Memorias de un setenton*, p. 32.

4. « Il flattait Ferdinand de l'espérance de se faire reconnaître par l'empereur après une simple conversation, et, en cas de refus du roi, il le devait menacer de toute la colère de l'empereur, décidé à le traiter en fils désobéissant à son père et en sujet rebelle. » Thiers, *Hist. de l'Empire*.

5. « Con el objeto mas grato, apreciable y lisongero para S. M. como es el de pasar a estos reynos, con ideas de la mayor satisfaccion de S. M. y de conocida utilidad y ventaja para sus amados vasallos. » Arch. hist. nac. *Inv. fr. Consejo*. Leg. I, fasc. 6, 8 avril 1808.

devait être fort courte, érigeait le conseil des ministres en *Junte de gouvernement* sous la présidence de son oncle, l'infant D. Antonio. Il engageait les municipalités à fêter son retour et l'arrivée de l'Empereur et ordonnait que les dépenses fussent prises sur les ressources locales [1]. Le 10 au matin, Ferdinand quitta sa capitale, qu'il ne devait revoir que le 13 mai 1814.

CHAPITRE II

LE CONSEIL DE CASTILLE ET LA JUNTE DE RÉGENCE. — LE DEUX MAI (11 avril — 2 mai 1808)

Le départ de Ferdinand n'avait certainement pas privé l'Espagne d'un souverain remarquable, mais, par cela seul qu'il était le roi, Ferdinand gardait au gouvernement espagnol la physionomie d'un pouvoir national et régulier. Après son départ, Murat ne trouva plus devant lui qu'un vieux prince maniaque et sans action sur le peuple, des ministres honnêtes, mais timorés et impuissants, et le Conseil de Castille, rempli de bonnes intentions, mais complètement dévoyé par les événements extraordinaires qui se déroulaient autour de lui.

Madrid ressemblait à une maison modeste, mise au pillage par un riche et insolent visiteur. Le maître de la maison, qui s'était efforcé de faire bonne figure à mauvais jeu, venait de quitter la place, et l'hôte, courtois et jovial au début, commençait à se montrer exigeant et à menacer les serviteurs de la maison.

Tout ce que cette situation avait d'agaçant et de dangereux, le Conseil l'expose en termes excellents dans un mémoire qu'il remit le 28 avril à la Junte de régence. Les Français sont can-

---

1. Id., *ibid.* Leg. 1, t. 5, 9 avril 1808.

tonnés dans les couvents, occupent Madrid et sa banlieue. Les villes qu'ils traversent n'ont jamais été prévenues de leur arrivée, ni du nombre de gens qu'elles doivent recevoir, ni de la durée de leur séjour. Les troupes françaises entrent dénuées de tout ; leurs chefs fatiguent les autorités espagnoles de leurs incessantes réclamations. La Junte centrale d'approvisionnement n'a pas d'argent, et on ne lui a pas assigné de fonds. La Trésorerie générale n'est pas plus riche. On a employé toutes les sommes qui existaient dans la Caisse de consolidation des *vales* et à la Trésorerie générale ; mais ces prélèvements laissent un découvert immense, qui ne permet plus de faire face aux justes dépenses auxquelles les fonds étaient destinés. On avait dit que les troupes françaises n'étaient là qu'en passant et devaient aller prendre position sur les points menacés d'un débarquement, mais voilà plus d'un mois que les Français vivent sur la province de Madrid ; les subsistances deviennent rares ; les populations sont continuellement molestées par les logements et les transports. Le Conseil observe également que les circonstances ont bien changé depuis deux mois ; les plans auxquels il vient de faire allusion n'ont plus aujourd'hui aucune raison d'être, parce que, sous le règne de son roi bien-aimé, Ferdinand VII, la nation a retrouvé son antique vigueur et son caractère naturel, et possède en la personne de ses habitants un boulevard inexpugnable et une armée, prompte à châtier quiconque aurait l'audace d'envahir ses provinces. Le grand duc de Berg a promis que l'empereur paierait toutes les dépenses de ses troupes ; ne serait-il point temps de lui rappeler ses promesses ? Le Conseil élève toutes ces considérations jusqu'à S. A. et la prie de négocier avec l'empereur, afin qu'il n'entre plus de nouvelles troupes françaises en Espagne, et que celles qui y sont aillent immédiatement prendre leurs postes. Le Conseil évite tout discours politique, parce qu'il pense que S. M. ne prendra aucune mesure indigne du père et du chef d'une grande monarchie, qui est prête à faire les derniers efforts pour son service, et parce que s'il était nécessaire de décider quelque question nationale, le Conseil ne doute pas que S. A. ne lui demandât son opinion [1].

C'était parler un langage vraiment digne de magistrats patriotes, mais ces beaux discours ne pouvaient ni remplir les caisses vides, ni changer les desseins de Napoléon.

Il y a quelque chose d'émouvant dans la lutte désespérée que soutint le Conseil contre la pénurie effroyable du trésor; c'est le travail des Danaïdes, c'est une tâche, sans cesse renaissante et sans cesse plus difficile.

On songea d'abord à s'adresser à la Trésorerie générale, qui reçut, en effet, du 10 avril au 1er mai 1808, 6.736.179 réaux, provenant des confiscations prononcées contre le Prince de la Paix ; mais l'arriéré était si considérable et le gaspillage continua dans de telles proportions que la Trésorerie ne put, pour ainsi dire, rien fournir à la Junte d'approvisionnement. Les dépenses de la Cour et de la maison royale montèrent, pendant ces trois semaines, à 2.146.998 réaux. Le voyage de Charles IV et de la reine, de l'Escurial à Burgos, coûta 160.000 réaux. Le 16 avril, en pleine crise nationale, un crédit de 100.000 réaux fut ouvert au joaillier de la Cour, pour la fourniture de bijoux destinés au service du roi. Il présenta un peu plus tard sept joyaux qu'il estimait 150.000 réaux [2].

En 1804, au début de la guerre avec l'Angleterre, Godoy avait fait appel au patriotisme des Espagnols et en avait obtenu des dons en argent et en nature, des promesses de toute espèce, et toutes ces ressources avaient fini par constituer une somme assez considérable. Le 12 avril 1808, la Grande Trésorerie déclara avoir reçu de ce chef 3.342.065 réaux 9 maravédis et avoir dépensé 925.939 réaux 33 maravédis, ce qui donnait un reliquat de 2.416.128 réaux 10 maravédis, mais la Grande Trésorerie était bien loin de pouvoir disposer de pareille somme : la Trésorerie générale avait emprunté 1.821.687 réaux 25 maravédis,

---

1. Arch. hist. nac. *Inv. fr. Consejo.* Leg. III, fasc. 2, 20 avril 1808.
2. Id., *ibid.* Leg. VIII, fasc. 2, 16 avril 1808.

sur les fonds du *Donativo* ; le capital des pensions accordées aux veuves et aux enfants des marins morts à Trafalgar représentait 539.665 réaux, 13 maravédis ; 38.400 réaux avaient été convertis en *vales* ; il ne restait en caisse que 16.375 réaux 7 maravédis [1]. C'étaient de si faibles ressources que le Conseil n'osa les verser dans la caisse de la Junte d'approvisionnement ; il ordonna aux trésoriers de continuer à percevoir comme par le passé, les fonds du *Donativo*, et de ne rien payer sans avoir reçu de lui un ordre exprès [2].

La vente des biens d'Église eût pu fournir l'argent dont on avait besoin, mais les ventes étaient suspendues depuis l'avènement du roi, et les intéressés commençaient même à attaquer en justice les ventes déjà opérées [3].

Il ne restait donc d'autre ressource que de continuer les emprunts à la Caisse de consolidation des *vales* [4].

La Junte auxiliaire de la Junte d'approvisionnement, créée le 3 avril, ne se réunit que le 11 et constata qu'il fallait immédiatement trouver deux millions de réaux : 1.500.000 réaux pour les six vaisseaux du roi qui protégeaient Mahon et pour l'arsenal de Cadix, 300.000 réaux pour les troupes françaises cantonnées à Burgos, Soria et autres endroits, et 200.000 réaux pour les troupes françaises de Madrid. Aux demandes de la Junte auxiliaire, la Trésorerie générale répondit par un refus absolu, et la Caisse de consolidation des *vales* ne trouva à proposer que des acomptes à valoir sur les biens du Prince de la Paix [5], dont on disposait ainsi avant tout procès et hors de tout droit.

---

1. Arch. hist. nac. *Inv. fr. Consejo.* Leg. XXI, fasc. 20, 12 avril 1808.

2. Id., *ibid.*, 20 avril 1808. — Le 25 avril les fiscaux se plaignirent que ces dons patriotiques faits pour aider la couronne avaient été employés à toute autre chose, comme à la création de l'Institut pestalozzien, établi par le Prince de la Paix, *et supprimé depuis sa chute.*

3. Id., *ibid.* Leg. VI, fasc. 18, 19 avril 1808.

4. Arch. hist. nac. *Inv. fr. Consejo.* Leg. III, fasc. 2, 11 avril 1808.

5. Id., *ibid.*, 12 avril 1808. — La maison Prada avait déjà versé en trésorerie 2 millions de réaux sur les biens du prince de la Paix.

Au bout de huit jours, les embarras recommençaient, et la situation se faisait si critique que Murat lui-même envoyait divers corps français cantonner hors de la ville pour diminuer les charges de la population [1].

Mais le lendemain, 18 avril, le Conseil recevait de nouvelles et pressantes demandes d'argent du port de Cadix. La Junte de marine exposait le misérable état de l'arsenal, et demandait des fonds pour la subsistance de la troupe, pour le paiement des gardes et des ouvriers, qui n'avaient rien touché depuis la seconde quinzaine d'août 1807 [2].

De leur côté, les généraux et intendants français se plaignaient amèrement de la pénurie des subsistances : les entrées à l'hôpital devenaient de plus en plus fréquentes, les chevaux des dragons dépérissaient [3]. Dans cette fâcheuse situation, tout n'était peut-être pas dû à la nonchalance ou à la détresse des fonctionnaires espagnols [4], cependant l'intendant général pensait que les denrées

---

1. *Gazeta de Madrid*, 17 avril 1808.

2. Arch. hist. nac. *Inv. fr. Consejo.* Leg. III, fasc. 2, 18 avril 1808.

3. Archives de la guerre à Paris. *Corresp. 1808. Armée d'Esp.* — Grouchy à Murat, 22 avril 1808. Il y avait eu ce jour-là, 134 entrées à l'hôpital, 83 sorties, 6 morts. Le nombre des soldats hospitalisés s'élevait à 1883.

4. Moncey impute aux officiers une grande part de responsabilité dans cet état de choses, et dit qu'ils pouvaient mettre dans leur poche, par leurs manœuvres frauduleuses, 600 fr. par mois (Lettre à Grouchy, 25 avril 1808). — Il accuse les officiers de se faire rembourser 20 sous une ration de fourrage qui en valait 40 ou 50, et ordonne que toutes les rations soient délivrées en nature. « Plus de remboursement, M. Turmann, c'est un vol manifeste, qui mettra tous nos dragons à pied, et je vous en rends responsable » (Lettre au commissaire ordonnateur Turmann, 25 avril 1808). Il devait s'en passer de belles, si l'on en croit la lettre suivante, adressé par Grouchy au général Privé : « Mon cher général, j'ai reçu la lettre par laquelle vous me prévenez des mesures prises pour que les chevaux ne dépérissent pas dans votre brigade, par suite d'irrégularité ou de la non distribution des fourrages. Quelque louables que soient de pareilles dispositions, à raison des motifs qui les font adopter, elles sont cependant tellement irrégulières qu'il n'y a pas moyen que j'en sois instruit et que je ne puis recevoir aucune communication officielle à cet égard. » (23 avril 1808).

nécessaires existaient réellement, que l'on savait où elles se trouvaient et que l'impéritie des Espagnols était la seule cause des
privations qu'enduraient nos troupes : « Ce ne sera, disait-il,
que le jour où, au lieu d'invitations pressantes, ce seront des
ordres positifs que je pourrai donner à la commission centrale
espagnole (la *Junte d'approvisionnement*) de Madrid, au nom du
chef de l'armée, que nous pourrons compter sur un service régulier et surtout sur un approvisionnement qui garantisse la subsistance des troupes. Jusque-là, la lenteur des Espagnols, l'incertitude des autorités secondaires sur leur gouvernement, celle du
ministre des finances lui-même (plusieurs fois ce ministre,
M. d'Azanza, m'a dit dans son cabinet — Mais, nous ne sommes
pas un pays conquis !) le manque de fonds dans les caisses où
puise ce ministre rendront le service languissant [1]. »

Les Français ne songeaient pas que leur corps d'armée de
Madrid était égal à lui seul au quart de l'armée espagnole ; ils
n'avaient aucune idée des difficultés de l'approvisionnement ordinaire de Madrid, dans un pays à peu près désert, sans routes et
presque sans moyens de transport ; ils s'irritaient de la lenteur de
leurs alliés et ne voyaient pas que ces braves gens menaient
depuis un mois une vie effroyable, s'étaient remués en ce seul
mois plus que dans tout le reste de leur vie, et se sentaient
malades à la seule idée de continuer à mener ce train d'enfer.

Le 22 avril, le Conseil recevait de nouvelles demandes de
fonds pour les hôpitaux, remplis de malades français [2], et la
Junte de Régence suppliait Murat de soulager le peuple de Madrid [3].

Le 23, la Junte d'approvisionnement criait sa détresse au Conseil, qui lui offrait les revenus des Postes, la recette générale
de l'ordre de Saint-Jean, la dépouille des évêques, les revenus

---

1. L'intendant général Dennièce à Berthier. Madrid, 24 avril 1808.
2. Arch. hist. nac. *Inv. fr. Consejo.* Leg., III, fasc. 2, 22 avril 1808.
3. Id., *ibid.*, 22 avril 1808.

des sièges vacants, des broutilles, fort difficiles à ramasser [1].
Les Français avaient 2.106 malades [2]. L'arsenal de Cadix criait
famine [3] et le Conseil expédiait de nouveaux ordres pour faire
rentrer au plus vite toutes les sommes dues à D. Manuel Godoy
et les mettre immédiatement à la disposition de la Junte d'approvisionnement [4].

Le 26 avril, nouvelles demandes de secours pour les hôpitaux.
Le 27, la Trésorerie générale ne pouvant rien donner, la Caisse
des *vales* consent, pour une fois seulement, un prêt de 60.000
réaux [5]. Le trésor espagnol a fourni aux troupes françaises,
depuis le 23 mars précédent, pour 10.336.351 réaux de vivres et
d'effets [6].

Le 29, le ministre des finances avise le Conseil qu'il a reçu des
demandes d'argent de Saint Sébastien, de Burgos et de Cadix
et qu'il importe d'aviser au plus tôt à les satisfaire [7]. Le marquis
de las Hormazas, nommé directeur des hôpitaux de Madrid,
demande 100.000 réaux. Il lui faudrait 25 à 30.000 *pesos* pour
marcher convenablement. Il a 7 à 800 lits occupés, et 450
malades français sont restés sans place. Les plaintes des chefs français sont *insupportables* [8].

« Ah ! ces Français !... le moyen de vivre en paix avec eux ! que
viennent-ils faire en Espagne ? La conquérir ? Qu'ils essayent !
Oui, toutes les puissances que la France a combattues ont été
réduites, mais elles n'avaient compté que sur leurs troupes, tandis que la nation espagnole se lèverait tout entière, et le déses-

---

1. Id., *ibid.*, 24 avril 1808.

2. Arch. de la guerre à Paris. *Corresp. 1808. Armée d'Espagne*, 25 avril
1808. Grouchy à Murat.

3. Arch. hist. nac. *Inv. fr. Consejo*, Leg. III, fasc. 2, 24 avril 1808.

4. Id., *ibid.* Leg. III, fasc. 2, 25 avril 1808.

5. Id., *ibid.*, 26 et 27 avril 1808.

6. Id., *ibid.*, 27 avril 1808.

7. Id., *ibid.*, 29 avril 1808.

8. Id., *ibid.*, 29 avril 1808.

poir d'un peuple est terrible. L'empereur possède à la vérité des moyens immenses, mais ils auront détruit l'Espagne avant de la soumettre [1] ».

Et cette résistance à laquelle la nation s'habitue à penser, quelques individus plus intransigeants que les autres en donnent le signal. Il y a des Espagnols qui, de propos délibéré, déclarent la guerre à Napoléon. Le 12 avril, au soir, un prêtre de Carabanchel, obligé de loger un officier français, le capitaine Mottet, le tue froidement d'un coup de fusil dans le dos comme étranger, comme Français, comme ennemi du roi et de la religion [2], et les Français pillent la maison du prêtre et celles de ses voisins. Le Conseil ordonne l'arrestation du coupable [3], et il se trouve des patriotes espagnols pour blâmer la servilité des magistrats à l'égard de la tyrannie étrangère [4]. Le 14 avril, un prêtre portant le viatique passe auprès d'un groupe de soldats français ; l'un d'eux garde son shako sur sa tête, le prêtre marche à lui et, d'un coup furieux, fait tomber le shako, le soldat riposte, la rixe s'allume, les porteurs de torches qui accompagnaient le viatique tombent sur les Français à coups de cierges, une patrouille espagnole intervient, et emmène au poste voisin trois soldats français, qui font amende honorable pour sortir d'un si mauvais pas [5].

Bessières signalait de Burgos une tentative d'émeute. Il avait fallu tirer une cinquantaine de coups de fusil pour rétablir l'ordre [6]. Dupont avisait Belliard qu'il y avait eu des mouvements à

---

1. Arch. de la guerre à Paris. *Corresp. 1808. Armée d'Esp.*, 14 avril 1808. Rapport de l'aide de camp Buillet.

2. Arch. hist. nac. *Libro de acuerdos de la Sala*, 12 avril 1808.

3. Id., *ibid. Inv. fr. Consejo.* Leg. III, fasc. 1, 13 avril 1808.

4. Archives de la guerre à Paris. *Corresp. 1808. Armée d'Esp.*, 15 avril 1808. Grouchy à Murat.

5. Id., *ibid., loc. cit.*

6. Id., *ibid.*, 28 avril 1808. — Bessières à Berthier. Il déconseillait formellement le voyage de Napoléon en Espagne.

Tolède [1]. Les généraux français trouvaient qu'il y avait en chaque Espagnol un fanatique, chaque Espagnol sentait en lui un patriote dont la colère s'allumait.

Le Conseil et la *Sala* fulminaient chaque jour quelque nouvel édit. L'Infant D. Antonio réitérait l'ordre de fermer les tavernes, les débits d'eau-de-vie et de vins généreux à huit heures du soir, surtout les jeudi et vendredi saints [2]. D. Arias Mon ordonnait aux alcaldes de barrio de ne laisser sortir les mendiants de leurs refuges, ni le jour ni la nuit, ces gens misérables se faisant trop aisément l'écho des bruits séditieux [3]. Le 20 avril, D. Antonio poussait la prudence jusqu'à décommander les prières publiques qui devaient avoir lieu à Atocha, et auxquelles devaient assister tous les Conseils [4] ; il craignait que la cérémonie ne donnât lieu à quelque manifestation. Le même jour, D. Arias Mon interdisait, sous peine de quatre ans de bagne, la circulation de tout imprimé qu'il n'aurait pas autorisé [5]. Le 21 avril, la *Sala* recevait l'ordre de veiller à ce que dans les auberges et tavernes personne ne fût assez osé pour parler des généraux, ou même des soldats français sans la juste considération qui leur était due [6]. Le 23, nouvel édit contre les affiches séditieuses (*pasquines*) et les libelles diffamatoires [7].

La police espagnole était sur les dents. Les rondes d'artisans et personnes honorables se continuaient tous les jours, depuis le 23 mars, et l'infant D. Antonio trouvait juste de leur faire verser 15.000 réaux le 22 avril [8].

---

1. Id., *ibid.*, 22 avril 1808. — Dupont à Belliard.

2. Arch. hist. nac. *Libro de acuerdos de la Sala*, 14 avril 1808.

3. Id., *ibid.*, 20 avril 1808.

4. Id., *ibid.*, 20 avril 1808.

5. Id., *ibid.*, 20 avril 1808. — Ordre répété le 26 avril 1808.

6. Id., *ibid.*, 21 avril 1808.

7. Id., *ibid.*, 23 avril 1808.

8. Id., *ibid.*, 22 avril 1808, 16 mai 1808. La distribution des fonds ne fut faite que le 5 juillet.

Cependant le grand-duc de Berg ne se déclarait pas satisfait, dénonçait à la Junte de gouvernement les excès commis par la populace de Tolède et de Burgos et demandait de nouvelles rigueurs [1]. Mandé en toute hâte au palais, avec quatre de ses collègues [2], D. Arias Mon avait une entrevue avec D. Antonio, convoquait d'urgence le Conseil, toutes chambres assemblées, et prohibait une fois de plus, dans les termes les plus sévères, les affiches séditieuses, les libelles, les conversations inconsidérées [3] « d'autant plus regrettables dans les circonstances actuelles, que le roi avait recommandé aux Madrilènes de vivre en bonne intelligence avec les troupes françaises. »

Tandis que Murat se plaignait des gens de Tolède et de Burgos, les régidors de Villaverde se plaignaient à leur tour des Français, qui coupaient les arbres des propriétés et enlevaient la nourriture des bestiaux. Le troisième régiment suisse de l'armée française traitait Villaverde en pays conquis. Les chefs déclaraient ouvertement qu'ils ne connaissaient ni gouvernement, ni justice. Le régiment venait de Ségovie ; des voitures avaient amené les bagages des officiers et devaient les décharger à l'arrivée à Villaverde, mais ces messieurs ne l'avaient pas entendu ainsi, ils s'étaient présentés, avec toute la troupe battant la marche, devant la maison du premier alcalde, ils avaient fait charger les armes et menacé d'en venir aux derniers excès si on ne leur laissait pas les voitures. Le colonel du régiment, de Preux, avait eu toutes les peines du monde à les calmer. Quelques pauvres Castillans, lassés de leurs mauvais traitements, s'étaient enfuis ; les Suisses avaient fait mettre en vente les jougs de leurs bœufs et les timons de leurs charrettes ; l'*ayuntamiento* avait fait retirer tous ces objets de la place publique, les Suisses furieux étaient venus insulter les magistrats et avaient déclaré que si ces objets

---

1. Arch. hist. nac. *Inv. fr. Consejo*. Leg. II, fasc. 6, 23 avril 1808.
2. Id., *ibid*. Leg. XIX, 23 avril 1808.
3. Id., *ibid*. Leg. II, fasc. 6, 23 avril 1808.

n'étaient pas rapportés dans le délai d'une heure, ils feraient descendre le régiment en garnison à Carabanchel pour saccager le village. Ils maltraitaient ceux qui, la nuit, ne répondaient pas à leur « Qui vive ? » dans leur langage « que personne n'entendait à Villaverde [1] ».

Le 23 avril, à Toro, les Français s'étaient fait livrer, sur un ordre du roi, bien probablement apocryphe, trente chariots de munitions de guerre pour Madrid. Au moment du départ de la colonne, la foule s'étaient ameutée et le corrégidor avait eu grand' peine à la calmer ; il annonçait au Conseil l'envoi des munitions, et lui faisait part en même temps des craintes des habitants. Le 27, l'*ayuntamiento* de Medina del Campo l'avisait à son tour du passage du convoi. Le 28, le juge local de Las Rozas faisait de même et se plaignait à nouveau des intolérables exigences des Français. Comme il n'y avait à Las Rozas que dix charrettes, il avait fallu en réquisitionner vingt autres dans les bourgs voisins [2].

Le 27 avril, aux portes de Madrid, près du pont de Ségovie, deux Français chassaient devant eux une paire de bœufs ; vint à passer un troupeau de moutons transhumants, les soldats trouvèrent plaisant de tirer sur le berger [3].

Il ne fallait donc pas s'étonner si, de temps à autre, quelque Espagnol exaspéré décrochait son fusil et tirait sur les Français, comme le broyeur de chocolat, Antonio Perez, qui avait tué un soldat et grièvement blessé un officier français ; soupçonnés par lui « de venir en Espagne avec des intentions hostiles [4] ».

Si, encore, les Français n'avaient fait que se montrer incommodes, exigeants, voraces, ivrognes, brutaux même, on eût pu pardonner ces excès, à des soldats grossiers et mal éduqués, mais ces *gavachos* prétendaient se mêler du gouvernement de

---

1. Id., *ibid*. Leg. III, fasc. 9, 23 avril 1808.
2. Id., *ibid*. Leg. XIV, fasc. 3, Toro, 23 avril 1808.
3. Id., *Libro de acuerdos de la Sala*, 27 avril 1808.
4. Id., *ibid*., 26 avril 1808.

l'Espagne et arracher à la justice du roi l'auteur responsable de tous les malheurs du pays, le traître Godoy, traduit devant le Conseil de Castille pour crime de lèse-majesté.

Le 13 avril, un religieux de San Gil, Fr. Gaspar de San Ildefonso, vint déclarer au corrégidor D. Pedro de Mora y Lomas, qu'un homme très pressé, et dont il ne pouvait donner le signalement, l'avait prévenu que les quartiers bas s'agitaient et qu'on y parlait d'aller chercher Godoy à Villaviciosa; les femmes et les enfants se montraient surtout décidés; on devait profiter d'un jour d'absence du grand-duc de Berg, que l'on supposait parti pour l'Escurial. Cette déposition coïncidait si bien avec tout ce que l'on savait des sentiments populaires, que D. Antonio en fit part à la Junte de Régence et avertit D. Arias Mon de redoubler de vigilance et de précautions. D. Arias transmit les ordres de l'infant à la *Sala*. Pendant huit jours, le Conseil et la *Sala* restèrent dans l'inquiétude; le mouvement annoncé ne se produisit pas; la *Sala* finit par penser que le moine de San Gil avait peut-être voulu s'amuser aux dépens de la justice, et voulut le faire interroger par un *alcalde de Corte*, mais D. Antonio s'y opposa « pour ne point décourager les religieux qui auraient à l'avenir quelque communication à adresser au gouvernement [1]. »

Le lendemain même, la Junte de Régence apprenait avec stupéfaction que le grand-duc de Berg avait reçu un décret royal l'autorisant à tirer Godoy de sa prison et à le conduire en France.

Napoléon n'avait pour le prince de la Paix ni estime, ni sympathie; cependant il ne pouvait oublier les services que Godoy lui avait rendus en maintes circonstances, il savait que Godoy avait été longtemps impopulaire comme ami des Français. Peut-être le grand aventurier sentait-il, au fond du cœur, quelque indulgence pour l'audacieux favori, dont la fortune avait fait pendant quinze ans le maître de l'Espagne ? Peut-être désirait-il

---

1. Arch. hist. nac. *Libro de acuerdos de la Sala*, 13, 16, 20 avril 1808.

tout simplement sauver Godoy pour mieux marquer à Ferdinand sa colère et son mépris ? Toujours est-il que l'idée « d'arracher Godoy des mains de ces gens-là » fut chez lui, dès le mois de mars 1808, une idée très arrêtée, qu'il poursuivit avec son ordinaire obstination.

Déjà Ferdinand VII avait été pressé par Murat de mettre Godoy en liberté ; il avait refusé, parce qu'il se croyait encore le maître, et qu'il était à Madrid. A Vitoria (14-18 avril) de nouvelles sollicitations lui furent faites, et il tint avec ses ministres un conseil dont il nous a conservé lui-même la tragique physionomie : « Peu de temps après l'arrestation du prince de la Paix, furent faites de fréquentes et efficaces instances par le grand-duc de Berg, par l'ambassadeur de France et par le général Savary, au nom de l'empereur, mon intime allié, pour que je donnasse l'ordre de le livrer aux troupes françaises, qui le transporteraient en France, où S. M. I. le ferait passer en jugement au sujet des offenses qu'Elle avait reçues dudit prince de la Paix. Ces sollicitations étaient le plus souvent accompagnées de la menace de s'emparer de vive force du prisonnier, en cas de refus de ma part. A Vitoria, elles furent répétées avec plus de force et désirant prendre sur cette affaire la détermination la plus convenable, je consultai le duc de l'Infantado, le duc de San Carlos, D. Juan Escoiquiz et D. Pedro Cevallos, mon premier secrétaire d'État. Ce ministre prit la parole et dit : « Sire, si je n'écoutais que mes sentiments personnels, je vous proposerais immédiatement de remettre le prince de la Paix aux Français, mais ces sentiments, je dois les étouffer, comme en effet je les étouffe, quand il s'agit de déterminer l'obligation où se trouve V. M. de défendre sa personne sacrée, et de rendre justice à ceux de ses vassaux que D. Manuel Godoy a lésés. C'est là une obligation essentielle de la souveraineté, et le souverain ne peut s'y soustraire, sans blesser ce qu'il y a de plus respectable parmi les hommes. Les choses étant ainsi, je crois que V. M. doit répondre à l'empereur, en lui répétant qu'Elle a offert à ses augustes parents de faire grâce de la vie au prince de la Paix, dans le cas où le Conseil le condamnerait à mort ; en réalisant cette offre, sans excéder l'autorité que les lois lui concèdent, V. M. donnera au monde un exemple de sa magnanimité, à ses parents bien aimés une preuve de son affection, et l'empereur ne pourra manquer de voir avec satisfaction combien sagement V. M. sait concilier les devoirs de la justice avec les égards que réclament ses relations avec S. M. I. et R. « Tous les autres conseillers adoptèrent une si prudente opinion, et je n'hésitai pas un moment à l'embrasser et à expédier les ordres en conséquence. J'en fais part à mon Conseil, par voie réservée, tant pour son intelligence et sa gouverne, que pour qu'il prenne les mesures les plus énergiques, en vue de protéger contre tout mouvement populaire les familles et les maisons des quatre personnes susénoncées. Bayonne, 26 avril 1808. Moi, le roy. Au doyen du Conseil [1] ».

Ce curieux document établit clairement quelle fut l'intention de Ferdinand : faire grâce de la vie à Godoy, si le Conseil le condamnait à la peine capitale. On comprend, dès lors, ce que voulait dire l'ordre royal que Piñuela adressa au Conseil le 21 avril, au moment de quitter Vitoria : « Pour ce qui touche au prisonnier, D. Manuel Godoy, le roi m'ordonne d'avertir la Junte, pour qu'elle fasse de cette communication l'usage convenable, que S. M. fait trop de cas des désirs que lui a manifestés l'empereur des Français, pour ne pas y déférer, usant en même temps de générosité en faveur d'un accusé qui a offensé sa royale personne [2]. » Ferdinand n'entendait par là que ce qu'il avait décidé avec ses ministres ; mais Murat, qui savait que l'empereur voulait avoir Godoy à sa disposition, interpréta dans ce sens la lettre royale et la communiqua aussitôt à la Junte de Régence, en réclamant le prisonnier.

---

1. Arch. hist. nac. *Inv. fr. Consejo.* Leg. XIX, 26 avril 1808.
2. *Manifiesto de los procedimientos del Consejo,* p. 11.

Le Conseil ignorait ce qui s'était passé à Vitoria, mais ne s'expliquant pas la volte-face de Ferdinand, il adressa à la Junte une protestation énergique contre une résolution qui lui semblait aussi extraordinaire et aussi opposée aux intentions connues du roi. La publication de cet acte de clémence lui semblait intempestive et dangereuse au premier chef ; car autant la nation aimait le roi, autant elle détestait Godoy, qu'elle considérait comme un criminel d'État. Personne ne pouvait répondre des effets que produirait une semblable nouvelle sur des esprits déjà surexcités. Qui pouvait dire que la sécurité de la Junte elle-même ne serait pas menacée ? D. Antonio résolut cependant de passer outre. A de nouvelles injonctions de la Junte, le Conseil répondit par de nouvelles remontrances.

« L'accusé dont il s'agit s'est attiré la haine de ce respectable public et de toute la nation ; sa libération fera certainement sur le peuple l'effet que Son Altesse peut imaginer et que font prévoir les démonstrations populaires et les vœux tant de fois exprimés pour son châtiment [1]. »

L'infant voyait probablement les choses du même œil que le Conseil, mais Murat se faisait pressant et la Gazette du 22 avril publia l'ordre de mise en liberté : « Le roi notre seigneur, faisant le plus grand cas du désir que lui a manifesté l'empereur de disposer du sort du prisonnier D. Manuel Godoy, a écrit aussitôt à S. M. I. et R. pour lui manifester sa prompte et sincère volonté de lui être agréable. S. M. ayant reçu l'assurance que le prisonnier passerait immédiatement la frontière d'Espagne et ne rentrerait jamais sur aucune des terres de son obéissance, l'empereur a accepté cette offre de S. M. et ordonné au grand-duc de Berg de prendre livraison du prisonnier et de le faire conduire en France, sous bonne escorte. La Junte de Régence, instruite de ces précédents et de l'expression réitérée de la volonté

---

1. Id., *ibid.*, t. XIX, 21 avril 1808.

de S. M. ordonna hier au général, chargé de la garde dudit prisonnier, de le remettre à l'officier que le grand-duc enverrait à l'effet de le conduire à la frontière. Ces dispositions ont déjà reçu leur complète exécution [1]. »

La Junte de Régence, qui avait agi en toute cette affaire avec une extraordinaire légèreté, et remis en liberté, *sans ordre du roi*, un criminel d'État, mettait le peuple de Madrid en présence du fait accompli et pensait éviter ainsi tout mouvement populaire. Elle eut cependant le sentiment d'un danger, car elle ajouta, en dernière heure, « que la générosité de S. M. en faveur du prisonnier D. Manuel Godoy, coupable d'avoir offensé sa royale personne, n'entraverait en rien la marche de la justice » [2]. La présence de l'armée française fit sans doute plus d'impression sur les Madrilènes que les édits de D. Antonio ; Madrid resta calme, mais considéra la mise en liberté de Godoy comme un affront sanglant à l'Espagne entière. La haine qui poursuivait le malheureux était si universelle qu'il faillit être massacré à son passage à Tolosa et ne dut son salut qu'à l'énergie du commandant des dragons de l'escorte, qui fit prendre le galop à la voiture et aux cavaliers dans la traversée de la ville [3].

Tandis que Godoy échappait ainsi, par la volonté de l'empereur, à la fureur de ses ennemis, Ferdinand poursuivait son voyage vers la frontière française et Madrid le suivait d'étape en étape avec une croissante anxiété.

Parti le 10 avril, le roi avait couché le soir à Buitrago, le 11 à Aranda de Duero, le 12 à Burgos, le 14 à Vitoria. Ferdinand croyait si bien que l'empereur marchait à sa rencontre, qu'au moindre bruit, il se penchait à la portière de sa berline, croyant voir arriver Napoléon [4]. Tous les bourgs et villages situés le long

---

1. *Gaceta*, 22 avril 1808.
2. Id., *ibid*.
3. Arch. de la guerre à Paris. *Corresp. 1808. Armée d'Esp.*, Vitoria, 30 avril 1808. Général Verdier à Berthier.
4. Gomez de Arteche, *Guerra de la indep.*, t. I, p. 300.

de la route se dépeuplaient ; les habitants couraient voir et accla-
mer le roi ; ils lui promettaient de verser leur sang jusqu'à la dernière goutte pour la défense de ses droits et de son honneur,
ils prodiguaient les illuminations, les danses, les feux d'artifice,
les mascarades, ils lui faisaient à l'envi une garde d'honneur, ils
n'omettaient rien pour lui témoigner leur amour et leur enthousiasme [1]. Madrid lisait tous ces détails avec transport.

Le 21 avril, une lettre de D. Pedro Cevallos annonça au Conseil que le roi avait reçu une lettre de l'empereur, que toutes les
affaires étaient arrangées, et que S. M. allait partir pour un
château voisin de la frontière où Elle pourrait « se jeter dans les
bras de son auguste et généreux ami [2] ».

Le 22, la Gazette annonçait l'heureuse arrivée du roi à Irun et
publiait un manifeste, adressé par Ferdinand aux Alavais et dans
lequel il s'évertuait à les rassurer sur les suites de son voyage à
Bayonne. Le roi était très reconnaissant de l'extraordinaire affection que lui avait témoignée son loyal peuple alavais, mais regrettait que cette affection eût outrepassé les limites convenables, et
eût dégénéré en manque de respect, sous prétexte de le lui garder et conserver. Sachant que ce tendre amour, et l'inquiétude
qui en était la conséquence, étaient les mobiles qui animaient
son peuple, il ne pouvait moins faire que d'éclairer ses vassaux
et de leur assurer qu'il n'eût pas pris l'importante résolution de
son voyage, s'il n'eût été bien assuré de la sincère et cordiale
amitié de son allié l'empereur des Français, ainsi que des heureuses conséquences de ce voyage. Il leur ordonnait donc de se
tranquilliser et d'attendre. Avant quatre ou six jours, ils remer-
cieraient Dieu et S. M. de cette absence qui les inquiétait
aujourd'hui [3].

Le jour même où le peuple de Madrid lisait cette proclamation,

---

1. *Gacela*, 15 avril 1808.
2. Arch. hist. nac. *Inv. fr. Consejo*. Leg. I, fasc. 6, 18 avril 1808.
3. *Gacela de Madrid*, 22 avril 1808.

Ferdinand avait déjà perdu toute illusion sur les intentions de Napoléon, était virtuellement son prisonnier, et négociait péniblement, par l'intermédiaire de D. Pedro Cevallos et de D. Pedro Labrador, pour vendre sa couronne au meilleur prix possible.

A Madrid même, le Conseil savait déjà que le jeune roi était tombé dans un guet-apens.

Le vieux Charles IV, très heureux tout d'abord d'avoir renoncé au trône [1], avait été bien vite pris de regret. Travaillé par la reine, par l'infante Marie-Louise, ex-reine d'Étrurie, par Beauharnais, par Murat, il s'était avisé de revenir sur son abdication. En lui faisant espérer la mise en liberté de « Manuel », les Français en avaient obtenu tout ce qu'ils avaient voulu. L'inconscience était si prodigieuse chez ce vieil enfant, boudeur et borné, qu'on le voit, dès le 21 mars, protester contre son abdication du 19, et le 24, au matin, bénir son fils partant pour Madrid [2].

Au lieu d'envoyer les vieux souverains [3] à Séville, comme la prudence la plus élémentaire le conseillait, Ferdinand les laissa abandonnés à eux-mêmes, spectateurs de sa popularité et de son triomphe, errants, presque seuls, sans courtisans et sans fidèles, dans ce grand palais d'Aranjuez, où, la veille encore, tout le monde était à leurs pieds. Il les laissa intriguer tout à leur aise avec ses ennemis. Il leur permit de se transporter d'Aranjuez à l'Escurial, où ils se trouvaient au milieu des Français. Il partit sans avoir revu son père, comme il en avait eu un instant l'intention, sans l'avoir mis au courant de la situation, sans avoir obtenu de lui une lettre pour l'empereur [4], sans prendre contre son

---

1. Trois semaines avant le coup d'État d'Aranjuez, Charles IV avait dit à la reine : « Maria Luisa, nos retiraremos á una provincia, viviremos tranquilos, y Fernando, que es joven, cargará con el peso del gobierno. » Cevallos, *Exposicion de los hechos y maquinaciones que han preparado la usurpacion de la corona de España*, p. 23.

2. Gomez de Arteche, *Guerra de la indep.*, t. I, p. 283.

3. *Los reyes padres, los reyes viejos.*

4. Gomez de Arteche, *op. cit.*, t. I, p. 296.

entourage la moindre précaution. Le 17 avril, Charles IV envoyait à son frère, D. Antonio, une protestation en règle contre son abdication du 19 mars, faisait acte de souveraineté en confirmant la Junte de Régence, nommée par Ferdinand VII, et annonçait l'intention d'aller à Bayonne, se jeter, lui aussi, dans les bras de l'empereur des Français [1].

D. Antonio et les ministres se refusèrent absolument à publier ces stupéfiants documents. O' Farril, ministre de la guerre, alla jusqu'à dire au grand-duc de Berg que les autorités espagnoles n'obéiraient pas aux décrets de Charles IV. — : « Les canons et les baïonnettes les y obligeront ! répondit Murat. — En ce cas, répliqua O' Farril, mieux vaut commencer par là, car je ne vois pas de différence entre la proclamation et les baïonnettes [2]. »

Repoussé par la Junte, Murat chercha à publier lui-même la proclamation de Charles IV. Le 20 avril, deux Français au service du général Grouchy, Joseph Fumiel et Antoine Ribat, portèrent les documents à l'imprimerie d'Eusebio Alvarez de la Torre, et le prièrent de les imprimer. Averti par l'imprimeur, le Conseil fit saisir les épreuves et arrêter les deux Français, que D. Antonio fit remettre un peu plus tard au général Grouchy.

Le 26 avril, un autre imprimeur, D. Tomás Alban, fit savoir au gouverneur du Conseil que le grand-duc de Berg avait voulu lui acheter une de ses presses, et le Conseil demanda que le grand-duc ne fût autorisé à imprimer que les ordres destinés à son armée [3].

La proclamation finit cependant par être connue, et les officiers français ne se firent pas faute de répéter à qui voulait les entendre que Napoléon ne reconnaissait d'autre roi d'Espagne que Charles IV, et ne négocierait pas avec Ferdinand VII; si bien que ces mauvais bruits, coïncidant avec l'absence de toutes nouvelles

---

1. Arch. hist. nac. *Inv. fr. Consejo.* Leg. XIX, 17 avril 1808.
2. Gomez de Arteche, *Guerra de la indep.*, t. I, p. 306.
3. *Manifiesto de los procedimientos del Consejo*, p. 22.

du roi, jetèrent le peuple de Madrid dans la plus profonde consternation et augmentèrent encore sa colère contre les Français.

Interprètes des sentiments populaires, les *pasquines* de la fin d'avril respirent l'indignation la plus véhémente et un féroce désir de vengeance, et montrent que toutes les classes de la nation sont unanimes à repousser un changement de dynastie.

L'un d'eux, qui nous paraît dû à un homme d'une certaine culture, est une véritable philippique, à laquelle la sincérité du sentiment prête parfois une sorte d'éloquence. L'auteur s'adresse directement au Conseil de Castille, « à ce Conseil composé de gens si sages, destinés à être l'appui de la patrie et de la justice, et qui oublie ses devoirs, sa loyauté et son honneur, abattu par la crainte ou paralysé par la servilité ». Il est temps que le Conseil revienne à lui et rende enfin à chacun la justice qui lui est due. « Il trouvera tous les habitants de l'Espagne pleins de patriotisme et de valeur pour défendre la cause du roi, et faire voir à l'Europe entière qu'ils sont encore le modèle de la loyauté et ne peuvent être subjugués par les plus vastes empires. Dieu fasse que ces brèves paroles suffisent à rappeler aux magistrats que le sang qui court dans leurs veines est celui de ces grands hommes, qui surent en tout temps sauver la patrie, et dont l'épée fit respecter et obéir les rois d'Espagne aux quatre coins de la terre !.. qu'ils se rappellent qu'ils sont les Pères de la patrie, que perdre la vie pour sa défense est la loi du véritable honneur et que mieux vaut mourir que de vivre sans lui. — A supposer que soit nulle l'abdication de Charles IV, le droit de Ferdinand VII à la succession au trône s'en trouve-t-il diminué ? Ne reste-t-il pas le roi présomptif, le roi futur ? A supposer même que tous les crimes qu'on lui impute soient prouvés; à supposer que Napoléon ait le pouvoir de le priver de la couronne, le droit de l'infant D. Carlos ne reste-t-il pas évident et incontestable ?.. Toutes les manœuvres de l'ennemi ne tendent donc qu'à l'extinction de la famille royale, pour mettre un intrus en possession de la couronne d'Espagne. Et les Espagnols souffriraient une si barbare insulte ?

Ils ont trop d'honneur pour admettre un instant semblable absurdité ! Ils sont trop Espagnols, et leur obstination sera digne de Numance ! » [1]

Un autre libelle, de forme plus rude et plus populaire, nous donne sans rhétorique l'opinion des *majos* de Madrid. Peine de mort et exécution immédiate de Godoy, son frère Diego, Cayetano Soler, Sixto Espinosa, le patriarche, Franchifort (marquis de Branciforte) et tous leurs partisans, qui intriguent avec les Français. Les vieux souverains seront transférés, sous un déguisement, hors de Madrid et des résidences royales, en un lieu ignoré des Français. On mettra tout en jeu pour délivrer le roi, l'infant D. Carlos et les députés envoyés au soi-disant empereur, s'ils ne sont pas déjà tombés dans ses griffes. Plus de diplomatie, plus d'indulgence pour les traîtres ! Ordre aux troupes espagnoles de Portugal de rallier Madrid ; la population suffira à défendre les places fortes et les entrées du royaume. Arrestation de Murat et de ses généraux, et les têtes des six traîtres mentionnés plus haut plantées sur les portes de Madrid ! Le roi ne pourra rien blâmer; on vient de pendre quatre malheureux pour de simples vols : qu'étaient leurs crimes à côté de ceux de ces gens-là [2] ?

Les Français éblouis par la fortune, et presque aussi fous que leur empereur, ne voulaient voir dans ces discours que de misérables fanfaronnades, de vains murmures que couvrirait bientôt la voix du canon. Ils appelaient de tous leurs vœux le jour où l'Espagne se révolterait. Ils semblaient vouloir en hâter la venue, croyant conquérir la péninsule en une matinée de combat.

II

Le 30 avril 1808, Murat fit passer à la Junte de Régence une

---

1. Arch. hist. nac. *Inv. fr. Consejo.* Leg. XIV, fasc. 10, avril 1808.
2. Id., *ibid.* Leg. XIV, fasc. 10, avril 1808.

lettre du roi Charles IV enjoignant à ses deux derniers enfants restés à Madrid, la reine d'Étrurie et l'infant D. Francisco, de le rejoindre à Bayonne. Cette lettre était grave, car elle semblait indiquer que Charles IV abandonnait l'Espagne sans esprit de retour. Le départ des infants consommait l'exode de la famille royale et laissait la place libre à une nouvelle dynastie. La Junte de Régence délibéra une partie de la nuit. D. Antonio fit appeler auprès d'elle le doyen et les deux plus anciens membres de chacun des Conseils, et l'on discuta un instant l'éventualité d'une résistance ouverte aux prétentions du grand-duc de Berg. Le Conseil de Castille y avait déjà songé et avait rédigé tout un plan de défense, qui devait permettre à l'Espagne d'armer 300.000 hommes [1]. Mais le ministre de la guerre, O' Farril, déclara péremptoirement que « dans la situation où se trouvait la capitale, une résistance armée à toute violence des troupes françaises ne pouvait que compromettre la ville et allumer la guerre » [2]. La Junte reçut en outre communication de quelques dépêches de Bayonne, apportées par un auditeur de Pampelune D. Justo Ibar Navarro, qui avait réussi à pénétrer jusque chez le roi et à gagner Madrid à la faveur d'un déguisement. Le roi recommandait à la Junte la plus grande prudence et le maintien scrupuleux de l'alliance avec la France, comme unique moyen de salut [3]. D. Antonio rejeta donc toute idée de résistance vio-

---

1. *Manifiesto de los procedimientos del Consejo*, p. 32.

2. *Memoria de Azanza y O' Farril*, cité par Gomez de Arteche : *Guerra de la indep.*, t. I, p. 330.

3. Ces détails sont confirmés par une lettre de Ferdinand à D. Antonio, en date du 28 avril, et qui fut interceptée par la police française. « Frère (pour oncle) chéri de mon cœur. J'ai reçu ta lettre du 24 et j'ai lu les deux copies des lettres qu'elles renferment, l'une de Murat et l'autre ta réponse, dont j'ai été content. Je n'ai jamais douté de ta prudence et de ton amitié pour moi. Je ne sais comment t'en remercier. Hier arriva l'impératrice, vers les 7 heures 1/2 du soir; il n'y eut que quelques enfants qui crièrent des Viva ! Encore ces cris étaient-ils bien froids. Elle passa tout de suite sans s'arrêter ici et fut à Marrac,

lente et se borna à nommer une commission de militaires et de magistrats, destinée à donner avis aux provinces des dangers qui menaçaient l'Espagne et la dynastie. Il adressa en même temps au roi une consulte où il lui demandait : « si S. M. croyait convenable d'autoriser la Junte à se substituer, en cas de besoin, une ou plusieurs personnes nommées par S. M. ou désignées par la Junte elle-même, autorisée par S. M., pour se transporter en un lieu où elles pourraient agir en toute liberté ? Si S. M. voulait que les hostilités commençassent contre l'armée française et, dans ce cas, quand et comment on devait les commencer ? Si S. M. était de même décidée à empêcher l'entrée de nouvelles troupes françaises en Espagne, en fermant les ports de la frontière ? Si S. M. croyait bon de convoquer les Cortes ? Dans ce cas, il fallait un décret du roi au Conseil et comme celui-ci pouvait à l'arrivée de la réponse du roi se trouver hors d'état d'agir librement, le décret devrait être adressé aussi à toute chancellerie ou audience du royaume libre encore de troupes françaises. Dans le cas où les Cortes seraient convoquées, de quelles matières auraient-elles à s'occuper [1] » ? Le bruit de ces importantes délibérations ne tarda pas à se répandre en ville et augmenta encore l'agitation publique.

---

où j'irai la visiter aujourd'hui. Hier Cevallos a eu une conversation avec l'empereur, qui l'a appelé traître, parce qu'ayant été ministre chéri de mon père, il ne s'en est pas moins attaché à mon parti, et que c'était là la cause du mépris qu'il avait pour lui. Je ne sais comment Cevallos a fait pour se contenir, car il s'irrite facilement, surtout en entendant de pareils reproches. je n'avais pas encore jusqu'à présent bien connu Cevallos, et je vois que c'est un homme de bien, qui règle ses sentiments sur les intérêts véritables de son pays, et qu'il est d'un caractère ferme et vigoureux, tel qu'il en faut dans de semblables circonstances. Je t'avertis que l'empereur a une lettre de Marie-Louise (la reine d'Étrurie) dans laquelle elle dit qu'elle était auprès de mon père lorsqu'il signa son abdication et que cette abdication ne fut pas volontaire, mais bien forcée. Adieu, gouverne bien et prends des précautions pour que ces maudits Français ne te rendent pas victime de leur méchanceté. Expression et tendresse de ton frère (pour neveu) qui t'aime. — Signé : Ferdinand. »

1. D. Pedro Cevallos, *Exposición de los hechos y maquinaciones que han preparado la usurpación de la corona de España.*

Dès le 1er mai, Madrid présenta un aspect menaçant et révolutionnaire. Les Français avaient répandu un pamphlet où le changement
de dynastie était représenté comme le meilleur remède aux maux
de l'Espagne [1]. Des altercations très vives s'élevèrent à ce sujet
entre Français et Espagnols. A l'auberge Genieys, trois officiers
espagnols : Daoiz, Consul et Cordoba, provoquèrent trois officiers
en duel ; les chefs eurent grand'peine à apaiser l'affaire [2]. Des
manifestations antifrançaises eurent lieu à l'Église du Carmel ;
Murat fut sifflé au Prado pendant sa revue et insulté au retour
en passant sur la *Puerta del Sol* [3]. Le Conseil recommanda à la
Sala de redoubler de vigilance [4].

L'insurrection était dans l'air et se prépara dès le matin du 2 mai.
Godoy avait, en 1807, établi le parc d'artillerie dans l'ancien palais
des ducs de Monteleon et de Terranova. Le parc, entouré d'une
enceinte de briques et de torchis, n'avait aucune valeur comme
position militaire, il était dominé de tous côtés, sauf sur la *calle
de San José*, il était gardé par seize artilleurs espagnols et soixante-
seize Français. Les magasins d'armes qu'il renfermait devaient en
faire un des buts principaux de l'insurrection.

Dès le matin, le maréchal de camp D. Fernando de la Vera
craignait un mouvement et avait donné comme ordre général de
tenir toutes les troupes dans les casernes et de ne pas leur permettre de se mêler avec le peuple. Un peu plus tard, on apprit à
l'État-major de la place que des hommes se rassemblaient à la
porte du parc et demandaient des armes ; D. Rafael de Arango reçut
l'ordre de se rendre au parc et d'engager le peuple à renoncer à
sa téméraire entreprise. En arrivant il trouva en effet quelques
hommes qui l'accueillirent par les cris de « Vive le roi ! Vive

1. *Carta de un oficial retirado de Toledo.*
2. *La nación militar*, 2 mai 1899. D'après les mémoires de D. Rafael de
Arango, témoin oculaire.
3. *La Epoca*, 2 janvier 1905, art. de D. Juan Pérez de Guzman.
4. Arch. hist. nac. *Libro de acuerdos de la Sala*, 1er mai 1808.

Ferdinand VII ! » Il entra et tout aussitôt le commandant du détachement français se plaignit à lui des insultes de la populace et lui annonça son intention de disperser le rassemblement à coups de fusil. Arango le calma, et recommanda aux artilleurs espagnols de surveiller les mouvements des gens du dehors et des Français du dedans. Il entra dans la salle d'armes et sans que son parti fût encore pris, presque machinalement, ordonna à trois artilleurs qui l'accompagnaient de mettre les pierres aux fusils [1].

Vers neuf heures et demie l'insurrection éclata.

A neuf heures du matin, la reine d'Étrurie avait quitté le palais et pris la route de France. Elle était peu populaire, personne ne fit attention à son départ. Mais on remarqua que deux voitures continuaient à stationner à la porte du palais. Les passants s'arrêtèrent, le bruit se répandit du prochain départ de l'infant D. Francisco, on raconta que le jeune prince ne voulait point partir, on dit qu'il pleurait, une vieille femme tout émue se mit à crier : « Que Dieu m'assiste ! ils vont nous les enlever tous ! » [2] Comme un aide de camp de Murat passait à ce moment sur la place, la colère du peuple s'alluma. Dans un grand cri, la foule se précipita sur le Français pour l'écharper ; le capitaine des Gardes-Wallonnes n'eut que le temps de s'élancer sur lui pour le sauver [3]. Mais les cris continuèrent, répétés par une foule de plus en plus nombreuse. Des gens se mirent à courir de tous côtés en hurlant : « Citoyens ! aux armes ! Vive Ferdinand VII ! Mort aux Français [4] ! » Suivant un vieil instinct populaire, la foule courut aux prisons, attaqua les portes à coups de hache, y mit le feu et délivra une centaine de prisonniers [5].

---

1. *La Epoca*, 2 janvier 1905.

2. « ¡Valgame Dios ! que nos los llevan ! »

3. *La nación militar.* 2 mai 1899.

4. Mesonero Romanos, *Memorias de un Setenton*, p. 36 « ¡Vecinos ! Armarse ! Viva Fernando VII ! Mueran los Franceses ! »

5. Il y eut 94 fugitifs, 38 refusèrent de fuir, 12 femmes ne purent s'évader. Dès le soir, 5 évadés s'étaient, d'eux-mêmes, présentés à la prison. *Libro de*

En un clin d'œil, les rues se remplirent de gens furieux, armés de fusils, de couteaux, de bâtons ferrés [1] ; les habitants qui ne voulaient ou ne pouvaient se battre leur jetaient des armes et des cartouches par les fenêtres. Tout Français armé était massacré sur-le-champ, si une porte hospitalière ne s'ouvrait devant lui [2].

Ce fut vers le parc d'artillerie que se dirigèrent tout d'abord les révoltés. Par les rues de *San Bernardo*, de *San Gregorio*, de *Tres Cruces*, de *San Pedro*, de *San José*, il en vint par centaines et par milliers. Arango, très hésitant, n'osait ni les repousser ni les accueillir ; survinrent d'autres officiers : Daoiz, le capitaine Consul, le lieutenant Torres, le sous-lieutenant Carpeña, qui le pressèrent, sans pouvoir y réussir encore, de se déclarer. Cependant, à l'État-major, Velarde, très enthousiaste, essayait de vaincre la prudence du vieux colonel Navarro. Entendant passer un groupe d'insurgés,

---

acuerdos de la Sala, 2 mai 1808. Un des prisonniers, Francisco Javier de Busta-mente, avait écrit au gouverneur de la Sala pour lui demander l'autorisation de se joindre aux insurgés : «... En esta confusion, tube por conveniente y por justo dirigir á V. S. el correspondiente oficio, ofreciendome, como mis compañeros, salir de la prision para defensa del Estado, baxo la protesta de volvernos á ella, luego que cumpliesemos con nuestro deber, y se tranquilizase el tumulto, cuio oficio puse en manos del Sor Decano de la Sala que tubo á bien pasar á recibirlo. » Id., *ibid.*, 2 mai.

1. Nous avons vu aux Archives de la ville de Madrid un faisceau de ces bâtons ; l'un d'eux, emmanché d'une baïonnette, porte sur la lame une rouille de sang à laquelle adhère encore une poignée de cheveux.

2. Beaucoup de Français durent la vie à des Espagnols. Voici la lettre de l'un d'eux à son hôte : « Mi amado huesped. Antes de dejar vuestra casa, debo daros gracias de los cuidados que he recebido de vos, y de la humanidad con laqual vos y toda vuestra amada familia y vuestras gentes me habeis salvado la vida el dia de ynsurreccion popular que ha habido en Madrid. El dos de Mayo estara siempre presente en mi memoria, y no olvidare jamas que yo y mi criado os debemos los dos la vida. Yo pido a Dios derrame sus bendiciones sobre vos y vuestra casa, y os suplico esteis convencido de los sentimientos de reconoci-miento con los quales soy vuestro amigo sobre todos. El teniente coronel de Yngenieros. Gerbet. Vive en Paris, calle de Tournon, 12 ». Arch. hist. nac. *Inv. fr. Consejo*. Leg. II, fasc. 11, mai 1808.

commandés par D. Andrés Rovira, il n'y tint plus, arracha un fusil à une des ordonnances et se lança à la rue en criant comme un fou : « Mourons ! vengeons l'Espagne ! battons-nous contre les Français ! défendons la patrie ! » Au quartier des volontaires d'État, il pressa en vain le marquis del Palacio de se joindre à l'insurrection, mais il en obtint 33 hommes, commandés par le capitaine D. Rafael Goicoechea et le lieutenant D. Jacinto Ruiz de Mendoza, pour garder le parc. Quand Velarde et sa petite troupe parurent devant le parc, le peuple applaudit ; Velarde entra et, profitant de la surprise du premier moment, intima au commandant français l'ordre de se rendre avec ses hommes ; le Français se rendit. Daoiz survint alors, fit reconnaître son autorité, puis, gagné par l'enthousiasme général, cria tout d'un coup : « ¡ Armons le peuple ! » Velarde se jeta dans ses bras, les sabres sortirent des fourreaux, on ouvrit les portes, et l'on commença à distribuer des armes. Les insurgés préféraient les armes blanches, et une fois en possession d'un sabre ou d'une baïonnette, couraient faire la guerre des rues, à leur guise et fantaisie. Velarde fit mettre des tireurs aux fenêtres de la caserne qui regardait la rue San José, et dans les maisons de la rue. Daoiz fit charger à mitraille trois pièces de 8 dans la cour du parc, et quatre pièces en face des rues qui y donnaient accès, puis tirant l'épée, il proclama solennellement l'indépendance de l'Espagne et la royauté de Ferdinand VII [1].

Les Français, un moment surpris, n'avaient pas tardé à s'armer pour étouffer l'insurrection. Les troupes cantonnées au Retiro avaient reçu l'ordre de marcher par la rue d'Alcalá et la *carrera de san Geronimo* sur la *Puerta del Sol*, où elles opéreraient leur jonction avec les fusiliers de la Garde, venus du palais par la *Calle mayor*. Le général Grouchy aurait le commandement de ces deux premiers corps. Le général Lefranc, cantonné à San

---

1. *La Epoca*. Art de D. Juan Pérez de Guzman.

Bernardino, eut pour mission d'entrer à Madrid par la porte de Fuencarral, de s'emparer du parc, de s'établir sur la place de Santo Domingo et de se mettre en communication avec le Retiro, la *Puerta del Sol* et le Palais. Enfin, les cuirassiers et tout le reste de la cavalerie dut venir de Carabanchel et marcher par la rue de Tolède sur la *Plaza mayor*. Murat, avec les troupes qui bivouaquaient à la Casa de Campo, s'installa sur la colline du Principe Pio, d'où il pouvait donner tous les ordres nécessaires [1].

La résistance des Madrilènes fut héroïque. Avec la plus brillante valeur, les insurgés du Parc d'artillerie balayèrent la rue de San José et firent reculer en désordre le bataillon de Westphalie. Pendant plus d'une heure tout ce qui passa à portée de leurs fusils ou de leurs canons fut foudroyé. Le lieutenant Ruiz de Mendoza fut tué sur ses pièces. Des femmes vinrent aider les artilleurs et distribuer les munitions aux combattants : Clara del Rey y Calvo resta au feu avec son mari et ses trois fils ; Manuela Malasaña y Oñoro mourut à côté de son père ; Benita Pastrana, une belle fille de dix-sept ans, venue là avec son *novio*, reçut une balle à la tempe en distribuant des cartouches ; Angela Fernández Fuentes fut blessée mortellement pendant le combat [2]. Le colonel Montholon s'apprêtait à enlever le parc, avec le premier bataillon du 4ᵉ régiment provisoire d'infanterie de la brigade Musnier, quand se présenta un parlementaire espagnol, D. Melchor Alvarez, capitaine aux *Voluntarios de Estado*. Daoiz fit suspendre le feu, mais un *majo* de vingt-sept ans, Antonio Gomez Mosquera, poussa un juron si énergique en criant : « Vive Ferdinand VII ! » que les Espagnols recommencèrent le feu et rejetèrent encore une fois en arrière les fantassins français. Enfin, sur l'ordre exprès de Murat, une colonne française d'environ 2.000 hommes, commandée par les généraux Lagrange et Lefranc, emporta la position, où avait tenu trois heures entières une poignée de

1. Gomez de Arteche, *Guerra de la indep.*, t. I, p. 342.
2. *La Epoca*, 18 janvier 1905, art. de D. Juan Pérez de Guzman.

braves. Daoiz fut blessé à son poste de combat et achevé par les Français, sur l'ordre du général Lefranc; Velarde tomba, frappé d'une balle perdue, au moment de l'assaut final [1].

Sur la *Puerta del Sol* eut lieu également un sanglant combat, entre le peuple des bas quartiers et les troupes de Grouchy. Refoulés, pressés, écrasés dans cet étroit espace par les colonnes montant du Retiro et venant du Palais, les Espagnols se défendirent à coups de couteau, ils se jetaient à la tête des chevaux, les criblaient de coups et essayaient de désarçonner les cavaliers français, qui les sabraient avec rage, au milieu des tuiles, des pierres, des objets de toute sorte lancés des toits et des balcons. La lutte fut horrible, mais courte, et ce fut bientôt par toutes les rues et sur toutes les routes une débandade éperdue, une fuite sans nom, sous le sabre des cuirassiers, des hussards et des dragons de Privé et de Rigaud.

En cette terrible journée, le Conseil de Castille montra tout le courage qu'on pouvait attendre de magistrats consciencieux et désireux du bien public.

Le Conseil fut averti de l'émeute un peu après dix heures et demie du matin [2]. L'officier de garde du Conseil fit fermer les portes en voyant les patrouilles françaises rallier les soldats dispersés et faire feu. Il fit mettre la garde sous les armes et plaça des sentinelles aux portes. Le Conseil décida de sortir en corps pour apaiser le peuple, et fit connaître sa résolution aux autres Conseils. Le Conseil des Ordres et le Conseil des Finances vinrent bientôt le rejoindre. Le Conseil des Indes décida, au contraire, de ne point bouger. Le Conseil écrivit alors au grand-duc de Berg et le pria de bien vouloir conférer avec lui. Au

---

1. *La Epoca*, 23 janvier 1905.

2. Il est très difficile de fixer exactement l'heure des événements du 2 mai. Si le mouvement commença vers neuf heures et demie devant le Palais Royal, il paraît peu probable qu'il n'ait été connu au Palais des Conseils qu'une heure plus tard; mais la foule avait pu ne pas se diriger de ce côté.

moment où l'on allait fermer le pli, arrivèrent, à cheval, à la porte du Conseil, D. Miguel Josef de Azanza, ministre des Finances, D. Gonzalo O'Farril, ministre de la guerre, D. Francisco Javier Negrete, capitaine général, un général français et divers officiers français et espagnols. Ils venaient, de la part de la Junte de Régence, enjoindre au Conseil de publier un édit, pour engager les bons citoyens à rester tranquilles. D. Arias Mon répondit que le Conseil se préparait à sortir et que s'il ne l'avait point fait déjà, c'est qu'il se fût exposé à périr sans résultat. Après avoir conféré avec les Conseils des Ordres et des Finances, D. Arias Mon vint retrouver Azanza, O'Farril et les militaires qui les accompagnaient. Les Conseils étaient d'avis qu'une proclamation publiée à haute voix dans les rues, valait mieux qu'un édit affiché aux carrefours, parce que le populaire se précipiterait pour lire l'édit, ce qui serait une nouvelle occasion de troubles. Ils demandaient que le grand-duc envoyât quelques officiers et soldats français pour accompagner les magistrats avec un certain nombre de Gardes du Corps espagnols, afin de prévenir des malheurs et de permettre de publier la proclamation sans avoir à craindre les coups de feu. Tandis que le capitaine-général courait chez le grand-duc, D. Gonzalo Josef de Vilches dicta le texte de la proclamation. Voyant que les Conseils allaient décidément sortir, les conseillers des Indes eurent honte de leur isolement et se réunirent à leurs collègues. Des officiers de la cavalerie française et espagnole, et de la Garde Impériale, un détachement de Gardes du Corps vinrent se mettre à la disposition des Conseils. Les tribunaux sortirent, précédés des Gardes du Corps, et d'un peloton de cavalerie de la Garde, ordonnant de cesser le feu. Derrière cette avant-garde s'avançaient le général français, les ministres Azanza et O'Farril, Negrete, le gouverneur de Madrid, puis venaient les Conseils, sans étiquette, entre une double haie de soldats français et espagnols. Le doyen donna les ordres nécessaires pour la lecture de la proclamation. Sur la place de l'Hôtel de Ville, le Conseil de la Guerre se réunit au cortège. Les magistrats suivirent la *calle de platerias*, entrèrent sur la *Plaza Mayor* par le portail de *Guadalajara* et prirent les rues d'*Atocha*, et de la *Concepcion Gerónima*. Les ministres et les officiers criaient à voix haute : « Paix ! Paix ! Tout est arrangé ». La proclamation était publiée de place en place par un des huissiers du Conseil Les gens paraissaient aux fenêtres et aux balcons, marquaient une joie très vive et acclamaient les magistrats. Par trois ou quatre fois, on entendit retentir des coups de fusil. D. Arias Mon, O'Farril et Azanza firent alors observer au général français combien il était important que le feu cessât, ne fût-ce que pour donner crédit à la proclamation. A l'angle de la *Concepcion*, le cortège se divisa. Une partie se dirigea par la *calle de Relatores*, *Duque de Alba* et *Meson de Paredes*, sous la conduite d'Azanza, du capitaine-général, des marquis Caballero et de Villafranca et du comte de Medina. L'autre partie, conduite par O'Farril, D. Arias Mon et D. Gonzalo Josef de Vilches prit par la *Puerta del Sol*, où se tenait l'État-major français avec de l'artillerie, par les rues d'*Alcalá*, de *Peligros*, du *Caballero de Gracia*, la *Red de San Luis*, la rue *Jacometrezo*, la place *Santo Domingo* et la rue *Ancha de San Bernardo*. A mesure que le cortège s'avançait, le calme semblait renaître devant lui, les rues se repeuplaient de gens paisibles, la ville reprenait sa physionomie accoutumée. Rue d'Alcalá, O'Farril dit à D. Arias Mon que les officiers français n'aimaient pas les grandes capes des civils ; D. Arias Mon ordonna de prévenir les porteurs de capes d'avoir à les ôter, et fut immédiatement obéi. En face de la maison du marquis de Valdecarzana, on rencontra une quarantaine de gens, et parmi eux trois femmes, qu'un détachement français emmenait en prison, sous prétexte qu'on les avait trouvés les armes à la main [1]. D. Arias Mon et D. Josef de Vilches prièrent O'Farril d'intervenir

---

1. Le texte espagnol ajoute naïvement « *aunque no se vio ninguna* ». Si ces gens avaient été trouvés armés, il est évident que les Français leur avaient retiré leurs armes avant de les emmener.

en leur faveur, et le général français les fit remettre en liberté, après leur avoir adressé une énergique remontrance. Rue del Pez, le cortège se disloqua et D. Arias Mon rentra vers trois heures et demie à son hôtel [1].

Si l'on tient compte de l'ordinaire lenteur avec laquelle procédait le Conseil en toutes ses actions, on ne laissera pas d'admirer la décision et la vigueur dont il fit preuve en ces tristes circonstances. Il pensa dès la première heure à descendre dans la rue ; il réussit à grouper autour de lui les grands Conseils de la monarchie. On ne peut lui reprocher de ne pas être sorti en pleine bataille, alors que les rues étaient remplies de combattants, et que le bruit de la fusillade et du canon eût étouffé sa voix. Il sortit, en réalité, sitôt qu'il put sortir ; l'aspect lugubre des rues, les coups de fusils isolés qui se faisaient encore entendre, la joie que montraient les gens paisibles en apprenant le retour du calme, les acclamations aux magistrats, tout démontre qu'au moment où le cortège se mit en marche — vers une heure de l'après-midi — Madrid était encore sous le coup de la plus vive terreur. L'intervention du Conseil sauva la vie à une quarantaine d'insurgés, et contribua pour une large part au rétablissement de l'ordre. Le 2 mai 1808 fut en somme pour l'antique Conseil de Castille une belle et honorable journée.

Murat se montra infiniment moins humain et moins sage. Il

---

1. Arch. hist. nac. *Inv. fr. Consejo.* Leg. II, fasc. 7, 2 mai 1808.

Voici le texte du *bando* publié par le Conseil à travers les rues de Madrid :
« *Bando.* Para ocurir á los daños que ocasiona el alboroto que se ha suscitado en el pueblo, manda el Consejo que todos los residentes en esta Villa se retiren inmediatamente á sus casas y que no puedan salir de ellas sin un motivo justo muy urgente, y en tal caso solos y sin acompañamiento. Que ninguna persona ofenda desde las ventanas y tejadas, ni en las calles, ni en otro parage á los franceses, pena de que se castigara al contraventor hasta con la muerte, pues, por parte de los generales franceses se ha mandado á su tropa que no ofenda tampoco á los españoles. Madrid, 2 de mayo de 1808, á la una del dia. »

adressa aux Madrilènes une proclamation emphatique et mena-
çante, où il affectait de ne voir dans l'élan patriotique qui avait
soulevé la ville qu'une révolte « de misérables avides de crimes
et de pillages ». Il déclarait que le sang français demandait vengeance. Il instituait une commission militaire et condamnait à
être fusillés tous les prisonniers pris les armes à la main. La Junte
de Régence allait faire désarmer la ville et tout habitant qui
serait par la suite trouvé détenteur d'une arme serait fusillé.
Toute réunion de plus de huit personnes serait regardée comme
un rassemblement séditieux et dispersée à coups de fusil. Tout
village où serait assassiné un Français serait brûlé. Les maîtres
seraient responsables de leurs domestiques, les patrons de leurs
ouvriers, les parents de leurs enfants, les supérieurs ecclésiastiques de leurs religieux. Tous distributeurs ou vendeurs de
libelles, imprimés ou manuscrits, provoquant à la sédition,
seraient regardés comme des agents de l'Angleterre et fusillés [1].

La nuit venue, les prisonniers condamnés par la Commission
militaire furent exécutés par groupes sur la *Puerta del Sol*, le long
de l'église de *Buen Suceso*, d'autres à *San Ginés,* ou sur la mon-
tagne du *Príncipe Pio*, d'autres encore, et en grand nombre, sur
le *Prado*, à l'endroit où s'élève aujourd'hui le Monument du
2 mai. Les décharges continuèrent toute la nuit, Murat ayant
ordonné de tirer, même sans but, pour terroriser la population :
« Oh! Dieu saint! s'exclame Mesonero Romanos, quelle nuit!
Voilà soixante-dix ans passés au moment où j'écris ces lignes, et
des siècles entiers ne parviendraient pas à l'effacer jamais de ma
mémoire! » Goya nous en a laissé un poignant souvenir. Sur sa
toile, il a jeté par grandes masses une si lugubre image de cette
horrible nuit qu'elle vous poursuit comme un cauchemar : Une
muraille, un groupe d'hommes éclairé par une lanterne, un
peloton de soldats, c'est tout ; mais ces hommes portent sur leurs
traits la fureur et le désespoir, la haine et l'épouvante, ce sont

---

1. Arch. hist. nac. *Inv. fr. Consejo.* Leg. II, fasc. 11, 2 mai 1808.

des gens inoffensifs qu'un violent accès de passion a jetés hors d'eux-mêmes et qui dans la même journée ont connu l'indignation des patriotes, l'enthousiasme des soldats, la fièvre des combattants, l'humiliation de la défaite, la honte de la captivité ; des gens à qui l'on a promis la vie sauve et qu'on fusille, la nuit, en trahison, contre tout droit et toute justice, comme des chiens, sans prêtre ni confession. Les soldats... ne sont que de simples silhouettes, des ombres noires, violentes et sinistres, sans individualité; ce sont des soldats quelconques, accomplissant passivement l'ordre qu'on leur a donné : la machine à tuer devant les gens qu'on veut tuer.

On ne saura jamais exactement quel fut le nombre des victimes. Au lendemain de la lutte, Grouchy, dans son rapport officiel à Murat, dit que 4 à 500 Espagnols ont péri dans le combat, et qu'environ 200 insurgés pris les armes à la main ont été fusillés [1]. La *Gazette de Bayonne* évalua les pertes espagnoles à 1.200 hommes. Le *Moniteur* avoua pour les Français 25 tués et 45 à 50 blessés [2], et pour les Espagnols « plusieurs milliers des plus mauvais sujets du pays ». Le moine augustin Salmeron y Carnicero raconte que Moncey porta d'abord les pertes françaises à 5.000 hommes, et que le général Grouchy ramena plus tard ce chiffre fantastique à 2.500. Il donne lui-même le chiffre de 1.500 morts et 300 disparus. Tamarit indique 1.684 morts, 495 blessés et 251 disparus. Les registres d'entrées

---

1. Arch. de la guerre à Paris. *Corresp. 1808. Armée d'Esp.*, 3 mai 1808.

2. L'État officiel des pertes françaises donne les chiffres suivants :

Gendarmes : 1 tué, 1 blessé.

Garde impériale : tués, 7 ; assassinés, 2 ; morts par suite de blessures, 2 ; blessés, 91 (coups de feu, coups de poignard, coups de pierre, tuiles sur la tête, coup de bûche dans le dos, coup de stylet, coup de sabre).

Artillerie et train du corps de Moncey : 7 blessés.

Corps d'armée de Moncey : 5 tués, 31 blessés.

En tout : 17 tués et 130 blessés.

Arch. de la guerre à Paris. *Loc. cit.*

à l'Hôpital militaire français portent seulement 75 entrées, ce qui représente à peu près la moyenne ordinaire, mais beaucoup de blessés durent être évacués sur les hôpitaux des environs de Madrid. D'après les meilleures sources espagnoles [1], les Madrilènes auraient eu 86 morts et 172 blessés dans le combat, et le nombre des gens fusillés dans la nuit du 2 au 3 mai aurait atteint 320 individus. On aurait encore enterré le 12 mai 43 cadavres d'Espagnols, fusillés au Principe Pio [2].

Les listes dressées dans chaque quartier par ordre du Conseil donnent un total de 104 Espagnols tués, 54 blessés et 35 disparus [3], mais ne font pas mention de ceux qui furent soignés à domicile, ni des hommes fusillés par les Français. Le comte de Toreno porte à 1.200 le nombre total des hommes tués ou blessés, tant du côté espagnol que du côté français, et ce chiffre peut être considéré comme le plus voisin de la réalité.

Quant au jugement impartial qu'il est permis de porter sur cet événement, on peut dire que Murat, généralissime de l'armée française et lieutenant de l'empereur en Espagne, avait le devoir d'étouffer le soulèvement de Madrid — qu'il n'avait pas

1. *Libros parroquiales de difuntos. Expedientes de heroes y victimas* (Archivo municipal de Madrid). *Listas del Consejo. Libros de gobierno de la Sala. Expedientes del archivo del corregimiento de Madrid. Registros de entrada y muertos de todos los hospitales y los de la jurisdiccion castrense.*

2. *La Epoca*, 2 mai 1905, art. de D. Juan Pérez de Guzman.

3.

Quartier de San Francisco :	10 morts	8 blessés.	
— Maravillas :	16	12	
— Avapies :	1	7	25 disparus.
— Afligidos :	10	1	4
— Palacio :	10	1	
— Barquillo :	7	3	4
— S. Martin :	8	3	
— S. Isidro :	14	5	1
— Plaza Mayor :	15	12	1
— San Geronimo :	13	2	
	104	54	35

promis la vie sauve aux combattants pris les armes à la main — qu'il avait le droit, d'après les usages de la guerre, de les faire juger militairement et exécuter — qu'il n'abusa pas, en somme de ce droit terrible, puisque les Espagnols eux-mêmes reconnaissent que les Français tirèrent toute la nuit, souvent sans but et pour effrayer la population, et puisque des gens, ayant réellement été pris les armes à la main, furent relâchés par les conseils de guerre sur les excuses les moins vraisemblables [1].

Mais de ce que Murat avait rigoureusement le droit d'agir comme il l'a fait, nous ne conclurons pas qu'il n'eût pu mieux faire. Il eût dû se montrer généreux après sa facile victoire, et s'il n'eût plus voulu connaître d'ennemis après la bataille, le 2 mai serait resté dans la mémoire des Espagnols comme un jour de deuil, mais non comme un jour de trahison et de barbarie. Murat voulut traiter les Espagnols comme il eût fait des Allemands, sans se douter que l'homme du Midi a le culte de son droit et de son honneur, et non le respect de la force brutale. Il crut avec ses fusillades avoir dompté l'Espagne et il l'aliéna sans retour à la politique qu'il représentait. Enfin le grand coupable ne fut pas ce beau sabreur, mais bien l'empereur, auteur responsable de cette situation insensée.

CHAPITRE III

LE CONSEIL DE CASTILLE ET LE GRAND-DUC DE BERG

(3 mai-17 juin)

I

La journée du 2 mai laissa à Madrid des traces profondes et fut pour la ville le début d'une ère de terreur qui dura trois mois.

---

1. Cosme de Mora, marchand de charbon, l'un des défenseurs du Parc d'artillerie, se tira d'affaire en disant qu'il s'y était trouvé, par l'effet d'un simple hasard, alors qu'il s'occupait de recouvrements pour son commerce. *La Epoca*, 30 avril 1905, art. de D. Juan Pérez de Guzman.

Madrid vaincu dut livrer ses armes. Seuls, les magistrats, les nobles, les militaires, les banquiers et les négociants purent garder les armes à leur usage personnel [1]. Les *alcaldes de corte*, accompagnés chacun d'un officier espagnol et d'un officier français, opérèrent des perquisitions dans tous les quartiers de la ville [2]. Les Français montrèrent une défiance extrême ; on les vit saisir jusqu'à des canifs et des lancettes ; le Conseil dut dresser la liste des armes permises et des armes prohibées [3]. Les employés de la *Sala* n'osèrent pas se charger eux-mêmes du transport des armes, de peur d'être molestés par des Français et demandèrent à être escortés par des soldats impériaux [4]. On transporta à l'Hôtel de Ville, puis à la *Cárcel de Corte*, 614 pistolets, 866 fusils de chasse, 97 mousquetons et 40 fusils espagnols, 20 fusils de munition français et 6.000 armes blanches. On saisit dans la banlieue de Madrid, 1 couteau de chasse, 3 stylets, 18 baïonnettes, 16 sabres, 120 épées, 44 pistolets, 9 espingoles et 198 fusils [5]. Le 13 mai, Murat ordonna le transfert de toutes ces armes au parc d'artillerie [6], et, le 20 mai, en fit faire le recensement pour s'assurer que ses ordres avaient été exécutés [7].

Les Français restèrent longtemps hargneux et violents. Le soir du 2 mai, 300 soldats français regagnant leur camp de Chamartin enfoncent les portes de neuf maisons à la *Puerta de los pozos*, volent tout ce qui leur plaît, cassent le reste, brisent le bâton de commandement de l'alcalde de quartier et lui enlèvent son diplôme de vétérinaire [8]. Le 4 mai, les soldats casernés au quartier de San

---

1. Arch. hist. nac. *Inv. fr. Consejo*. Leg. II, fasc. 7, 6 mai 1808.
2. Id., *ibid.*, 4 mai 1808.
3. *Memoria de los procedimientos del Consejo*, p. 30.
4. Arch. hist. nac. *Inv. fr. Consejo*. Legajo II, fasc. 7, 4 mai 1808.
5. Arch. de la guerre à Paris. *Corresp. 1808, armée d'Esp.*, mai 1808.
6. Id., *ibid.*, 13 mai 1808. Belliard à Grouchy.
7. Arch. hist. nac. *Inv. fr. Consejo*. Leg. II, fasc. 20, 20 mai 1808.
8. Arch. hist. nac. *Inv. fr. Consejo*. Leg. II, fasc. 9, 6 mai 1808.

Nicolas ne laissent personne sortir de chez soi, et obligent un garde du corps en uniforme à rentrer précipitamment sous la menace d'un coup de fusil [1]. Un soldat du quartier de San Francisco tue un ouvrier de la fabrique de plâtre [2]. Trois soldats voient des femmes prendre la fuite à leur aspect ; ils se mettent à leur poursuite, deux de ces femmes se réfugient, rue de la Paloma, chez D. Miguel Garcia, qui referme la porte sur elles. Les Français défoncent la porte et aperçoivent les trois malheureux cachés sous un lit, ils les forcent à sortir, criblent l'homme de coups de sabre, tirent sur l'une des femmes et la blessent ; l'homme meurt en arrivant à l'hôpital [3]. La *Sala* ne trouve plus personne pour faire des patrouilles de nuit ; on ne veut pas s'exposer à rencontrer des Français : ils vous ôtent les capes, prennent vos noms, vous tâtent comme des bestiaux, vous volent parfois ; on parle de gens fusillés pour avoir été trouvés porteurs d'un couteau de poche [4]. L'alcalde Manuel Gonzalez a cependant voulu faire sa ronde avec cinq habitants de son quartier, deux soldats de marine espagnols et deux grenadiers français ; rue de *Fuencarral*, la patrouille a été attaquée par deux dragons français, qui ont blessé un des civils au doigt et lui ont brisé sa lanterne ; les militaires de la patrouille sont restés simples spectateurs du combat [5]. Le 6 mai, presque aucun des blessés soignés dans les hôpitaux n'avait encore été interrogé, les sentinelles françaises empêchant les magistrats d'entrer dans les salles [6].

Si abattus qu'on les suppose, les Espagnols se vengent quelquefois des affronts qu'on leur inflige. Le 21 mai, un soldat est blessé d'un coup de feu à la cuisse sur les bords du Manzanares.

---

1. Arch. hist. nac. *Inv. fr. Consejo.* Leg. II, fasc. 9, 4 mai 1808.
2. Id., *ibid.*, 4 mai 1808.
3. Id., *ibid.*, 4 mai 1808.
4. Id., *ibid.*, 4 mai 1808.
5. Id., *ibid.* Leg. II, fasc. 8, 4 mai 1808.
6. Id., *ibid.* Leg. II, fasc. 7, 6 mai 1808.

Le 23, un soldat du train reçoit un coup de couteau dans le bas-ventre en sortant d'un cabaret [1].

Parfois, les Français agresseurs cherchent à se poser en victimes. Un hussard raconte qu'il a été attaqué par trois Espagnols, et l'enquête apprend, qu'avec deux camarades, il est tombé sur un charretier pour le voler. Il est condamné à 15 jours de prison [2].

Le 26 mai, un autre hussard tue encore un Espagnol [3]. Le 27, trois soldats français assassinent un muletier à l'entrée du chemin de Villaverde [4].

Dans une situation pareille, le premier devoir de l'autorité était d'assurer à tout le moins aux habitants un minimum de sécurité. Puisque les Français étaient venus en Espagne, avaient occupé la capitale et réduit en captivité la dynastie, le moins qu'ils dussent faire était de donner à Madrid une police capable de protéger la vie et les biens des citoyens.

On doit reconnaître qu'ils firent tous leurs efforts pour y parvenir. Murat prit à cœur de rassurer les habitants, de rejeter sur la populace toutes les responsabilités de la sédition et de témoigner la plus grande estime à la partie saine de la population : « Autant, disait-il, en des jours de perfidie et d'émeute, je déploierai d'énergie et de sévérité, autant je trouverai de douceur, dès que le calme sera reparu, à couvrir du manteau de l'indulgence les malheureux qu'on aurait pu égarer [5]. »

A Leganés, le commandant du 5ᵉ régiment provisoire de hussards promettait sur l'honneur aux habitants qu'aucune poursuite n'aurait lieu contre eux pour participation à l'émeute du 2 mai. Il prêchait la paix et l'union, et invitait les villageois qui avaient fui à rentrer drans leurs maisons. « Il était temps que

---

1. Arch. de la guerre à Paris. *Corresp. 1808, armée d'Esp.*, 23 mai 1808.
2. Id., *ibid.*, 26 mai 1808.
3. Id., *ibid.*, 26 mai 1808.
4. Arch. hist. nac. *Libro de acuerdos de la Sala*, 27 mai 1808.
5. Arch. de la guerre à Paris. *Corresp. 1808, armée d'Esp.*, 4 mai 1808.

l'humanité reprît ses droits ! [1] » Deux jours plus tard, quelques hussards s'étant rendus coupables de vol, il en fit bâtonner deux sur la place publique, si sévèrement que l'alcalde tout ému se jeta à ses pieds pour implorer leur pardon [2]. Un autre hussard fut condamné à dix ans de fers par la commission militaire siégeant à Madrid [3].

Dès le 5 mai, Murat supprimait les tribunaux militaires d'exception et annonçait aux Madrilènes que tout accusé serait désormais jugé par ses juges naturels, sauf dans le cas d'attaque à main armée contre les troupes des deux puissances alliées [4].

Le 10 mai, la *Sala* donnait l'ordre de rétablir les patrouilles et se heurtait au refus des citoyens, effrayés de se voir exposés sans armes aux attaques des voleurs et aux insultes des Français. Le 13, elle demandait qu'un certain nombre d'armes fussent mises par l'autorité française à la disposition des alcaldes de quartier. Murat accordait l'autorisation, mais Grouchy, plus méfiant, attendait jusqu'au 23 juin à réarmer la police espagnole [5].

De temps à autre, des rumeurs absurdes passaient sur la ville et la mettaient en émoi. A la veille de la fête de San Isidro, qui réunissait d'ordinaire tout Madrid à la *Pradera*, le bruit se répandit que la fête serait suivie d'une nouvelle insurrection ; on disait que des officiers français avaient suborné des femmes pour donner le signal de la révolte ; on précisait le nombre de ces femmes : elles étaient six ; on savait ce qu'elles avaient reçu : chacune 200 réaux. Le Conseil de Castille prit peur, interdit la fête et fit garder la *Pradera* par des détachements de *Voluntarios de Maria Luisa* et par des dragons de *Lusitania*. La *Sala* fit une enquête et toutes ses recherches demeurèrent vaines : tout le monde parlait de ce

---

1. Arch. de la guerre à Paris. *Corresp. 1808, armée d'Esp.*, 5 mai 1808.
2. Id., *ibid.*, 7 mai 1808.
3. Id. *ibid.*, 22 mai 1808.
4. Id., Arch. hist. nac. *Libro de acuerdos de la Sala*, 5 mai 1808.
5. Id., *ibid.*, 10, 11, 13, 30 mai, 21, 23, 27 juin 1808.

qui devait arriver et personne n'en savait rien ; c'était un bruit qui courait, un « spectre fait de fumées » qui avait paru sur l'horizon, et qui se dissipait de lui-même [1].

Le 18 mai, Murat donnait les ordres les plus sévères à un détachement chargé d'une mission au dehors. Le capitaine Duvivé devait « maintenir la plus sévère discipline, faire très soigneusement respecter les personnes et les propriétés et n'oublier jamais qu'il se trouvait chez un peuple ami et allié de la France et que l'empereur voulait qui fût considéré comme français [2]. »

Le 19 mai, la *Sala* permettait de laisser les tavernes ouvertes jusqu'à 9 heures du soir, et autorisait la vente au guichet (*el despacho por la ventanilla*) jusqu'à 10 heures [3]. Elle renouvelait les proclamations oubliées de 1802 sur les conditions d'exercice du commerce de friperie, pour éviter les ventes d'objets volés et pour empêcher la foule de s'attrouper au *Rastro* les dimanches et jours de fête [4].

Murat se montrait parfois trop sensible aux censures populaires. Il dénonçait à la *Sala* les propos séditieux que l'on tenait sur son compte dans les auberges, et l'engageait à en châtier les auteurs [5] ; mais une patrouille inexpérimentée ayant voulu saisir un accusé dans une église, il intervint énergiquement pour faire respecter le droit d'asile et promit que cette violation des usages nationaux ne se reproduirait plus [6].

La fête de San Fernando fut encore une date critique. Le Conseil signala à la *Sala* les rumeurs sinistres qui couraient dans les tavernes. Moncey consigna sagement toutes les troupes, et le jour de la Saint Ferdinand se passa sans incident notable [7] ;

---

1. Id., *ibid.*, 14-17 mai 1808.
2. Arch. de la guerre à Paris. *Corresp. 1808, armée d'Esp.*, 18 mai 1808.
3. Arch. hist. nac. *Libro de acuerdos de la Sala*, 19 mai 1808.
4. Id., *ibid.*, 22 mai 1808.
5. Id., *ibid.*, 24 mai 1808.
6. Arch. de la guerre à Paris. *Corresp. 1808, armée d'Esp.*, 27 mai 1808.
7. Arch. hist. nac. *Libro de acuerdos de la Sala*, 28-29 mai. Arch. de la guerre, 27-30 mai 1808.

une revue de cuirassiers passée à six heures du matin avait donné à réfléchir aux imprudents qui auraient voulu troubler l'ordre public [1].

Les dimanches et jours de fête, les auberges offraient un spectacle, qui n'avait, à Madrid, rien de bien extraordinaire, mais qui semblait scandaleux aux autorités, et qui, dans les circonstances présentes, pouvait être dangereux pour la ville. Les soldats français s'y rencontraient avec des soldats des Gardes espagnole et wallonne, y mangeaient et y buvaient avec des femmes, voulaient ensuite « s'indemniser des frais qu'ils avaient faits » ; les femmes se mettaient à crier, s'enfuyaient et couraient se réfugier dans le quartier interdit aux troupes françaises (*recinto custodiado*). Les Français, pris de vin, les poursuivaient, mettaient parfois les armes à la main, et ces querelles menaçaient à chaque instant d'amener les troubles les plus graves. Le corrégidor, D. Pedro de Mora y Lomas, ne voyait d'autre remède que de fermer les tavernes à une heure de l'après-midi [2] ; mais c'eût été rejeter dans la rue tous les amateurs de tapage ; Murat ne voulut pas adopter une mesure aussi draconienne et les tavernes restèrent ouvertes comme par le passé [3].

La discipline des troupes françaises était d'ailleurs si sévèrement maintenue que le 7 juin, 50 soldats français, arrêtés sur l'ordre de leurs chefs, étaient au cachot à la prison de la Ville. L'*alcaide* de la prison faisait observer que la situation sanitaire pouvait devenir mauvaise, qu'on avait remarqué, lors des épidémies de 1803 et 1804, qu'il était imprudent de mettre plus de deux ou trois hommes dans le même cachot, et qu'il était urgent d'envoyer les Français respirer quelques heures chaque jour dans la cour de la prison, où l'on ne pouvait cependant songer à les mettre en contact avec les prisonniers espagnols [4]. Le 9 juin, la

1. Archiv. de la Guerre à Paris. *Corresp. 1808, armée d'Esp.*, 31 mai 1808.
2. Arch. hist. nac. *Libro de acuerdos de la Sala*, 31 mai 1808.
3. Id., *ibid.*, 20 juin 1808.
4. Id., *ibid.*, 7 juin 1808.

Sala fit transférer 13 détenus espagnols à la *Cárcel de Corte*, pour faire place aux Français [1].

Les officiers, parfois aussi scandaleux que les soldats, étaient l'objet d'énergiques rappels à l'ordre. « On me rend compte, écrivait Belliard à Grouchy, que les officiers se conduisent fort mal et dans les rues et dans les maisons envers les habitants. C'est un excès qu'il faut réprimer très sévèrement. Donne à cet égard les ordres nécessaires et fais réunir même les officiers pour leur parler; cela vaudrait encore mieux, j'en ferai autant pour la Garde [2]. »

Grâce à cette incessante vigilance, à ces mesures rigoureuses, au concours très sérieux que l'autorité militaire française trouva dans le Conseil et dans la *Sala*, l'ordre matériel fut à peu près maintenu à Madrid pendant le gouvernement de Murat, quoique la situation de la ville fût tout à fait anormale : une foule de prisonniers fugitifs couraient les rues, le travail était partout arrêté, les salaires n'étaient plus payés depuis longtemps, la justice n'avait à sa disposition qu'un très petit nombre d'agents rétribués, et les maisons de détention ne suffisaient pas à contenir les gens que l'on arrêtait journellement [3].

II

Murat tenta une autre tâche bien plus difficile que d'assurer la police de Madrid ; ce fut de constituer un gouvernement régulier et de faire reconnaître son autorité par toute l'Espagne. S'il échoua cette fois, c'est que le concours des autorités espagnoles lui fit complètement défaut, c'est qu'il n'eut pas assez de troupes pour forcer à l'obéissance une nation entière qui se soulevait contre lui, c'est enfin qu'il travaillait pour un autre, après avoir cru peut-être que Napoléon l'envoyait en Espagne pour y régner. Il mit

---

1. Id., *ibid.*, 29 juin 1808.
2. Arch. de la guerre à Paris. *Corresp. 1808, armée d'Espagne*, 12 juin 1808.
3. Arch. hist. nac. *Libro de acuerdos de la Sala*, 23 juin 1808.

cependant à assurer le succès de son entreprise désespérée une activité et une bonne volonté indéniables, qui lui eussent mérité l'estime des Espagnols s'ils n'avaient été, dès le premier jour, décidés à le tenir pour ennemi.

Dès le 3 mai, Murat envoyait en France l'infant D. Francisco, et faisait comprendre au régent D. Antonio qu'il ferait sagement de prendre le même chemin. Le pauvre prince partait, le 4 mai, après avoir adressé à la Junte de Régence une lettre célèbre, digne d'un roi de féerie [1] « document vraiment inqualifiable, dit un Espagnol, qui provoquerait le rire, s'il ne produisait un sentiment profond d'indignation et de pitié à voir en quelles mains était tombée la fortune et la direction d'une nation héroïque et courageuse, jetée de cette façon aux pieds de l'altier dominateur du continent européen » [2].

Le terrain ainsi déblayé, Murat fit savoir à la Junte de Régence combien il serait avantageux à l'Espagne qu'il pût, lui, représentant de l'Empereur, prendre part à ses travaux, et comme la Junte ne témoignait aucun désir de s'associer le prince français, Murat vint lui-même, dans la nuit du 4 mai, s'installer au milieu des ministres, qui n'osèrent pas résister plus longtemps à une volonté aussi ferme, appuyée sur vingt-cinq mille baïonnettes.

Il écrivait, le 6 mai 1808, à Duhesme, une lettre qui respire la joie du succès et la plus grande confiance dans l'avenir : « La leçon donnée aux rebelles de Madrid a produit des résultats décisifs. Les partisans de Ferdinand, complètement battus et déconcertés, ont capitulé. A l'insolence des factieux ont subitement succédé la consternation et une résignation absolue. L'enthousiasme a disparu. Les Espagnols ont ouvert les yeux sur leurs véritables intérêts. Tous, abandonnés de leur roi, implorent aujourd'hui la clémence de l'empereur, sa protection, et lui demandent

---

1. ... « Dios nos la depare buena ! Adios, señores, hasta el Valle de Josaphat ! »

2. Mesonero Romanos. *Memorias de un setenton*, p. 46.

un roi de sa dynastie. J'espère que le roi de Naples, si justement estimé de l'Europe, règnera sur les Espagnols. La Junte de Gouvernement, après avoir rempli ses devoirs de fidélité et de dévouement envers son prince, se trouvant dans des circonstances extraordinaires, réduite à ne pouvoir plus prendre d'ordre ni de direction de ses souverains qui se trouvent à Bayonne, craignant enfin le retour des événements funestes du 2 mai, *vient de me prier de me charger de sa présidence ; j'ai bien voulu accepter* [1]. »

Installé au pouvoir, Murat ne tarda pas à voir sa situation légalisée. Charles IV, arrivé à Bayonne le 30 avril, avait été reçu en roi par Napoléon, et, le 4 mai, nomma le grand-duc de Berg son lieutenant-général en Espagne. Dans une proclamation adressée à la nation espagnole, le vieux roi recommandait à son peuple « de suivre son exemple et de tenir pour certain que seule l'amitié du grand empereur des Français, son allié, pouvait sauver l'Espagne et garantir sa prospérité [2] ». Ces documents arrivèrent à Madrid vers le 9 mai, et furent portés immédiatement à la connaissance du Conseil ; mais ils étaient déjà inutiles ; Charles IV avait cessé de régner. La nouvelle de la révolte de Madrid était parvenue à Bayonne le 5 mai dans l'après-midi. Napoléon s'était aussitôt rendu chez Charles IV, avait mandé Ferdinand en sa présence, et après les scènes les plus violentes et les plus répugnantes [3], avait conclu l'entretien par cette horrible menace : « Prince, il faut choisir entre l'abdication ou la mort [4] ». Ferdi-

---

1. Archives de la guerre à Paris. *Corresp. 1808, armée d'Esp.*, 6 mai 1808. Murat à Duhesme.

2. Arch. hist. nac. *Inv. fr. Consejo.* Leg. XIX, 4 mai 1808.

3. Napoléon sortit écœuré de cette séance. Si immoral qu'il fût lui-même, le spectacle l'avait rempli de dégoût et de mépris. La reine d'Espagne aurait été jusqu'à dire à Ferdinand, devant le roi : « Tu sais que tu n'es Bourbon que par ta mère ! »

4. Ces mots ont été réellement prononcés. Ils se trouvent dans le mémoire de Cevallos qui reçut le jour même les confidences de Ferdinand.

nand, qui venait d'adresser à la Junte de Régence et au Conseil deux décrets destinés à soulever l'Espagne [1], écrivit le 6 mai à son père une lettre d'une insigne platitude, pour lui annoncer son abdication et implorer la clémence de l'empereur [2]. Le 8 mai, Charles IV renonça à tous ses droits à la couronne d'Espagne en faveur de son ami et intime allié l'empereur des Français [3], et le 12 mai, Ferdinand et Don Carlos renoncèrent à leur tour à leurs droits héréditaires pour éviter l'effusion du sang espagnol et le démembrement de la monarchie [4].

On a beaucoup discuté sur la légitimité des renonciations de Bayonne ; elle n'est évidemment pas soutenable ; Ferdinand VII n'a abdiqué et n'a renoncé à ses droits que sous l'empire d'une véritable épouvante. Mais les souverains espagnols firent preuve dans cette circonstance d'une telle faiblesse de caractère et d'une telle duplicité qu'on admirerait vraiment qu'une grande nation ait pu se lever tout entière pour conserver une aussi pitoyable dynastie, si l'on ne faisait réflexion que la question dynastique

---

1. Ferdinand ordonnait à la Junte de convoquer un Conseil de régence dans un endroit libre d'ennemis, de faire tout ce qui pouvait convenir au service du roi et du royaume et d'user à cet effet de tous les pouvoirs dont le roi userait lui-même s'il se trouvait en Espagne. Les hostilités contre les Français devaient commencer, du jour où le roi serait emmené dans l'intérieur de la France.

Dans le décret adressé au Conseil, Ferdinand lui ordonnait de convoquer les Cortes dans le lieu qui lui paraîtrait le mieux choisi, elles voteraient les impôts et prendraient les mesures nécessaires pour assurer la défense du royaume et siègeraient en permanence pour discuter toutes les éventualités qui pourraient se présenter. Ces décrets, dont l'original a péri, ont été vus le 5 mai 1808 à Bayonne par D. Eusebio de Bardaxi y Azara, D. Luis de Oñis et D. Evaristo Perez de Castro (déclaration faite à Madrid le 1er sept. 1808). Cevallos. *Exposicion* Arch. hist. nac., *Inv. fr. Consejo*. Leg. XV, fasc. 1, 5 mai 1808.

2. Id., *ibid*. Leg. XIX, 6 mai 1808.

3. Id., *ibid*. Leg. I, fasc. 11, et Leg. XIX, 8 mai 1808. Le roi y mettait pour condition que l'indépendance et l'unité de l'Espagne seraient respectées, et que la religion catholique serait seule autorisée dans tous les domaines espagnols.

4. Id., *ibid*. Leg. I, fasc. 11, 12 mai 1808.

n'était, au fond, que la question de l'indépendance nationale, et qu'il s'agissait bien moins de savoir qui règnerait à Madrid que de savoir si l'Espagne continuerait à faire figure de nation indépendante ou ne serait plus qu'une province de l'Empire français. L'Espagne tenait à son indépendance comme à sa vie et Napoléon considérait cette idée comme un stupide point d'honneur, bien digne de fanatiques et d'ignorants, qu'il fallait sauver malgré eux. Murat partageait, bien entendu, les illusions de l'empereur. Les décrets de Bayonne, qui allaient soulever toute l'Espagne, furent reçus par lui comme un gage de paix et de salut.

Il les fit publier en la forme ordinaire des décrets royaux, envoyer à toutes les autorités provinciales, et pour bien marquer le changement de régime, vint s'installer lui-même au Palais-Royal comme lieutenant-général de l'État et couronne d'Espagne.

Fidèle à son système de conquête matérielle et morale, il essaya de doser habilement la force et la douceur pour se faire à la fois craindre et aimer. Le doyen du Conseil l'ayant prévenu qu'au plus fort de la sédition du 2 mai, un certain nombre de Français avaient dû la vie au dévouement de quelques Espagnols, il ordonna que ces courageux citoyens lui fussent signalés. « Le plaisir de les récompenser, dit-il, me consolera un peu du malheur d'avoir été réduit à employer la force pour châtier le crime. Condescendre aux recommandations du Conseil me donnera en même temps une occasion de montrer l'estime que je professe pour un corps si respectable[1]. » Comme on trouva ce même jour le cadavre d'un Espagnol assassiné, Murat fit faire toutes diligences pour savoir si le malheureux avait laissé femme ou enfants et annonça l'intention de leur faire une pension[2]. Il y eut des Espagnols qui ne se montrèrent pas insensibles aux

---

1. Arch. hist. nac. *Inv. Jr. Consejo.* Leg. II, fasc. 7, 6 mai 1808.
2. Id., *ibid.*, 6 mai 1808.

avances du lieutenant-général et sollicitèrent ses bonnes grâces [1].

Le 13 mai, Murat rendit aux Catalans le droit de porter des armes, que leur avait enlevé Philippe V. Le Conseil s'empressa de publier le décret, et de l'adresser au capitaine-général de Catalogne, qui en accusa réception dès le 21 mai [2]. Déjà Murat soupçonnait l'imprudence qu'il avait commise et avait écrit au Conseil de ne pas expédier le décret, si l'envoi n'était pas déjà fait [3].

Il ne crut pas possible d'autoriser les processions publiques à l'occasion des Rogations, et recommanda de les faire seulement dans l'intérieur des églises [4], mais le 24 mai il décida que la procession du *Corpus* sortirait comme à l'ordinaire [5]. La Ville de Madrid l'invita à assister à la cérémonie et lui demanda de fixer l'itinéraire. Il répondit courtoisement qu'une indisposition grave l'empêcherait de paraître à la procession, et qu'il laissait à la municipalité le choix de la rue par où elle devait passer [6]. Il fallut cependant l'interdire; les mauvaises nouvelles reçues des provinces et la fermentation du peuple de Madrid ne permettaient pas les manifestations publiques, mais la cérémonie eut lieu à l'église Santa Maria, et le Conseil de Castille s'y rendit en corps, sur l'invitation de la municipalité [7].

---

1. Arch. hist. nac. *Inv. fr. Consejo*. Leg. II, fasc. 11, 7 mai 1808. Manuel Rodriguez, limonadier de la rue de Tolède, certifie avoir sauvé un sergent français et sa femme — 8 mai 1808. — Pascual Garcia, majordome de la tuilerie de D. Miguel Picaro Coobriz, a sauvé trois Français. Il supplie le gouverneur de la Sala « de prendre en considération ce modeste trait d'humanité, en dispensant à l'exposant et à sa famille les grâces qui seront à sa convenance et dont ils lui seront spécialement reconnaissants. »

2. Id. *ibid*. Leg. XIV, fasc. 8, 13 mai 1808, 14 mai, 21 mai.

3. *Memoria de los procedimientos del Consejo*, p. 41.

4. Arch. hist. nac., *Inv. fr. Consejo*, Leg. XIV, fasc. 9, 18-19 mai 1808.

5. Id. *ibid*. Leg. XIV, fasc. 9, 24 mai 1808.

6. Id. *ibid*. Leg. XIV, fasc. 9, 4 juin 1808.

7. Id. *ibid*. Leg. XIV, fasc. 9, 12 juin 1808.

Murat aimait par dessus tout les pompes et vanités du pouvoir. Parader était pour lui la joie suprême [1]. Il recevait les Conseils [2], les autorités militaires et civiles [3], l'Ordre de Saint-Jean, présenté par le bailly D. Francisco Gil y Lemus, la Junte du commerce et des mines, présidée par Azanza [4]. Il écoutait gravement les solennels compliments espagnols et répondait avec grâce et entrain, parlant toujours de l'empereur et des heureuses conséquences de l'union intime de la France et de l'Espagne.

Il nommait aux emplois, accordait des congés aux fonctionnaires [5], concédait à D. Josef Joaquin Colon de Larreategui et à D. Manuel de Lardizabal le titre envié de camaristes de Castille [6], rétablissait la surintendance générale de police supprimée par Ferdinand, et donnait entrée au Conseil au surintendant D. Torquato Collado [7]. Il aurait voulu lui adjoindre deux Français,

---

1. Il se montrait d'ailleurs très désintéressé et écrivait à Napoléon : « Je voulais même payer ma dépense au château, mais la fierté castillane s'en est effrayée. » — Cte Murat. *Murat lieutenant de l'empereur en Espagne.* Paris, 1897, p. 372.

2. Arch. hist. nac., *Inv. fr. Consejo.* Leg. I, fasc. 8, 9 mai 1808.

3. *Gaceta de Madrid*, 6 mai 1808.

4. Id., 20 mai 1808.

5. Arch. hist. nac. *Inv. fr. Consejo.* Leg. XIV, fasc. 1, 11 mai 1808.

6. Id., *ibid.* Leg. I, fasc. 1, 19 mai 1808.

7. « Condescendiendo con las repetidas instancias que me ha hecho el superintendente general de policia de Madrid y su rastro, D. Domingo Fernandez de Campomanes, ministro del Consejo Real, he venido en relevarle de este encargo y nombró por tal superintendente general de policia á D. Torquato Antonio Collado, teniente de corregidor mas antiguo de la Villa de Madrid, con plaza efectiva en el Consejo Real, para que lo exerza por ahora, con las mismas obligaciones, facultades y jurisdiccion que en el R. decreto dado en San Lorenzo, a 13 de Diciembre de 1807 se atribuyeron á D. Ygnacio Martinez de Villela, y baxo los mismos terminos que en la R. Resolucion de 22 de Enero del presente año, comunicada al Consejo, se expresaron, hasta que se establezca este importante ramo con la extension que conviene, y debiendose entender en todo lo perteneciente á el con la secretaria de Estado y del Despacho universal de Gracia y Justicia. Tendráse entendido en el Consejo y Camara para su cumplimiento. » Id., *ibid.*, Leg. 1, fasc. 1, 2 juin 1808.

8

MM. Raimond et Esménard, mais le Conseil de Castille lui fit observer que les lois d'Espagne ne permettaient pas de nommer des étrangers aux fonctions publiques, et il renonça à son projet [1].

Il se préoccupait de rétablir l'ordre dans les finances, de créer des ressources pour subvenir aux dépenses de l'armée et des hôpitaux [2], et se trouvait aux prises avec toutes les difficultés contre lesquelles avait déjà lutté le gouvernement de D. Antonio [3]. Le 4 mai, la Junte d'approvisionnement demandait à la Caisse de consolidation des *vales* au moins 2 millions de réaux. Les directeurs de la Caisse donnaient 400.000 réaux en argent et un million en *vales*, mais affirmaient qu'il était impossible de faire supporter plus longtemps à la Caisse les frais énormes dont on la grevait, l'interruption du paiement des intérêts des *vales* devant faire perdre à l'État tout son crédit. Ils proposaient de demander au commerce de Madrid un prêt important, d'autoriser les villes à établir des impositions temporaires, et de verser les bonis ainsi obtenus dans la Caisse d'approvisionnement [4]. Le Conseil demandait la révision des pensions sur les postes, et indiquait comme ressources disponibles les *donativos* des prélats et les offrandes patriotiques [5]. Murat rétablit l'administration des finances sur le pied où elle était en 1799 et nomma deux trésoriers généraux, qui devaient servir à tour de rôle chacun pendant un an : D. Vicente Alcalá Galiano, membre du Conseil des finances et D. Juan Miguel Camaño, intendant d'armée. Il leur donna

---

1. *Memoria de los procedimientos del Consejo*, p. 42.

2. Le nombre des malades variait chaque jour entre 1.900 et 2.000.

3. Arch. hist. nac. *Inv. fr. Consejo*. Leg. III, fasc. 2, 12 mai 1808. Réclamations des gouverneurs d'Aranjuez et de l'Escurial.

4. Id., *ibid.* Leg. III, fasc. 2, 4 mai 1808. Madrid aurait fourni 130.000 francs par mois. (Arch. de la guerre à Paris, *Corresp. 1808, armée d'Esp.*, 24 juin 1808.)

5. Id., *ibid.* Leg. III, fasc. 2, 19 mai 1808.

rang de conseillers de cape et d'épée avec voie délibérative au Conseil des Finances, et décida que les services seraient administrés en premier lieu par Camaño [1]. Il rétablit sur son ancien pied la Caisse de consolidation des *vales*, réformée par décret du 20 mars 1808 [2]. Il décréta un emprunt de 12 millions de réaux sur le commerce de Madrid, et grâce à cette mesure despotique, il put faire fonctionner à peu près ses approvisionnements et ses hôpitaux, quoique la lenteur et la négligence espagnoles missent toujours à une rude épreuve la patience des administrateurs français [3].

Murat comprit la nécessité de gagner le clergé et chercha à savoir s'il ne serait pas possible de donner à l'Église d'Espagne des libertés semblables à celles de l'ancienne Église gallicane. Il fit rechercher par D. Manuel Romero, ministre de l'intérieur [4], tous les documents qui pouvaient exister au Conseil depuis l'époque

---

1. Id., *ibid.*, Leg. I, 17 mai 1808.
2. Id., *ibid.*, Leg. XIX, 22 mai 1808.
3. Arch. de la guerre à Paris. *Corresp. 1808, armée d'Esp.*, 26 mai 1808. L'intendant général Dennièce au général Belliard : « M. de Cifuentes, premier commis des Finances et suppléant du ministre, est un homme fort poli, mais qui m'a semblé tellement étourdi de la position critique des finances de l'Espagne qu'il ne sait à quoi recourir. Je doute fort que ce chef d'administration ait dans son cerveau l'invention nécessaire pour nous tirer d'affaire. Il sait que l'on a emprunté 12 millions de réaux au commerce... il paraît que quelques-uns des négociants ont versé leur contingent en numéraire métallique, que d'autres ont fait des billets à échéance de deux, trois et quatre mois... M. de Cifuentes ignore quelle quantité a été versée en numéraire... Il ignore à qui le numéraire a été compté par la trésorerie, et toutes ces choses, non seulement il devrait les connaître, mais encore il devrait, soit le ministre, soit lui-même, avoir concouru à la distribution des fonds reçus à la trésorerie. Il est à croire que cette distribution a été faite arbitrairement... Il est certain que si au lieu de ne donner à M. Vicenti que des effets payables à deux, trois ou quatre mois, on lui eût délivré une moitié, ou seulement un tiers ou un quart de son million de réaux en numéraire argent, il aurait eu un secours suffisant... »
4. Un titre tout nouveau en Espagne.

de Philippe V sur les tentatives faites pour émanciper l'Église nationale de la tutelle romaine. Les premières recherches, dirigées par l'archiviste du Conseil, révélèrent des faits assez curieux : depuis le 5 septembre 1799, jour où le roi annonça à ses sujets la mort du pape, jusqu'au 29 mars 1800, jour où il leur annonça l'élection de son successeur, les archevêques et évêques d'Espagne avaient gouverné leurs diocèses avec toute la plénitude de pouvoirs qu'ils tenaient de la discipline de l'Église primitive pour tout ce qui concernait les dispenses matrimoniales. En cette même année 1800, le Conseil avait été consulté sur l'opportunité d'une traduction de l'ouvrage de Pereyra et Cestari sur la puissance des évêques en matière de dispenses, d'absolution des cas réservés au pape et sur l'esprit de la juridiction ecclésiastique. On avait soumis également au Conseil un livre publié à Rome et intitulé *Diritti del uomo*, et on lui avait demandé de faire saisir un autre livre intitulé *El obispado*, dissertation sur les pouvoirs de gouvernement dans l'Église [1]. Il semblait donc bien qu'il se fût produit à ce moment dans l'Église espagnole un léger mouvement de résistance à la tyrannie romaine et il pouvait être de bonne politique de le favoriser. C'était là une idée originale et féconde.

Enfin Murat n'oublia pas qu'il était avant tout chef de guerre et chercha à gagner les troupes espagnoles et à s'assurer la pacification complète de la Péninsule. Il ordonna à certains corps espagnols de l'armée de Portugal de se joindre à Junot, il engagea le marquis del Socorro, sur lequel il croyait pouvoir compter, à se porter sur l'Andalousie pour contrecarrer au besoin les projets de Castaños, commandant du camp de San Roque, dont on se croyait moins sûr, en dépit de ses protestations et de ses promesses [2].

---

1. Arch. hist. nac. *Inv. fr. Consejo.* Leg. VI, fasc. 8, 27 mai 1808.

2. Archives Nat. de France, AF[iv], 1607. Castaños à Murat, 17 mai 1808. « J'ai eu l'honneur d'adresser à V. A. I. et R. un exposé naïf de mon caractère, et de la reconnaissance que m'inspire la confiance dont V. A. I. et R. a la

Il demandait à d'autres divisions espagnoles de venir rallier les Français en Castille. Il prodiguait aux régiments suisses les faveurs et les marques de distinction. Il faisait espérer aux généraux espagnols des dotations en Amérique. Il envoyait des commissaires, des agents, voire même des espions sur tous les points importants : en Extremadure, en Andalousie, à Carthagène, au Ferrol, à Mahon [1]. Il faisait tout ce que peut faire un chef habile et consciencieux, mais il eût fallu un génie pour mener à bien cette tâche immense, et Napoléon restait à Marrac au lieu d'entrer lui-même dans le guêpier espagnol [2].

III

L'une des grandes erreurs de Murat fut justement de vouloir donner un aspect trop régulier à son gouvernement, révolutionnaire par ses origines et sa nature même. Il aurait dû se poser résolûment en dictateur militaire et écarter de sa route tous les obstacles que l'antique constitution espagnole opposait à l'action de la puissance publique. Murat crut pouvoir gouverner avec le Conseil de Castille et son gouvernement perdit par là même presque toute force offensive. Le Conseil joua le rôle de bouclier entre l'Espagne et le lieutenant-général, et amortit la plupart des coups que l'envahisseur voulut porter à la nation. Avec tous les

---

bonté de m'honorer. Je lui réitère l'assurance que ma conduite sera toujours celle du militaire le plus subordonné... » (Cité par Clerc, *Capitulation de Bayten*, p. 50.)

1. Gomez de Arteche, *Guerra de la indep.*, t. I, p. 358.

2. Arch. des Aff. Étr. à Paris, *Supplément, Espagne*, t. XX, f⁰ 160. Duroc à Talleyrand. Bayonne, 25 avril 1808. « S. M. se porte fort bien. Elle habite auprès de Bayonne une maison de campagne bien située, que nous avons radoubée de notre mieux... J'ignore si S. M. ira ou n'ira pas à Madrid. Il est bien difficile que ce pays s'organise sans qu'Elle voie par Elle-même. Il peut y avoir quelque danger dans ce voyage, mais il ne faut pas s'en faire un fantôme, et d'ailleurs on peut prendre des précautions. »

avantages que lui donnait sa parfaite connaissance du milieu, avec les infinies ressources de la chicane administrative, et toute l'obstination naturelle aux juristes de profession, le Conseil temporisa, délibéra, discuta chaque mesure, contredit à chaque ordre, paralysa tout geste décisif et remplit en définitive avec une grande habileté le rôle honorable de gardien des traditions nationales en face du conquérant étranger.

Après les scènes tragiques du 2 mai, la désertion de D. Antonio et la prise de possession de la régence par Murat, le Conseil se trouva en relations immédiates avec le grand-duc de Berg, mais affecta le plus longtemps qu'il put de ne voir en lui que le président de la Junte de Régence. Ce fut à la Junte qu'il adressa, le 5 mai, son projet de proclamation à la nation espagnole [1], et quand le grand-duc voulut recourir au Conseil pour faire publier par son intermédiaire sa propre proclamation, D. Arias Mon répondit « que le Conseil n'avait pas qualité pour correspondre avec les tribunaux, qui dépendaient de la guerre, de la marine et des finances ; qu'il n'avait pas les postes à sa disposition, et que tout ce qu'il pouvait faire pour être agréable au grand-duc était d'envoyer sa proclamation aux Chancelleries de Valladolid et de Grenade, qui les porteraient à la connaissance du public [2]. »

Dans sa proclamation, le Conseil insistait sur la nécessité d'obéir aux lois et d'écouter la voix des magistrats. Madrid avait failli périr pour avoir suivi quelques factieux, l'ordre avait été rétabli par le Conseil et les Tribunaux supérieurs, qui étaient descendus dans la rue, avaient parcouru les voies principales et les quartiers populeux avec une surprenante solennité et avaient publié une proclamation pour assurer à la fois la sécurité des habitants et celle des troupes françaises. Le Conseil adressait quelques mots de remerciment au grand-Duc, qui avait fait accompagner les tribunaux par des officiers de son armée. Il terminait en formant

---

1. Arch. hist. nac. *Inv. fr. Consejo.* Leg. II, fasc. 8, 5 mai 1808.
2. Id., *ibid.,* 5 mai 1808.

des vœux pour le maintien de la paix et en exhortant les magistrats à redoubler de vigilance et de zèle pour le bien public. Des événements politiques qui venaient de se passer, de la rentrée en scène de Charles IV, des craintes pour l'avenir, pas un mot. Le Conseil était de la vieille école ; il pensait que le peuple n'avait que des devoirs et point de droits.

Quand le grand-duc eut reçu sa nomination de lieutenant-général au nom de Charles IV, il n'eut rien de plus pressé que d'en avertir le Conseil, et l'on peut penser en quel embarras un événement aussi inattendu et aussi grave mit toute la compagnie[1]. D. Arias Mon réunit le Conseil toutes chambres assemblées, et l'on décida de requérir l'avis des Conseils des Indes, des Ordres et des Finances. Les quatre présidents se réunirent dans la seconde Chambre de Gouvernement et décidèrent d'aller complimenter le grand-duc. On fit appeler D. Manuel Carranza, greffier de la Chambre de Castille, et on l'envoya au palais de l'Amirauté demander à quelle heure S. A. I. et R. pourrait recevoir les Conseils. Combien que ce ne fût point l'usage d'inviter le Conseil de l'Inquisition quand il y avait baise-mains à la Cour, à Noël, ou à la Fête-Dieu, vu la nouveauté de la circonstance, le Conseil résolut d'avertir la Suprême. Le grand-duc fit répondre qu'il recevrait les magistrats le lendemain 10 mai, à onze heures du matin, au Palais Royal. On avait oublié d'inviter la municipalité ; sur sa réclamation, on lui fit dire de se rendre au palais à l'heure convenue. Le lendemain, le Conseil délibéra jusque vers onze heures et demie et sortit ensuite en la forme ordinaire : 4 alguazils de Cour à cheval, le fiscal de la *Sala*, les *alcaldes de Corte*, les fiscaux du Conseil, les membres du Conseil, deux par deux, en voiture ; 8 alguazils accompagnaient le carrosse du doyen, qui occupait la place de droite, au fond de la voiture, et avait avec lui les trois plus anciens conseillers. Le premier greffier de la Chambre

---

1. Le Conseil de Castille écrivit à Charles IV et à Ferdinand VII. Cte Murat, *Murat lieutenant de l'empereur en Espagne*, p. 360.

de Castille suivait en berline le carrosse du doyen ; la deuxième voiture du doyen (*coche de respeto*), avec ses pages, fermait la marche.

En descendant de voiture, les fiscaux et les *alcaldes de Corte* déposèrent leurs manteaux avant d'entrer dans la salle des gardes, les membres des tribunaux quittèrent les leurs dans la salle des gardes, le doyen garda le sien. Au haut de l'escalier les magistrats trouvèrent le majordome de semaine, Sr de Gausa, qui alla prévenir le grand-duc. S. A. reçut immédiatement les Conseils. D. Arias Mon prononça en espagnol une éloquente harangue à laquelle le grand-duc répondit par un remercîment en français ; il reçut ensuite les félicitations des Conseils de l'Inquisition, des Indes, des Ordres et des Finances et celles de la Municipalité [1]. Les Conseillers rentrèrent chez eux avec le sentiment d'avoir bien mérité de la patrie. Les révolutions les plus extraordinaires pouvaient se produire, les antiques Conseils de la monarchie espagnole n'en subsisteraient pas moins toujours en tout leur lustre et toute leur gloire.

La Gazette avait annoncé le 10 mai la réinstallation de Charles IV et la nomination de Murat comme lieutenant-général du roi Charles. Le 12, D. Sebastian Piñuela, ministre de Grâce et Justice, transmit au Conseil l'acte de renonciation au trône souscrit par Ferdinand et la nouvelle abdication de Charles IV entre les mains de l'empereur. Dès le lendemain ces documents furent publiés dans la Gazette. Le Conseil était à peine remis de sa stupéfaction, que les ministres, marquis Caballero, D. Gonzalo, O'Farril, D. Bernardo Yriarte se présentèrent devant lui et le prièrent de demander à Napoléon de céder tous ses droits à la couronne d'Espagne à son frère Joseph. On peut se figurer le trouble où une pareille proposition jeta tous les magistrats. On les mettait cette fois « à la bouche du four », on leur demandait de faire un pas si décisif, qu'après l'avoir fait, il ne leur serait

---

1. Arch. hist. nac. *Inv. fr. Consejo.* Leg. 1, fasc. 8, 9 mai 1808.

plus possible de jamais revenir en arrière, et tout ce qu'il y avait dans leurs cœurs de loyalisme et de fidélité s'effrayait de cette démarche comme d'une trahison. Ils répondirent que le Conseil n'avait aucun pouvoir pour traiter de semblables affaires. O'Farril reconnut toute la force de l'objection, mais ajouta que l'on se trouvait en face du fait accompli. La dynastie était déjà séparée de l'Espagne, Charles IV avait envoyé en France les joyaux de la couronne; il n'y avait plus qu'à obéir à Napoléon. Les trois ministres s'étant retirés, le Conseil rentra en lui-même, voulut entendre ses fiscaux, et d'une voix unanime conclut « qu'il ne se reconnaissait pas les pouvoirs nécessaires pour accéder à la proposition qui lui était faite [1] ». Sur une nouvelle et pressante démarche du ministre de la justice, cette réponse négative fut transmise à Murat [2]. Le lendemain, Piñuela adressa à D. Arias Mon une lettre destinée à lever tous les scrupules du Conseil, qui n'était pas appelé à délibérer sur la validité des traités passés entre l'empereur et les Bourbons, mais à se prononcer sur le choix d'un souverain, dans l'hypothèse où les renonciations de Charles IV et de Ferdinand VII seraient valables [3]. Comme le

---

1. Arch. hist. nac. *Inv. fr. Consejo.* Leg. I, fasc. 11, 12 mai 1808.

2. Id., *ibid.* Leg. XIX, 12 mai 1808. « El Consejo no se halla autorizado, ni con facultades para acceder á la propuesta confidencial que se le ha hecho hoy, á nombre de la Junta de gobierno por los tres vocales de ella : el Sor marques Caballero, Sr D. Gonzalo O'Farril y D. Bernardo Iriarte. Este es el dictamen uniforme del Consejo y de los fiscales. »

3. Id., *ibid.* Leg. I, fasc. 11, 13 mai 1808. Real Orden : Illmo Sr. El emperador de los Franceses y rey de Italia tiene concluido su tratado con el rey de España Carlos quarto, y su hijo Fernando, el principe de Asturias, por el qual han cedido ambos en manos y voluntad de S. M. I. y R. todos sus derechos á la corona de España ; en cuyo supuesto, y deviendo recaer en principe de su imperial familia, conforme a su deliberada voluntad, desea S. M. I. y R. que el Consejo de Castilla manifieste el que le parezca mas á proposito, sin que por esta especifica designacion se entienda que el Consejo se mezcla en la aprobacion o desaprobacion de dicho tratado, ni que los derechos del Rey Carlos, su hijo y demas sucesores á la corona, segun las leyes del reyno, que-

Conseil persistait dans sa résolution, Piñuela lui fit passer dans
la soirée un nouvel avis. Le lieutenant-général désirait s'entretenir confidentiellement avec les magistrats, et les mandait au
Palais pour le lendemain 14 mai, à quatre heures du soir, sans
cérémonie, en habit de ville [1]. Dans la matinée du 14 une nouvelle note de Piñuela avertit le Conseil que S. A. I. et R. avait
reçu des dépêches de Bayonne, et que le Prince des Asturies et
les autres princes de la maison royale renonçaient à tous leurs
droits héréditaires, comme Charles IV l'avait déjà fait. Le Prince
des Asturies et les siens recevaient de la générosité de l'empereur
une compensation « très avantageuse [2] ». En arrivant au Palais,
les magistrats trouvèrent les ministres Caballero et O'Farril qui
leur exposèrent nettement la situation. Caballero déclara qu'il
était désormais certain que les Bonaparte allaient régner en
Espagne. L'empereur voulait que le Conseil prît l'initiative de
lui demander comme roi le roi de Naples Joseph Napoléon.
Cette démarche était très flatteuse pour le Conseil et ne pouvait
le compromettre en rien, puisqu'on ne lui demandait pas de
se prononcer sur la validité des traités intervenus entre l'empereur et les Bourbons. « Napoléon offrait à l'Espagne l'indé-

---

den de modo alguno perjudicados, por dicha designacion. Todo lo qual comunico á V. S. Y. por orden del Serenisimo Sᵣ Lugarteniente general del reyno,
para que lo haga presente al Consejo, y pueda este deliberar, vencida con
dichos presupuestos la dificultad que indica en la consulta de ayer, y le
impidio el hacerlo por la delicadeza y exactitud en el fiel desempeño de sus
obligaciones. Dios gᵉ a V. S. m. a. Palacio, 13 de mayo 1808, Sebastian
Piñuela. »

1. Arch. hist. nac. *Inv. fr. Consejo.* Leg. I, fasc. 11, 13 mai 1808.

2. Id., *ibid.*, Leg. I, fasc. 11, 14 mai 1808. « S. A. I. ha recibido esta
mañana noticias de que resulta que ademas del tratado anteriormente firmado
entre el emperador y Carlos Quarto, S. M. I. ha hecho otro con el principe
de las Asturias, por el qual renuncia, asi como todos los principes de la misma
familia á toda especie de derechos relativos á la corona de España. El principe
de las Asturias recive para si mismo y para todos los otros miembros de la
familia real una indemnizacion muy ventajosa. »

pendance et l'intégrité de son territoire, la conservation de la religion, des propriétés, des lois constitutionnelles et de la forme actuelle de son gouvernement, sauf quelques légères modifications, rendues indispensables par les abus qui s'étaient introduits dans l'administration. » A cette habile harangue, le Conseil répondit encore, à la presque unanimité, qu'il n'avait point qualité pour décider une si grave affaire. O'Farril prit alors la parole et dit : « Nous avons aujourd'hui 100.000 Français en Espagne et il en viendra 50.000 autres, si nous marquons notre mauvaise volonté ; ils resteront un ou deux ans dans le pays et le ruineront ; tandis qu'en adoptant le parti qu'on nous propose, il n'en restera que 20 ou 30.000 dans deux mois. » Le Conseil demanda du moins à voir les actes originaux de renonciation au trône signés par Charles IV et Ferdinand VII. Les ministres répondirent que cela était parfaitement inutile, puisque la question de légitimité de ces actes restait en dehors du débat. Le Conseil se décida alors à charger les conseillers Colon et Vilches de dresser un projet de réponse au grand-duc. Aussitôt averti, S. A. I. vint remercier le Conseil et lui lut un paragraphe d'une lettre de l'empereur, qui emporta ses dernières hésitations [1].

La réponse du Conseil est écrite en style de Cour et peut être considérée comme un véritable chef-d'œuvre diplomatique. Le Conseil vante sa scrupuleuse fidélité à ses rois et déclare avec une imperturbable gravité qu'il ne voyait pas le moyen de concilier son loyalisme avec la démarche qu'on lui demandait, mais on lui a assuré que cette déclaration ne porterait aucun préjudice aux droits qui pouvaient appartenir à Charles IV, au prince des Asturies son fils et à tous autres ; s'il en est ainsi, il lui paraît qu'en exécution des desseins de S. M. I. et R., l'élection peut se porter sur le roi de Naples, Joseph Napoléon. A la vérité, le Conseil n'a pas l'honneur de le connaître, mais le sachant frère de l'empereur,

---

1. Id., *ibid.* Leg. I, fasc. 11, 14 mai 1808.

il le croit sans peine doué des mêmes talents et des mêmes vertus.
Son intention n'est point d'ailleurs d'offenser par cette désignation
les autres princes de la maison impériale, tous si dignes de sa
considération ; il s'en remet, au contraire, aux lumières supérieures
de l'empereur, avec lequel il est loin de vouloir se comparer en l'art
de gouverner les empires et de faire le bonheur de l'humanité [1].
Murat ne paraît pas avoir compris l'ironie féroce de ce document,
mais ne le trouva pas suffisamment explicite, et quand il eut
reçu les actes originaux de renonciation au trône, signés de
Ferdinand VII et de ses frères, il demanda au Conseil de rédiger
une nouvelle lettre, sans réserves cette fois, que ses délégués
remettraient aux mains de Napoléon. Le Conseil répondit qu'il
n'avait rien à changer à ses précédentes déclarations, puis, sur

---

1. Arch. hist. nac. *Inv. fr. Consejo.* Leg. I, fasc. 11, 14 mai 1808. « La
escrupulosa fidelidad que ha conservado (el Consejo) con sus augustos reyes,
hasta en las epocas mas desgraciadas y en los reynados mas infelices, sera
siempre el mas evidente testimonio de su amor y lealtad *á sus futuros soberanos*
(rayé et remplacé par les mots : *en lo sucesivo*)... No hallaba terminos con que con-
ciliar su obeadiencia con lo que exije la ley, que no pende de su afeccion, ni de su
arvitrio ; pero ya que esta ha de quedar y lesa por parte del Consejo, y que, segun
dicha R.^l Orden, conforme á su letra, han de quedar asi mismo preservados los
derechos á la sucesion de esta corona de los S^{res} D. Carlos IV° y su hijo el principe de Asturias, con los demas á quienes pueda pertenecer, desde luego le
parece *seria muy acertada la* (rayé et remplacé par les mots : *que en execucion de lo
resuelto por S. M. I. podria recaer la*) eleccion para rey *de España y sus Yndias*
(barré et remplacé par : *de las Españas*) en José Napoleon, rey de Napoles ;
pues, aunque el Consejo no tiene el honor de conocerle, sabe su soberana
condecoracion, y que siendo hermano mayor del emperador de los franceses
y rey de Italia, y habiendose grangeado por sus altas y generosas prendas su
singular estimacion, no puede menos de estar adornado de sus mismas virtudes,
actividad y talentos... No quisiera, sin embargo, agraviar con esta preferencia
á las demas personas imperiales y reales de esta augusta familia, pues á todas
las considera muy dignas y acreedoras ; por cuya razon, sujeta el Consejo su
opinion á las superiores luces y grandes conocimientos del emperador de los
franceses, á cuyo superior discernimiento y dotes para gobernar ymperios y
hacer feliz á la humanidad no intenta de modo alguno alcanzar el Consejo. »

un ordre péremptoire du lieutenant-général, rédigea un nouveau mémoire, plus net et moins encourageant encore que le premier. La bonne renommée universelle du Conseil de Castille avait fait croire hors d'Espagne qu'il avait des pouvoirs plus étendus que ceux qu'il possédait réellement. L'empereur avait eu une idée exagérée des attributions du Conseil quand il lui avait demandé son opinion sur le choix du prince de la famille impériale qui pourrait être appelé à régner en Espagne. « Le Conseil de Castille ne représentait pas la nation, mais avait seulement part au gouvernement, par le moyen des consultations qu'il élevait jusqu'au trône, en vue du bien général du royaume, comme aussi par le droit de remontrances qu'il possédait sur les décisions du monarque, relatives aux affaires de sa compétence, et qui pouvaient se trouver contraires aux lois et coutumes du pays ; pour tout le reste, son action se bornait à la droite administration de la justice. » La solution de la question qui lui avait été posée regardait la nation entière. Le tribunal s'était donc trouvé dans le plus grand embarras, placé comme il l'était entre la limitation légale de ses attributions et la haute idée que s'en faisait l'empereur. « Il avait choisi le seul moyen que lui offraient les circonstances en instruisant le grand-duc de Berg des difficultés de sa situation et en les mettant par ses députés sous les yeux de S. M. I. et R. Il concluait que, si les traités de renonciation dont on lui parlait devaient avoir leur plein effet, et si l'empereur était résolu à placer un prince de sa maison sur le trône d'Espagne, le roi de Naples Joseph Napoléon lui paraissait le plus désigné et le mieux choisi [1]. » D'un ton plus réfléchi, plus sérieux, plus magistral que la première, cette seconde lettre du Conseil était vraiment irréprochable et aurait dû faire impression sur l'esprit de l'empereur, s'il eût été capable d'y voir autre chose qu'une marque de l'esprit morose et routinier des robins castillans.

---

1. Arch. hist. nac. *Inv. fr. Consejo.* Leg. 1, fasc. 11, 18 mai 1808.

Cependant on parlait d'une Junte de notables, qui devait se réunir à Bayonne pour y élaborer, sous les yeux de l'empereur, une constitution. Dès le 15 mai, Piñuela écrivit à D. Arias Mon que le Conseil devait désigner quatre de ses membres pour le représenter à la Junte [1]. Toujours formaliste, le Conseil décida que pour une affaire si importante, la Cour devait être convoquée spécialement, et les fiscaux entendus [2]. Comme D. Antonio avait déjà envoyé à Bayonne D. Sebastian de Torres et D. Ignacio de Villela, il désigna seulement deux nouveaux délégués : D. Gonzalo Joseph de Vilches et D. Joseph Joaquin Colon, puis, le grand-duc de Berg ayant courtoisement récusé Vilches, le Conseil nomma à sa place D. Manuel de Lardizabal. Il leur remit pour leur gouverne une collection des cédules, proclamations et circulaires publiées par lui à l'occasion des circonstances présentes, un exemplaire des œuvres de Martinez Salazar [3] et d'Escolano [4] et la collection des mesures relatives aux *vales reales* de D. Juan de la Reguera. Il importait que les délégués fussent toujours à même de défendre la conduite de la compagnie, les traditions du Conseil et les intérêts du crédit public [5].

Après avoir songé aux questions d'ordre général, le Conseil s'occupa aussi de paraître à Bayonne avec toute la dignité convenable et demanda au grand-duc 300 réaux par jour pour chacun de ses délégués, et 200 réaux pour l'*alcalde de Corte* D. Luis Marcelino Pereira qui les accompagnait [6].

Le 30 mai, jour de la Saint-Ferdinand, le doyen D. Arias Mon fit avertir les magistrats, dès six heures du matin, d'avoir à se

---

1. Arch. hist. nac. *Inv. fr. Consejo.* Leg. XIX, 15 mai 1808.
2. Id., *ibid.*, Leg. I, fasc. 11, 16 mai 1808.
3. *Coleccion de Memorias y noticias del gobierno general y político del Consejo.* Madrid, 1764, in-f°.
4. *Practica del Consejo Real.* Madrid, 1796, 2 vol. in-f°.
5. Arch. hist. nac. *Inv. fr. Consejo.* Leg. I, fasc. 9, 18 mai 1808.
6. Id., *ibid.* Leg. I, fasc. 9, 20 mai 1808.

réunir à huit heures, pour recevoir d'importantes communications du gouvernement. D. Sebastian Piñuela apportait au Conseil la proclamation de Napoléon à la nation espagnole et le décret impérial, qui fixait au 15 juin l'ouverture de la Junte de Bayonne. Le Conseil manifesta une fois de plus son respect du droit national et sa ferme volonté de le maintenir intact. Sans prendre le temps d'entendre les fiscaux, ni même de délibérer sur la question avec toute l'attention qu'elle exigeait, il répondit au grand-duc que les renonciations et abdications, dont il était fait mention dans les édits impériaux, ne lui avaient point été montrées, comme il l'avait déjà plusieurs fois demandé, et qu'il lui était, par conséquent, impossible de se faire une idée de leur légalité. Les circonstances ne lui permettant pas de discuter sur le fonds, il répétait à S. A. I. et R. qu'il n'avait pas et n'avait jamais eu, d'après les lois, le droit de se considérer comme le représentant de la nation, et qu'il n'avait ainsi ni autorité, ni pouvoir pour élire ou pour accepter un roi, autre que celui que donnait à l'Espagne l'ordre légal de succession au trône. Toute innovation en pareille matière appartenait à la nation, et si l'on tentait de l'opérer d'autre façon, elle était illégale et nulle, selon la constitution actuelle de la monarchie. En acceptant les renonciations des souverains espagnols et en convoquant une Junte constitutionnelle, l'empereur des Français faisait acte de souverain espagnol, et le Conseil ne pouvait lui reconnaître ce titre, sans exclure par là même tous ceux que les lois fondamentales de ces royaumes appelaient au trône ; s'il le faisait il manquerait à ses obligations les plus essentielles. Quand bien même le Conseil serait assez oublieux de ses devoirs pour consentir à ce qu'on lui demandait, son adhésion ne donnerait aux actes dont il s'agissait aucune valeur, car les Espagnols sauraient en apercevoir toute la nullité et se confirmeraient davantage dans l'idée, déjà exprimée par le peuple de Valence, que le Conseil ne gouvernait plus avec sa rectitude et sa justice accoutumées, mais avait perdu sa liberté et obéissait à la force. Considérant enfin l'extrême agitation des provinces et le caractère de la nation, mû par l'amour et la fidélité qu'il devait à la patrie, poussé par ses sentiments d'humanité et inspiré par le souci de maintenir les bons rapports nécessaires entre l'Espagne et son alliée naturelle la France, le Conseil croyait devoir suspendre pour l'instant toute publication des décrets impériaux, et priait le grand-duc de bien vouloir porter ses remontrances à la connaissance de S. M. l'empereur et roi [1].

Murat répondit le jour même au Conseil par un ordre itératif d'avoir à publier les décrets [2], et y ajouta une ronflante proclamation aux Espagnols. Les Cortes « cet antique boulevard des libertés espagnoles » allaient être rétablies, plus puissantes et mieux organisées que jamais. Les dépenses de la maison royale seraient diminuées de moitié. Les *vales* seraient reconnus comme dette nationale et sacrée. Tous les emplois resteraient réservés aux Espagnols. La religion catholique serait seule admise en Espagne, sans qu'aucune autre fût tolérée. L'armée de terre serait diminuée et la marine augmentée. « Ajoutez à cela, disait Murat, les utiles réformes qui s'opéreront graduellement dans tous les services : le crédit public rétabli, la dette consolidée et éteinte en peu d'années, l'administration de la justice assujettie à des règles inaltérables, l'agriculture florissante, le commerce ranimé, l'industrie restaurée, la population accrue, l'armée et la marine revenues à leur ancien lustre, toutes les sources de la félicité publique agrandies et accrues. Jugez s'il est de votre intérêt de prendre les armes pour vous opposer à votre propre bonheur, au bonheur de vos fils et de vos descendants, jugez si ceux qui vous conseillent la sédition et la révolte sont de bons Espagnols et de vrais amis de leur patrie ! [3] »

---

1. Arch. hist. nac. *Inv. fr. Consejo*. Leg. I, fasc. 10, 30 mai 1808.
2. Id., *ibid*. Leg. I, fasc. 9, 30 mai 1808.
3. Id., *ibid*. Leg. II, fasc. 15, 3 juin 1808.

Les décrets impériaux furent publiés dans la Gazette du 3 juin 1808, mais Murat n'y vit figurer ni sa proclamation, ni l'adresse par laquelle la Junte de gouvernement demandait à l'empereur d'accorder Joseph aux vœux de la nation. Murat, furieux, envoya aussitôt au ministre de la justice un énergique rappel à l'ordre... « Vous voudrez bien convoquer pour ce soir, huit heures, la Junte de Gouvernement. Déclarez-lui que j'ordonne que son adresse soit publiée en même temps que mon décret et ma proclamation. Voilà un jour de perdu ! Le temps est irréparable dans les circonstances actuelles, et je vous assure qu'il faut que je connaisse aussi bien le bon esprit qui anime ses membres pour ne pas penser que la malveillance y est pour quelque chose. Quant à vous, monsieur le Ministre, lorsque vous êtes assis au fauteuil (de la présidence) vous me représentez. N'oubliez pas que vous devez y montrer un caractère digne de moi. J'espère recevoir ce soir, avant de me coucher, un exemplaire des pièces que je vous ordonne de faire imprimer [1]. »

La Gazette du 7 juin publia la proclamation de Murat aux Espagnols, l'adresse de la Junte à l'empereur et une note officielle ajoutant que « S. M. I. et R. condescendant aux désirs manifestés par la Junte de Gouvernement, par le Conseil de Castille, par la ville de Madrid et par différents corps civils et militaires » avait cédé à son frère Joseph Napoléon tous ses droits à la couronne d'Espagne [2].

L'Espagne était déjà dans un si grand désordre que beaucoup de gens paisibles accueillirent avec une sorte de joie l'avènement de Joseph. La municipalité, avertie de l'arrivée imminente du nouveau roi, dressa un programme de fêtes à donner à cette occasion. Vu le peu de temps dont on disposait, elle proposait de tendre les rues par lesquelles devait passer S. M., d'orner

---

1. Id., *ibid.*, Leg. II, fasc. 15, 4 juin 1808.
2. *Gazeta*, 7 juin 1808. La nomination de Joseph avait été signée la veille par Napoléon.

l'Hôtel de Ville, d'organiser des illuminations, des représentations théâtrales, des feux d'artifice et des concerts publics, dans le parc du Palais. On pourrait aussi donner les courses de taureaux, déjà préparées pour la venue de S. M. l'empereur [1].

Le 11 juin, D. Sebastian Piñuela écrivit au Conseil pour lui ordonner de faire proclamer le roi. Le Conseil fit publier le décret impérial de nomination [2].

La Gazette du 12 juin annonça en même temps aux Espagnols que Joseph était arrivé à Pau, le 7 juin, à 8 heures du matin. L'empereur s'était avancé à sa rencontre jusqu'à six lieues de Bayonne, où LL. MM. avaient fait leur entrée à huit heures du soir. Le roi avait reçu aussitôt une députation de la Grandesse, présidée par le duc de l'Infantado et présentée par D. Miquel de Azanza, et les délégués du Conseil de Castille : D. Manuel de Lardizabal, D. Sebastian de Torres et D. Joseph Colon. S. M. s'était entretenue longtemps avec les magistrats, les avait questionnés sur les lois et les institutions d'Espagne, et avait constaté de nombreuses ressemblances entre la législation d'Espagne et celle des Deux-Siciles. S. M. avait reçu le Conseil des Indes et le Conseil des Finances. En réponse au délégué de la Suprême, Elle avait dit « que la religion était la base de la morale et de la prospérité publique, et que combien qu'il y eût des pays qui admettaient la diversité des cultes, l'Espagne devait être estimée heureuse de ne laisser honorer chez elle que la vraie religion [3] ».

Le premier soin de Joseph fut de renouveler les pouvoirs du Lieutenant-général et de confirmer toutes les autorités en charge. Il adressa aussi au peuple espagnol une proclamation sage et modérée, qui eût pu faire le meilleur effet si l'heure eût été à la sagesse et non au délire : « La conservation de la Sainte Religion de nos ancêtres en l'état prospère où nous la trouvons,

---

1. Arch. hist. nac. *Inv. fr. Consejo*. Leg. I, fasc. 13, 7 juin 1808.
2. Id., *ibid.* Leg. I, fasc. 12, 11 juin 1808.
3. *Gazeta*, 12 juin 1808.

l'intégrité et l'indépendance de cette monarchie seront nos premiers devoirs. Nous avons le droit de compter sur l'assistance du clergé, de la noblesse et du peuple pour faire revivre ce temps où le monde entier était rempli de la gloire du nom espagnol... faire le bien public en causant le moindre préjudice possible aux intérêts des particuliers sera l'esprit de notre conduite... Nous nous proposons de régner non pour notre propre avantage, mais pour le bien de l'Espagne [1]. »

Ces nobles paroles paraissent avoir fait impression sur le Conseil, qui se hâta de publier les décrets royaux et remercia même le roi avec effusion [2]. Il ne fut pas le seul à connaître cette défaillance : D. Felix Amat, archevêque de Palmyre, et abbé de Saint-Ildefonse, écrivait que « Dieu avait donné au grand Napoléon le talent et la force qui le constituaient l'arbitre de l'Europe » et lui appliquait les paroles de l'Écriture : « *Transfert regna atque constituit* [3]. »

IV

Mais s'il y avait à Madrid quelques hommes pour se réjouir et espérer un avenir meilleur, la ration était chaque jour plus décidée à repousser les avances, les flatteries et les présents de l'étranger. Dès le 3 mai, un simple maire de village, l'alcalde de Mostoles, avait jeté le cri d'alarme : « La patrie est en danger ! Madrid succombe, victime de la perfidie française. Espagnols, volez à son secours ! » et le cri de l'humble alcalde avait été entendu de toute l'Espagne. Le 6 mai, à Gijon, le consul de

---

1. Arch. hist. nac. *Inv. fr. Consejo.* Leg. I, fasc. 14, 10 juin 1808.

2. Id., *ibid.* Leg. I, fasc. 14, 14 juin 1808. « El Consejo felicita á V. M. por esta eleccion, y al mismo tiempo le manifiesta en la efusion de su corazon las mas rendidas y respetuosas gracias por sus deseos de beneficencia á este reyno y á todas sus gerarquias. »

3. *Gazeta de Madrid*, 17 juin 1808.

France ayant voulu distribuer des brochures antidynastiques, sa maison avait été criblée de pierres [1]. La permission de porter des armes, accordée par Murat aux Catalans, avait été transformée par les patriotes en appel à l'insurrection « pour la défense de la religion, de la patrie et des lois [2] ». Du 23 au 30 mai, toutes les grandes villes d'Espagne se déclarèrent en rébellion ouverte contre le gouvernement du Lieutenant-général.

Séville adressa aux Français une éloquente proclamation pour les engager à ne pas se faire les complices de l'ambition insatiable de leur empereur : « Français ! la nation espagnole, votre alliée et amie généreuse, vous convie à abandonner les drapeaux destinés à rendre les nations esclaves et à rallier les nôtres, que nous levons pour la plus juste des causes… Les Espagnols vous recevront à bras ouverts, et la guerre finie vous donneront des terres, où vous passerez tranquillement le reste de vos jours, au sein d'une nation qui vous aime et vous respecte et vous gardera toujours justice [3]. »

Le 26 mai, un officier français, envoyé à Cadix, écrivait qu'il avait trouvé de grands rassemblements à tous les relais. Les gens se plaignaient hautement des Français, demandaient pourquoi le roi ne revenait pas, invectivaient l'officier, et même lui avaient jeté des pierres, à Santa Cruz de Mudela, à Cordoue et à Alcalá de Guadayra [4].

Le 27 mai, Madrid apprenait le soulèvement de Valence et de Saragosse [5].

Le corrégidor de Ponferrada renvoyait au Conseil la proclamation de Napoléon aux Espagnols, le peuple s'était opposé à

---

1. Arch. hist. nac. *Inv. fr. Consejo.* Leg. I, fasc. 22, 6 mai 1808.

2. Arch. de la guerre à Paris. *Corresp. 1808, armée d'Espagne,* 13 mai 1808. Cette mesure avait été conseillée à Murat par O'Farril et Azanza. — Cᵗᵉ Murat, *op. cit.,* p. 382.

3. Id., *ibid.,* 23 mai 1808.

4. Id., *ibid.,* 26 mai 1808.

5. Id., *ibid.,* 28 mai 1808.

l'affichage et avait ordonné de retourner la lettre à l'envoyeur [1]. L'intendant d'Avila n'avait pas eu plus de succès auprès des habitants de la ville [2]. L'évêque de Valladolid s'excusait de ne pouvoir publier immédiatement la proclamation de l'empereur, qui ne servirait qu'à enflammer les esprits [3].

Les troupes espagnoles désertaient par files, par compagnies, par régiments entiers et ralliaient les armées nationales [4].

Les courriers n'arrivaient plus. Le 10 juin, le courrier d'Extremadure n'apportait plus de dépêches de Portugal, elles avaient été interceptées à Badajoz : la correspondance de Castille avait été transmise de postillon à postillon, celle de Catalogne, celle d'Aragon avaient été arrêtées ; le courrier de Carthagène et de Valence n'avait pu dépasser Tarancon ; les courriers des Asturies et de Galice étaient seuls arrivés régulièrement [5].

Le 13 juin, Belliard avouait à Berthier que « les communications étaient interrompues, qu'il était impossible de faire porter les dépêches par les officiers sans les exposer à être assassinés, à moins de leur donner un bataillon, ou au moins un escadron d'escorte... la grande majorité de l'Espagne était en insurrection [6] ».

A Madrid même, l'esprit n'était pas meilleur. Le 11 mai, un *pasquin* avait menacé Murat de l'assassiner [7]. Le 13, le général

---

1. Arch. hist. nac. *Inv. fr. Consejo.* Leg. VI, fasc. 21, juin 1808.

2. Id., *ibid.* Leg. II, fasc. 25, 1er juin 1808.

3. Id., *ibid.* Leg. VI, fasc. 20, 4 juin 1808.

4. Id., *ibid.* Leg. II, fasc. 24, 6 juin 1808. Arch. de la guerre à Paris. *Corresp. 1808, armée d'Espagne,* 9 juin.

5. Id., *ibid.,* 10 juin 1808.

6. Arch. de la guerre à Paris. *Corresp. 1808, armée d'Espagne,* 13 juin 1808.

7. Arch. hist. nac. *Consejo.* Leg. XIV, fasc. 7, 11 mai 1808. Aviso de un buen Español al grand duque de Berg. « El ser supremo que vela sobre las criaturas no permite que oprimalas nadie. Tus viles y arduos proyectos seran desechos por los que penetrados de sus sacramentos sacrificaran sus vidas gustosisimamente por el honor de la patria y los laureles con que seran coronados por

Watier écrivait au général Grouchy que tout était fort tranquille, grâce à la surveillance des alcaldes, mais que le peuple, maintenant poli et honnête, n'en *jabotait* pas moins, et n'en avait pas moins la rage dans le cœur [1].

La fin du mois se passa assez paisiblement, mais quand Madrid connut le soulèvement des provinces, les têtes s'échauffèrent de nouveau [2]. Les hommes arborèrent la cocarde rouge, que portaient seules jadis les personnes qui faisaient partie des maisons royales [3]. Tout était calme en apparence ; aucune insulte, aucune provocation, et cependant les Français se sentaient haïs, isolés et menacés : « Une manifestation sourde existait, dit un rapport militaire du 4 juin, mais elle ne se manifestait par aucun signe extérieur [4] », et cette phrase bizarre, échappée à un brave qui ne comprend rien à ce qui se passe, était réellement le mot de la situation. Madrid ne manifestait pas, et cette absence de toute manifestation était une manifestation tout de même, Madrid n'oubliait pas, Madrid attendait, Madrid espérait.

Les étrangers rendaient justice à l'activité des Français, mais

la posteridad. Si, principe Murat..., ... tres heroes que desprecian su existencia por quitarte la tuya.., estan... o el punto decisibo de la fatalidad, que amenaza á la corona de España... tu ambicion y la de tus emisarios quereis injuriosamente y sin derecho alguno... para morir subcesibamente uno á uno (pero sin que tengas el gusto de verlo) hasta conseguir tu exterminio, el de tus sequaces, y el de quantos intenten obtener lo que solo es de nuestro legitimo dueño. Aprecia este aviso, aleja tan viles sentimientos, haz presente á tu emperador el verdadero caracter de los españoles, quienes tanto aman la razon y justicia quanto aborrecen las intrigas, y de quienes no ha de prometerse otras ventajas que el destruirse. Cesen tus papeles seductibos ; solo sirben para exasperar mas los ánimos, pues que de lo contrario, te veras circundado de unos enemigos tan acerrimos que pondran su mayor gloria en morir por matarte. »

1. Arch. de la guerre à Paris. *Corresp. 1808, armée d'Espagne*, 13 mai 1808.
2. Id., *ibid.*, 26 mai 1808-3 juin 1808.
3. Id., *ibid.*, 2 juin 1808.
4. Id., *ibid.*, 4 juin 1808.

trouvaient la situation très tendue et très dangereuse : « Le nouveau gouvernement, disait une note destinée à l'ambassadeur de Russie, est à la vérité dirigé par des gens expérimentés et à grands talents, il a de grands moyens militaires étrangers, commandés par des chefs infiniment habiles, mais on ne sçaurait plus aujourd'hui calculer où pourrait s'arrêter une nouvelle lutte qui viendrait à s'engager [1]. »

Chaque jour rendait la situation plus pénible et plus critique. Madrid renfermait 5.000 ouvriers sans travail et sans pain; il devenait urgent de s'en occuper. La moindre étincelle menaçait de mettre le feu aux poudres. « Le 9 juin, sur les onze heures et demie du matin, pendant qu'on déchargeait sur la place de la *Cebada* un chariot contenant des effets du régiment de Lusitanie, un trompette avait touché un pistolet, le coup était parti et l'avait étendu sur la place. Dans le même temps, on déchargeait *Plaza Mayor* les bois qui servaient aux étaux de l'été; le bruit du coup de pistolet, qui avait été entendu jusque dans le palais du Conseil de Castille, joint à celui occasionné par le déchargement du bois qui se faisait à la *Plaza Mayor*, avait produit beaucoup d'effroi. Chacun s'était enfui. Les marchands de la *Plaza* et de la *Calle Mayor* avaient fermé leurs boutiques avec une précipitation et un fracas qui ajoutaient à la peur et augmentaient le désordre. La troupe avait été en un instant sous les armes. La cause du tumulte une fois reconnue, la tranquillité publique s'était rétablie d'elle-même et sans autre accident fâcheux [2] », mais tout un quartier de Madrid avait été mis en émoi par un simple coup de pistolet, le service des renseignements des mécontents était si bien fait que l'alerte de la *Plaza Mayor* était connue le jour même à Aranjuez, à quatre heures du soir, et Belliard écrivait à Grouchy : « Mon cher, si quelques têtes se démontent, celle de la populace se monte par les mille et un

---

1. Id., *ibid.*, G.-F. Gennotte à S. E. M. le Comte Stadion, 2 juin 1808.
2. Id., *ibid.*, 9 juin 1808.

bruits que l'on fait courir. Comme il faut conserver les nôtres, redouble de vigilance, consigne les troupes, fais faire de fortes et fréquentes patrouilles, enfin veille sur nos jours. S'il y a des perturbateurs, il faut les faire arrêter et fusiller... enfin recommande à tout le monde d'être alerte [1]. »

Le 11 juin, on redoutait une émeute et Belliard était au comble de l'inquiétude : « Fais insinuer par tes meneurs, écrivait-il à Grouchy, que s'il y a un mouvement, la ville de Madrid sera vigoureusement châtiée. Il faut redoubler de précautions, défendre aux portes l'entrée et la sortie avec des armes, même à ceux qui peuvent avoir des passe-ports de moi, faire de fortes patrouilles, arrêter tous les moteurs de mouvement, les hommes qui tiennent des propos séditieux [2]. »

Chose plus grave encore, l'empereur, qui avait cru tout fini, quand rien n'était commencé, donnait déjà des signes d'impatience et marquait aux malheureux généraux, qui se débattaient au milieu de la tempête déchaînée par lui, un mécontentement et une défiance chaque jour plus grands. Il fallait désarmer Aranjuez et Tolède; le maréchal Moncey avait tort de s'arrêter à Cuenca; l'insurrection de Saragosse avait eu lieu le 24, le grand-duc l'avait connue le 27, si, la nuit même, 4.000 hommes étaient partis, ils auraient été, le 4 ou le 5 juin, devant Saragosse, ils en auraient soumis les insurgés, qui n'auraient point eu le temps de prendre consistance. L'empereur voyait avec peine que Belliard, chef d'État-major, se regardait plutôt comme un homme de bureau que comme un homme de guerre en activité. Belliard allait, disait-il, diriger une colonne sur le Guadalquivir, il n'était que temps d'aller au secours de Dupont. N'était-il pas ridicule que les courriers de l'armée fussent arrêtés à une marche de Tolède? [3] — Tout cela était

1. Arch. de la Guerre à Paris. *Corresp. 1808, armée d'Esp.*, 9 juin 1808.
2. Id., *ibid.*, 11 juin 1808.
3. Id., *ibid.*, 16 juin 1808. Berthier à Belliard.

vrai, mais pourquoi l'empereur ne venait-il y mettre ordre lui-même [1].

Pour comble de disgrâce, Murat était tombé malade. L'extrême surmenage qu'il s'était imposé durant tout le mois de mai, les inquiétudes que lui donnait l'insurrection, le mécontentement de l'empereur, tout cela, joint à la chaleur de la saison, sans doute aussi à quelques excès, avait donné à Murat une entérite aiguë qui l'avait fort abattu. Dès le 25 mai, l'ambassadeur Laforest l'avait trouvé très souffrant [2]. Le bruit courait à Madrid qu'il avait été empoisonné. Une lettre interceptée disait brutalement : « Murat est assez mal. Que Dieu nous en débarrasse, ou le diable ! [3] » Cependant sa forte constitution reprit le dessus [4]. Installé à la Casa de Campo, il se trouvait assez bien le 3 juin pour parler déjà de remonter à cheval [5]. Le 5 juin il rentrait au palais. Le 6, il se promena au milieu des camps et dîna de bon appétit, mais il eut la mauvaise idée de se mettre au balcon pour regarder manœuvrer la Garde, l'air vif du soir, cet

----

1. Napoléon allait jusqu'à accuser Murat d'ambition personnelle : « L'Espagne désire le grand-duc moins que tout autre ; il n'y a pas une voix pour lui. » (Napoléon à Champagny, 17 mai 1808.) Murat s'en défendait noblement : « Je ne me lasserai pas de vous dire qu'il faut nommer le nouveau roi... Et ne croyez pas que c'est pour moi que je parle. Mes instances sont indépendantes de tout intérêt particulier. Je ne me consolerai jamais que vous m'ayiez soupçonné d'avoir pu trahir votre confiance et travailler en Espagne pour moi. » (Murat à Napoléon, 23 mai.) Le comte Murat n'ose pas trancher la question mais fait remarquer avec raison que Murat s'est conduit avec le plus parfait désintéressement, *op. cit.*, p. 423.

2. *Correspondance du comte de la Forest*, publiée par M. Geoffroy de Grandmaison. Paris, 1905, t. I, p. 46.

3. Cité par Clerc, *Capitulation de Baylen*, p. 125.

4. Arch. de la guerre à Paris, 2 juin 1808. Edmond Bourke à S. E. M. le Comte Bernstorf : « Le prince souffre d'une espèce de colique, qui est si commune dans ce pays qu'on l'appelle la colique de Madrid. Il n'avait point encore quitté le lit hier, mais les médecins n'ont aucun doute de son prompt rétablissement, pour lequel je fais des vœux bien sincères. »

5. Murat à Napoléon, 5 juin 1808.

air de Madrid « qui n'éteint pas une chandelle et tue un homme »,
le saisit, et les douleurs d'entrailles reparurent, accompagnées de
vomissements spontanés et bilieux. Il se fit transporter à Chamartin et demanda à l'empereur de le relever de ses fonctions [1].

Napoléon ne se souciait ni de rappeler Murat, ni d'aller
prendre sa place ; il s'arrêta au parti le plus pitoyable qu'il pût
prendre. Il envoya à Madrid, pour aider Murat dans le gouvernement, le Français le plus détesté de toute l'Espagne, l'intri-
gant qui avait amené Ferdinand VII dans le piège de Bayonne,
le général Savary, duc de Rovigo [2].

CHAPITRE IV

LE CONSEIL DE CASTILLE ET LE DUC DE ROVIGO

(17 juin-20 juillet.)

I

Le général Savary n'était pas seulement le Français le plus haï
des Espagnols, il était aussi méprisé d'un grand nombre de
Français. Très intelligent, et énergique jusqu'à la plus sauvage
violence, il avait l'âme d'un courtisan, et on l'appelait entre
camarades « le gendarme à tout faire ». Des hommes comme le
maréchal Moncey et le général Dupont n'étaient nullement
disposés à subir de bonne grâce le despotisme d'un chef aussi brutal
et aussi discuté.

Napoléon s'en rendait à peu près compte et avait entendu
donner au grand-duc un homme de confiance, un secrétaire
général, qui l'eût aidé dans sa besogne, de telle sorte qu'on n'eût
plus à lui parler que d'affaires importantes : « S. M. veut que
vous expédiiez et signiez comme à l'ordinaire tous les ordres

---

1. Arch. de la guerre à Paris. *Corresp. 1808, armée d'Espagne*, 17 juin 1808.
2. Id., *ibid.*, 4 juin 1808. Cf. Cie Murat, *op. cit.*, p. 208.

pour l'armée, écrivait Berthier à Belliard, d'après ceux que vous donnerait le général Savary quand le grand-duc ne pourra pas vous les donner lui-même, de manière que le maréchal Moncey, le général Dupont et les autres généraux ne s'aperçoivent pas quand ce sera le grand-duc ou le général Savary qui aura ordonné les dispositions que vous aurez expédiées [1]. » Murat devait rester en Espagne, comme lieutenant-général du royaume et lieutenant de l'empereur, et Savary, dans la coulisse, invisible aux spectateurs, jouerait le rôle du souffleur.

Mais quand le général arriva à Madrid, il trouva Murat absolument hors d'état de prendre la moindre décision ; « Vous auriez, écrit-il à Berthier, dès le jour de son arrivée, grand'peine à le reconnaître [2]. » Son anéantissement faisait peine à voir ; la seule vue du papier lui donnait des attaques de nerfs et le privait complètement de sommeil [3]. Le 19 juin, le grand-duc éprouva du mieux : il aurait pu monter à cheval, si ses forces le lui eussent permis [4], mais le 22 il retombait en pleine crise. Les nerfs étaient tellement irrités que l'orage, le bruit des bottes sur le parquet, le froissement des papiers agissaient sur lui d'une manière inconcevable. Il devenait urgent que l'ordre de départ arrivât, car le prince ne pouvait s'occuper d'aucune affaire [5]. Le 23, Murat était un peu plus calme, mais Larrey concluait toujours que son salut exigeait un départ immédiat [6] et Belliard, voyant dans le prince la seule autorité légale, reconnue et obéie, était décidé à l'empêcher par tous les moyens d'abandonner son poste [7]. Le 24, Murat reparlait de partir et ordonnait à tous ses

1. Arch. de la Guerre à Paris, *Corresp. 1808, armée d'Esp.* Berthier à Belliard, 11 juin 1808.
2. Id., *ibid.*, 17 juin 1808.
3. Id., *ibid.*, 18 juin 1808.
4. Id., *ibid.*, 19 juin 1808.
5. Id., *ibid.*, 22 juin 1808.
6. Id., *ibid.*, 23 juin 1808.
7. Correspondance de Laforest, 25 juin 1808.

officiers de tout préparer pour le voyage [1], qui devait commencer le lendemain. Le 26, il était encore là, mais parce que son extrême faiblesse l'empêchait seule de se mettre en route [2]. Le 27, on le crut à l'agonie : « Son état était si sérieux, écrivait Savary, qu'on m'a appelé pour en juger : il n'a pu ni me parler, ni me reconnaître, il était presque au plus mal. Il n'y a pas beaucoup de différence de l'état de mort à celui dans lequel il est encore, cette après-dînée : les médecins ne veulent rien prononcer et ordonnent qu'il soit transporté [3]. » L'ambassadeur, plus sensible que « le gendarme à tout faire », mandait de son côté à Champagny : « On ne peut sans une vive douleur considérer ce prince si brave, si actif, si passionné pour le service de l'empereur, aujourd'hui, la tête appuyée sur ses mains, n'ayant qu'une idée fixe, ne parlant que de fuir une atmosphère qui le tue, dégoûté de tout aliment, comme il l'était de toute affaire, et accusant ceux qui le retiennent de vouloir sa mort... Les médecins attestent que ses forces ne peuvent tenir plus d'une semaine contre une agitation d'esprit aussi ingouvernable [4]. » Le 28 juin, les médecins ne le trouvaient plus transportable [5]. Le 29, il reçut enfin la permission de quitter Madrid. Il n'était pas relevé de ses fonctions, mais il était autorisé à se rendre au devant du roi. Deux heures après avoir reçu la dépêche impériale, il partait ; une voiture emportait le pauvre Lieutenant-général, pâle et sans pouls, bien différent du fringant cavalier qui avait fait, le 23 mars précédent, une entrée si triomphante à Madrid [6].

Savary se trouva donc, par la force des choses, le maître de la situation dès son arrivée en Espagne, mais sans titre officiel qui lui

---

1. Arch. de la Guerre à Paris. *Corresp. 1808, armée d'Esp.*, 24 juin 1808.
2. Id., *ibid.*, 26 juin 1808.
3. Id., *ibid.*, 27 juin 1808.
4. Laforest à Champagny, 2 juin 1808.
5. Arch. de la Guerre à Paris. *Corresp. 1808, armée d'Esp.*, 28 juin 1808.
6. Id., *ibid.*, 29 juin 1808.

donnât le droit de commander, il ne trouva chez ceux qu'il prétendait conduire qu'hostilité et défiance. Fort des instructions verbales de l'empereur et pénétré du sentiment de sa responsabilité [1], Savary voulut briser toutes les résistances qu'il rencontrait, mais s'aliéna tout le monde par sa vanité grossière, ses emportements, ses éclats, ses menaces, toute la tactique désespérée d'un homme sans autorité personnelle, qui entend se faire obéir à tout prix.

Dès le 20 juin, il se plaignait à Berthier du général Belliard « qui parle ici au gouvernement espagnol, au nom du grand-duc, lieutenant-général du royaume, dont il a réuni les pouvoirs à ceux de chef de l'État-Major général de l'armée, ne me rend aucun compte, ne me communique rien que par conversation et a déjà peur que je ne vienne lui enlever la gloire de soumettre en six semaines des insurrections de canailles, qui ne devraient pas durer quinze jours avec de l'activité. Je ne vous dis pas la moitié de toute l'humeur que j'éprouve de voir comment les choses vont ici [2]. »

Le 24 juin, c'était avec l'ambassadeur Laforest que Savary avait eu une altercation chez le général Belliard. Savary voulait savoir si Madrid ne pourrait rien donner pour l'entretien des troupes. Laforest, blessé par le ton rogue du général, prit la défense des intérêts de l'Espagne, et les deux hommes finirent par se querel-

---

1. Id., *ibid.*, 19 juin 1808. Savary à Berthier : « J'ai vu le grand-duc ce matin. Il était si bien qu'il parlait de se mettre à la tête de deux divisions, qui sont ici, et d'aller se promener à Grenade et à Murcie, si tout ceci ne s'arrangeait pas. Aujourd'hui, je suis donc étranger aux affaires de l'empire en Espagne. Il est possible que demain elles me soient toutes renvoyées, et qu'après-demain, elles me soient retirées. Si telle a été l'intention dans laquelle on m'a envoyé ici, je ne m'en plaindrai pas, mais je suis bien persuadé que s'il arrivait un événement, l'empereur ne manquerait pas de m'en attribuer la faute, parce qu'il aime que l'on soit vigoureux ; aussi j'attends cette occasion-là pour ne pas mériter son reproche. »

2. Id., *ibid.*, 20 juin 1808.

ler fort aigrement. ...« Laforest veut gagner les cœurs ; moi je lui réponds que je n'en voudrais pas de mille au prix de la ration de vin d'un soldat [1]. » Belliard se plaignait de Savary à Berthier : « Sa conduite était la conduite d'un homme méchant, et cela ne le surprenait pas [2]. » Laforest se plaignait de Savary à Champagny... « Le général répétait journellement que les affaires du Nord forçaient l'empereur à *se presser*. Il parlait sans cesse, avec une espèce de fureur, de pillage, d'incendies et de massacres ; ces propos étaient entendus par de jeunes officiers indiscrets, par des domestiques, par des Espagnols ; ils circulaient et faisaient frissonner sans rendre plus soumis [3]. »

Berthier dut consoler Belliard, qui promit d'être avec le général Savary, mais sous le rapport du service seulement, comme il était avec le grand-duc [4].

Laforest s'expliqua avec le duc de Rovigo, reconnut qu'il avait désespéré trop tôt [5], et lorsque Murat fut parti, remettant ses pleins pouvoirs à Savary, pendant une absence que chacun savait définitive, le général fut à peu près obéi ; mais on avait perdu un grand mois depuis l'origine de la maladie du grand-duc et l'insurrection en avait profité pour s'organiser sur toute la périphérie de l'Espagne. « Mon prince, écrivait Belliard à Berthier, l'horizon s'obscurcit sur toute l'Espagne et il paraît que le Portugal n'en sera pas exempt. Ce n'est plus une guerre de paysans, mais bien la guerre en règle que nous allons faire, et il faut, par conséquent, se garder de marcher par paquets ; c'est avec de grosses masses qu'on obtient de grands résultats contre des troupes qui ont un peu l'usage de la guerre, et pour en finir promptement, il faut du monde. J'ai bien vu des pays où on ne nous aimait pas,

---

1. Arch. de la Guerre à Paris. *Corresp. 1808, armée d'Esp.*, 23 juin 1808.
2. Id., *ibid.*, 28 juin 1808.
3. Laforest à Champagny, 25 juin.
4. Arch. de la Guerre à Paris. *Corresp. 1808, armée d'Esp.*, 29 juin 1808.
5. Correspondance de Laforest, juillet 1808.

mais jamais je n'ai trouvé une haine et une antipathie égales à celles des Espagnols pour ce qui est français ; même chez les femmes [1]. »

II

En annonçant à Savary que Murat était autorisé à rentrer en France, Duroc avait ajouté : « Voilà, mon cher général, une belle occasion de gagner le bâton de maréchal d'Empire [2]. » Et Savary s'était bien promis de ne pas laisser échapper l'occasion.

Sa première idée, et elle était très militaire, fut d'aménager au Retiro une citadelle « qui fit trembler la ville, et où l'on pût établir en sûreté tous les Français, si les circonstances exigeaient que les troupes partissent pour aller dissiper quelques rassemblements [3]. » Les travaux, commencés le 17 juin, furent poursuivis, les jours suivants, par 1.000, par 1.500, par 1.800 travailleurs ; le 19 juin, on armait déjà trois redoutes avec de l'artillerie, et le 19 juillet, Savary pouvait annoncer à Berthier que le « Retiro était achevé, palissadé et armé de 62 bouches à feu. Les fontaines, la manutention de pain, les magasins de biscuit, de riz, d'orge, etc... tout y était enfermé... il faudrait ouvrir la tranchée devant cet ouvrage pour s'en emparer. Il n'était commandé de nulle part et commandait toute la ville avec du 24, du 12 et des mortiers [4]. »

Savary s'occupa aussi de mettre toutes les troupes sur le meilleur pied possible. Il avait vu 500 hommes de cavalerie et 7 ou 800 hommes d'infanterie « qui l'avaient soulevé d'horreur en les regardant ». Il voulait des fusils, des gibernes, des havresacs tout

---

1. Arch. de la Guerre à Paris. *Corresp. 1808, armée d'Esp.*, Belliard à Berthier, 9 juillet 1808.
2. Id., *ibid.*, 25 juin 1808.
3. Id., *ibid.*, 17 juin, 18 juin, 19 juin, 20 juin, 22 juin, 28 juin 1808.
4. Id., *ibid.*, 19 juillet 1808.

garnis, des chemises, des souliers, des guêtres, des pantalons pour les trois quarts des soldats des dépôts. Il enrageait d'apprendre que 450 malades guéris étaient depuis plusieurs jours en subsistance à l'hôpital de l'Escurial sans qu'on songeât à les utiliser [1]. Il bouillait de colère en apprenant les excès auxquels se livraient les soldats, à Madrid même. Le 27e et le 95e d'infanterie avaient quitté leurs quartiers de San Francisco, sans prévenir personne, après avoir vendu aux gens du voisinage leurs matelas, paillasses et couvertures et avoir brisé toutes les portes et fenêtres de la caserne [2]. Les chevaux d'artillerie et du train étaient en parfait état, et ceux des cuirassiers faisaient pitié, parce que les soldats ne leur donnaient qu'une partie de la ration et vendaient le reste [3].

La correspondance de Savary prouve qu'il se rendait parfaitement compte des difficultés de la situation, mais n'avait pas les moyens d'y faire face. « Il faudrait à l'empereur en Espagne deux armées comme celle qu'il a, disait-il [4] », et c'était l'exacte vérité. Belliard croyait avoir tout fait quand il avait donné à Moncey ou à Dupont l'ordre de marcher. Savary lui faisait observer avec raison que si Moncey ne se croyait pas en mesure d'attaquer et si on lui retirait encore une division, il serait bien plus éloigné que jamais de prendre l'offensive [5]. Il voulait faire faire à la division Frère un mouvement décidé sur le corps de Moncey [6], et quand le maréchal fut revenu de Valence, sans avoir pu la soumettre, il mit à la tête de son corps d'armée le général Lagrange, avec ordre de préserver la Castille de l'insurrection, d'y faire vivre ses troupes et surtout de leur remonter le moral, fort abattu après

---

1. Arch. de la Guerre à Paris. *Corresp. 1808, armée d'Esp.*. 4 juillet 1808.
2. Id., *ibid.*, 29 juin 1808.
3. Id., *ibid.*, 16 juillet, 20 juillet 1808.
4. Id., *ibid.*, 18 juin 1808.
5. Id., *ibid.*, 20 juin 1808.
6. Id., *ibid.*, 20 juin 1808.

une aussi triste expédition [1]. Il envoya à Dupont la division Védel, et échelonna la division Gobert entre Tolède et la Sierra Morena, pour rétablir les communications avec l'Andalousie [2]. Il comprenait toute l'importance des événements du Midi, et écrivait à Berthier, le 14 juillet : « A moins d'ordre positif de votre part, je ne retirerai pas un homme du corps du général Dupont. Tout Madrid a les yeux fixés sur lui, et n'est que trop rempli de la retraite du maréchal Moncey... S'il arrivait malheur au général Dupont, tout deviendrait un problème [3]. » Il sentait bien qu'à chacun des généraux engagés, il eût fallu envoyer des renforts, mais il n'en avait pas sous la main. Il trouvait que l'on dégarnissait beaucoup Madrid, et songeait à l'éventualité d'une marche de Cuesta sur la ville, avec les insurgés de Vieille-Castille : « Il faudrait alors, disait-il à Berthier, jeter dans le Retiro tous les éclopés et les administrations, abandonner la ville, après avoir pris des otages, marcher à l'ennemi avec tout ce qui serait disponible, le battre et revenir triomphant dans la capitale, qui ne bougera pas, je crois, si les troupes ne sont pas obligées de se porter trop loin [4]. »

Il savait, quand il le fallait, tenir le langage le plus digne et le plus modéré. Ses instructions au général Frère renferment tout le programme officiel français, présenté de la façon la plus nette et la plus accessible à tous [5]. Il redisait la même chose à Védel en

---

1. Id., *ibid.*, 15 juillet 1808.

2. Clerc, *Capitulation de Baylen*, p. 140. Une malencontreuse note de Napoléon vint bouleverser les sages dispositions de Savary.

3. Id., *ibid.*, 14 juillet 1808.

4. Id., *ibid.*, 2 juillet 1808.

5. Id., *ibid.*, 17 juin 1808. « Vous tiendrez ce langage à tous les hommes qui pourront vous comprendre, c'est que le sort de l'Espagne maintenant n'est plus en doute. Le roi Joseph Napoléon, frère de l'empereur, est reconnu et proclamé roi d'Espagne. Il va se rendre incessamment à Madrid et il est plus dans les principes de son cœur d'oublier et de pardonner que d'être obligé de punir rigoureusement. Vous ferez voir aux insurgés qu'il sera bien plus avantageux pour eux de ne pas mettre une barrière d'airain entre un pardon, qui

l'envoyant en Andalousie [1]. Et à mesure qu'il prenait conscience de la situation, l'insuffisance des forces engagées par la France en Espagne lui apparaissait plus certaine et plus effrayante : « L'insurrection s'organise et depuis six semaines nous n'avons pas fait un pas ! [2] » Il était arrêté, lui aussi, par l'impossiblilité de faire face, avec 85.000 combattants, à tous les périls qui s'érigeaient, tous à la fois, autour de lui. Il eût fallu que l'armée compensât par une mobilité extraordinaire l'exiguité de ses effectifs, mais comment se mouvoir rapidement dans un pays sans chemins, sillonné de montagnes et où, suivant le mot de Wellington, « avec de petites armées on ne fait rien, et avec de grandes armées on meurt de faim ».

III

Entièrement absorbé par sa tâche militaire, Savary semble s'être peu occupé du gouvernement politique de l'Espagne. On ne sent point du tout chez lui l'idée, dominante chez Murat, de donner à son autorité l'aspect d'un gouvernement régulier. C'est un soldat, qui pense à l'armée, et se moque du reste. Les Espagnols semblent avoir profité de cette situation pour accentuer leur opposition et leur maussaderie.

---

s'accorde encore avec la dignité de sa couronne, et qui, dans quelque temps, ne pourrait plus se faire sans faiblesse. Vous ferez partir tous les députés qui ont été convoqués pour le Congrès qui s'assemble à Bayonne ; vous ferez connaître aux insurgés que l'ordre positif du roi est que l'on rétablisse dans les caisses publiques, aux dépens de la fortune des chefs de l'insurrection, toutes les sommes qui en auraient été soustraites pour servir à l'exécution de leur projets insensés. Vous ajouterez que, sans ces têtes mal organisées la Révolution d'Espagne, si nécessaire à la régénération de la nation, n'aurait pas coûté une goutte de sang, et qu'il est à craindre que si l'ordre ne se rétablit pas, tous ces déchirements n'entraînent la perte des plus belles provinces de la monarchie. »

1. Dans les instructions à Védel, Savary ajoute : « Les Espagnols doivent s'estimer heureux de conserver l'intégrité de leur territoire, lorsque toutes les nations de l'Europe ont perdu la plus grande partie du leur. »

2. Id., *ibid.*, 14 juillet 1808.

La police de Madrid appartient à Grouchy, qui s'intitule volontiers « gouverneur de Madrid » et que la *Sala de alcaldes* ne consent à reconnaître que comme « gouverneur des troupes françaises de Madrid [1] ». Chaque jour, comme au temps de Murat, Grouchy envoie au chef d'État-major Belliard le rapport sur les incidents de la journée, et les notes de son agent secret, Saint-Michel. Les deux généraux sont frères d'armes, se tutoient, mangent sans façon l'un chez l'autre [2], plaisantent gaiement, à la française, sur leurs misères [3], et s'acquittent de leur service avec conscience et régularité, mais plutôt en bons administrateurs qu'en gens zélés. Ils n'ont point ce que Napoléon appelait le « feu sacré ».

La *Sala* suit mollement l'impulsion qui lui est donnée, et Madrid reste en paix, dompté mais toujours prêt à la révolte, l'oreille ouverte à tous les bruits qui viennent des provinces, où il sait qu'on se bat.

Le 19 juin, un coup de tonnerre, pris pour un coup de canon, suffit à produire une panique sur la *Plaza Mayor*; tout le monde s'enfuit. Dans une rixe entre un Français et un Espagnol, le Français a été légèrement blessé; on arrête l'Espagnol. Deux cuirassiers, qui réclamaient un sabre, qu'ils prétendaient avoir laissé chez un perruquier, ont voulu faire du désordre et sont punis de quinze jours de prison [4]. Le pis est que dans les auberges et les cabarets on débite les nouvelles les plus absurdes et l'on tient le langage le plus hostile aux Français.

---

1. Arch. hist. nac. *Inv. fr. Consejo*. Leg. XIV, fasc. 11, 10 juillet 1808.

2. Arch. de la guerre à Paris, *Corresp. 1808, armée d'Esp.*, 17 juillet 1808. Belliard à Grouchy : « Je dîne chez le duc (de Rovigo), sans cela j'aurais pris la liberté de manger la soupe de ton Excellence ».

3. Id., *ibid.*, 11 juillet. Grouchy à Belliard : « Prie Dieu pour mes rhumatismes, car voilà un mauvais temps pour eux, et j'ai grand besoin de tes anciennes, souffrant beaucoup. »

4. Id., *ibid.*, 19 juin 1808.

Grouchy voudrait que le gouverneur de la *Sala* et ses *alcaldes* fissent de fréquentes inspections dans tous les lieux publics « moins pour faire arrêter et comprimer par la crainte les diseurs de sottises que pour les engager à comparer la situation et le calme dont jouit Madrid avec les agitations et les malheurs qui affligent les points où une vaine résistance à l'autorité actuelle a fait prendre les armes [1]. » Il est bien à croire que les mercuriales des *alcaldes de corte* n'eussent pas réussi à convaincre les patriotes de la rue d'Atocha ou de la place de la *Cebada*, mais la *Sala* ne voulut même pas compromettre sa dignité dans ces inspections continuelles, et se contenta de publier, le 30 juin, une proclamation, calquée sur celles du 27 juillet 1796 et 19 janvier 1799, en faisant remarquer d'ailleurs la parfaite inutilité de cette mesure : « Les alcaldes, tant à cause de leur connaissance pratique de cette ville de Madrid que par l'effet de leur zèle et vigilance pour l'ordre public et de leur respect et soumission aux lois, se croient obligés de représenter à V. A. I. et R. [2] l'intime persuasion où ils se trouvent que l'avis qu'il s'agit de publier ne produira pas peut-être tous les effets qu'on s'en promet. Le calme de Madrid ne peut être plus grand dans les circonstances actuelles, et si quelques habitants désirent savoir les nouvelles, parler avec les gens du dehors, ou lire les papiers qui viennent des provinces, leur désir naît de l'intérêt naturel à toute personne qui possède dans ces provinces des parents, des fils, des frères ou des amis, et il n'est presque aucun habitant de Madrid qui ne soit dans ce cas. Comment serait-il donc possible de contenir les élans de la nature ? alors surtout qu'ils n'influent en rien sur le maintien de la tranquillité publique ? [3] ».

---

1. Arch. de la guerre à Paris. *Corresp. 1808, armée d'Espagne*, 19 juin 1808.

2. Murat, autorisé seulement à aller au devant du roi Joseph, était toujours censé gouverner l'Espagne, en son nom, comme lieutenant-général du royaume.

3. Arch. hist. nac. *Libro de acuerdos de la Sala*, 29 juin 1808.

Le 20 juin, un officier français s'enivra, étant de service, et insulta grossièrement un officier de la Garde Wallonne. Belliard le fit mettre en prison pour un mois [1].

Les préparatifs de défense du Retiro intriguaient beaucoup les Madrilènes ; ils venaient, en vrais badauds, contempler les travailleurs, mais gardaient pour eux leurs réflexions. « Confessons, disaient les policiers, qu'ils ne nous aiment guère [2]. »

L'invasion des ouvriers avait mis en fuite les employés du Retiro. Le parc abandonné avait été bientôt mis au pillage par les soldats désœuvrés. Les uns franchissaient les portes, brisaient les conduites d'eau, s'introduisaient dans les bois, poursuivaient le gibier, d'autres pêchaient dans l'étang, ou même s'y baignaient sans scrupule, comme si l'étang n'eût pas été le réservoir des eaux potables de Madrid [3]. La baignade du Retiro avait même un si vif attrait pour nos soldats pendant les chaleurs de l'été castillan qu'en dépit de toutes les défenses, on vit encore, le 4 juillet, quatre militaires mettre habit bas et se plonger tout nus dans l'étang, au milieu des cris d'effroi des femmes et des jurons des promeneurs. Belliard menaça de 48 heures d'arrêts l'officier commandant la compagnie d'un soldat arrêté pour délit de bain [4].

On approchait de la Saint-Jean et il était bien à craindre que la *Noche buena* ne fût marquée par des désordres. Comme on s'était déjà vu obligé d'interdire les Rogations, la procession du *Corpus* et la fête de San Isidro, il fallut prohiber les réjouissances de la Saint-Jean et réarmer enfin la police espagnole, désarmée depuis le 2 mai [5].

---

1. Arch. de la guerre à Paris. *Corresp. 1808, armée d'Esp.*, 20 juin 1808.
2. Id., *ibid.*, 21 juin 1808.
3. Id., *ibid.*, 23 juin 1808.
4. Id., *ibid.*, 6 juillet 1808.
5. Arch. hist. nac. *Libro de acuerdos de la Sala*, 23 juin 1808. Sauf-conduit des agents de la police de Madrid : « Al que presentara este papel con el sello

Les attroupements faisaient une telle peur aux autorités que D. Arias Mon voulut un jour défendre aux créanciers de l'État de faire queue à la porte de la Trésorerie. La *Sala* se montra en cette occasion plus raisonnable que le doyen du Conseil. Elle lui fit observer que la réunion de tous ces gens devant les bureaux du trésor était réellement inévitable. Les serviteurs de la maison royale et les autres créanciers de l'État se voyaient réduits à la plus noire misère et n'attendaient que des caisses publiques l'aumône indispensable à leur subsistance. Les portes de la Trésorerie s'ouvraient tard et se fermaient tôt; peu de gens avaient le bonheur d'être payés ; et encore fort maigrement. Les autres étaient donc bien forcés de revenir le lendemain pour ne point manquer leur tour; les en empêcher semblait chose bien dure et bien injuste. D. Arias répondit que ses intentions avaient été mal comprises, il désirait seulement qu'on évitât l'encombrement et on y pourrait parvenir en faisant savoir chaque matin au public quelle classe de fonctionnaires recevrait des acomptes ce jour-là [1].

Les gens paisibles persistaient à espérer que l'arrivée du roi rétablirait la paix [2], mais tous pensaient qu'il tardait trop à venir. « L'esprit public battait de l'aile. » On était depuis trop long-

---

de la Sala, y firmado por mi y el escribano de gobierno D. Ygnacio Antonio Martinez, se le tendrá por miembro de justicia, dependiente de ella, no se le impedirá el uso de armas blancas, la entrada y salida fuera de las puertas de Madrid, y se le dara el auxilio que pidiese y necesitase para el desempeño de su encargo. » Madrid 23 de Junio de 1808. D. Adrián Marcos Martinéz del Consejo R, gobernador de la Sala, y como tal, director de la policia superior encargada á la misma. Vu et approuvé par moi, général de cavalerie commandant pour les Français à Madrid. En conséquence les divers postes et patrouilles, tant dans la ville qu'au dehors, auront à laisser librement circuler le porteur de la présente, qui est employé à la police et est autorisé à être muni d'un sabre ou d'une épée. Madrid, 23 juin 1808. Grouchy.

1. Arch. hist. nac. *Libro de acuerdos de la Sala*, 23 juin 1808.
2. Arch. de la guerre à Paris. *Corresp. 1808, armée d'Espagne*, 20-21 juin 1808.

temps dans l'incertitude et les opposants avaient beau jeu auprès d'une population énervée par cette interminable attente. Des femmes de qualité faisaient la quête de tous côtés et l'argent qu'elles recueillaient fournissait aux soldats espagnols restés à Madrid [1] le moyen de sortir de la ville et de rallier les troupes insurgées [2]. Des prêtres français, émigrés en Espagne à la Révolution, et employés chez de grands personnages, dénigraient toutes les mesures prises par les autorités françaises et parlaient de la France avec plus de haine que les Espagnols eux-mêmes [3].

Français ou Espagnols, les prêtres étaient presque toujours les ennemis les plus redoutables des Français. Il y avait parmi eux des hommes de haute et franche allure comme D. Francisco Gallego Davila, chapelain des Dames de l'Incarnation, qui fut pris le 2 mai les armes à la main et garda devant Murat la plus fière contenance [4]. La plupart fomentaient l'insurrection, et une fois pris, semblaient devenir subitement d'excellents *Josefinos*. D. Lamberto Gil, curé à Madrid, avait été arrêté le 13 juin pour embauchage de soldats espagnols ; on l'avait trouvé caché sous le matelas de sa servante et on avait saisi chez lui, dans une cachette, les papiers les plus compromettants, prouvant qu'il était en relations avec les pires ennemis de la France. Le 20 juin, D. Lamberto suppliait Murat de lui accorder sa grâce : « Il était en prison depuis sept jours, ce qui, pour un ecclésiastique, équivalait à sept années », et il s'offrait à travailler à la conversion des Aragonais. La grande question était, suivant lui, de démontrer aux bonnes gens d'Aragon « que le serment prêté à Ferdinand VII

---

1. La garnison espagnole de Madrid comprenait encore au 25 juin 221 officiers et 1768 hommes de troupe.

2. Id., *ibid.*, 23 juin 1808.

3. Id., *ibid.*, Rapport de police, 23 juin 1808.

4. « Curé, lui dit Murat, qui se sert de l'épée périra par l'épée. Combattre n'était pas votre devoir ! — ¡ Morir por la patria, hermoso morir ! répondit D. Francisco. » *La Epoca*, 30 avril 1905, art. de D. Juan Perez de Guzmán.

n'engageait pas la conscience ». Il se faisait fort de le leur prouver canoniquement, mais il fallait pour cela qu'il fût au milieu d'eux ; le plus docte traité, expédié de Madrid, fût resté sans effet [1]. On croirait que D. Lamberto voulait se jouer de la crédulité des Français, mais le plus curieux de l'histoire est qu'il intéressa à sa cause tout le clergé de Madrid, que Murat lui accorda sa grâce et le laissa partir pour l'Aragon, où il ne gagna sans doute pas beaucoup de partisans à la cause de Joseph [2].

Le 30 juin, Savary décida que les succès des troupes françaises sur les insurgés seraient annoncés au peuple de Madrid par neuf coups de canon. Il reçut bientôt la visite du général Belliard ; tous les ministres espagnols, soi-disant au service de Joseph, réclamaient contre la mesure et déclaraient qu'ils ne pouvaient. se réjouir de succès remportés sur leurs compatriotes. Savary répliqua, en militaire, qu'il ne proposait pas de tirer le canon pour se réjouir du sang espagnol versé dans les batailles, mais pour célébrer le retour au roi d'Espagne de populations entières égarées par des insensés. Ces coups de canon n'étaient pas l'oraison funèbre des morts, mais la rentrée en grâce des vivants, et, somme toute, lui et les ministres travaillaient pour le roi d'Espagne. Savary jouait de malheur avec son idée, Berthier la désapprouva, comme avaient fait les ministres espagnols, mais sous le prétexte bizarre « que les succès sur les troupes espagnoles ne valaient pas un coup de canon [3]. »

Au moment où le roi Joseph allait se mettre en route pour l'Espagne, il y avait à Madrid des Français qui tenaient encore pour Ferdinand VII. Le frère du contre-amiral Missiessy, ancien secrétaire particulier de l'ambassadeur Beauharnais, bavardait à tort et à travers et ne craignait pas de dire que les projets de Napoléon étaient en opposition avec la volonté de la France.

---

1. Arch. de la guerre à Paris, *Corresp. 1808, armée d'Espagne*, 20 juin 1808.

2. Id., *ibid.*, 25 juin, 3 juillet 1808.

3. Id., *ibid.*, 30 juin-6 juillet 1808.

Une émigrée française, la marquise de Chaussonde, connue pour ses intrigues avec le Prince de la Paix, était revenue de Bayonne et tenait les propos les plus déplacés contre l'empereur. Savary fit recommander la circonspection à M. de Missiessi et « tancer vertement Madame la Marquise », en lui laissant entrevoir que cet acte d'indulgence serait le dernier [1].

Le 9 juillet, la *Sala* annonça aux Madrilènes que Joseph allait entrer en Espagne [2] ; et il se trouva encore, deux mois après les fusillades de mai, d'audacieux patriotes pour lacérer les affiches du roi intrus. Grouchy demanda un châtiment exemplaire contre les auteurs « de cet attentat ». La *Sala* répondit avec sa gravité ordinaire « qu'elle informerait pour découvrir les auteurs de cet *excès* ». Elle ne pensait pas qu'il fût nécessaire d'afficher de nouveaux avis, parce que la Gazette ayant publié la pièce officielle, la nouvelle était certainement parvenue à la connaissance de tous les habitants. D'ailleurs l'exemplaire qui avait été placé dans la cour de la prison n'avait pas été arraché [3].

Savary dut se contenter de cette réponse, qui sentait d'une lieue le persiflage, et ordonna pour le 14 juillet un gala en uniforme et des illuminations pour fêter la venue du roi [4].

Le Conseil de Castille ne montra pas moins d'obstination et de prudence que la *Sala*, et put se vanter plus tard d'être resté fidèle, en ces jours terribles, aux vieux principes du droit national.

Trois graves affaires lui furent soumises pendant la quasi-régence

---

1. Id., *ibid.*, 7 juillet 1808.

2. Arch. hist. nac., *Libro de acuerdos de la Sala*, 9 juillet. Aviso al publico. De orden del S^mo Sr Lugarteniente general del Reyno, se hace saber por la Sala de alcaldes á los vecinos de Madrid, para que no se asustén, ni les cause incomodidad alguna, que inmediatamente que se tenga noticia de que el Rey N. S. que habrá salido ayer de Bayona ha entrado en España, habrá, con tan plausible motivo, repique general de campanas, y salvas de artilleria. Madrid 9 de Julio de 1808.

3. Id., *ibid.*, 10 juillet-11 juillet 1808.

4. Id., *ibid.*, 14 juillet 1808. Même ordre le 20 et le 21 juillet.

de Savary ; il les discuta toutes dans les formes traditionnelles, sans que ni instances, ni menaces pussent lui faire avancer d'un seul jour sa décision, et il sut concilier dans ses résolutions tout le respect dû à la loi avec l'intérêt présent et immédiat de la capitale confiée à sa loyale tutelle.

Le 18 juin, D. Arias Mon demandait au régent de la Chancellerie de Valladolid des détails sur les séditions qui avaient ensanglanté la ville, le 12 juin, et que le Doyen du Conseil s'étonnait de n'avoir connues que par la Gazette. La Chancellerie de Valladolid était, comme l'Audience de Valence, toute disposée à reconnaître les droits du Conseil, mais elle était prisonnière de l'émeute populaire, comme le Conseil l'était lui-même des Français. Le régent obéit cependant et adressa son rapport à D. Arias le 21 juin. Cette pièce établissait d'une manière péremptoire que la Chancellerie n'avait pris aucune part au mouvement, et l'avait profondément déploré. L'émeute avait été spontanée et terrible, et dans ces premières heures de délire, quiconque eût tenté la moindre résistance aux caprices de la foule eût été aussitôt accusé de trahison. Après le combat de Cabezon, la ville s'était remplie de fuyards propageant partout le pillage et l'incendie. L'évêque et le *R. acuerdo* s'étaient rendus aux portes de la ville par où devait arriver l'armée française et avaient obtenu du maréchal Bessières la suspension de toute mesure de rigueur et la mise en liberté des prisonniers, qu'on se préparait déjà à emmener à Burgos. Bessières avait en retour demandé l'envoi d'une députation à Bayonne pour complimenter Joseph Napoléon. Tandis que les magistrats réussissaient ainsi à préserver la cité d'une ruine certaine, les détenus de la prison parvenaient à s'échapper, délivraient les femmes enfermées à la *galera* et annonçaient l'intention de faire le coup de feu contre les Français à l'entrée en ville. On eut toutes les peines du monde à contenir ces forcenés. Le greffier criminel D. Juan Ignacio Gonzalez, qui avait voulu prendre les noms de quelques mutins, avait été menacé de la potence, sauvé de la hart par l'intervention de l'évêque, conduit en prison et

criblé de coups de poignard. Les malfaiteurs sortis de prison
s'étaient débandés, mais on en avait déjà arrêté quelques-uns à
Tordesillas, à Renedo, à Olmedo, et les Français en avaient tué
ou arrêté plusieurs. La Chancellerie soumettait au Conseil les
ordres qu'elle avait reçus du général Lasalle, les demandes de
poursuites qu'il lui avait adressées contre certains habitants et
toutes les difficultés avec lesquelles elle s'était trouvée aux prises [1].

Le Conseil dut recevoir le rapport du régent de Valladodid le
24 juin. L'affaire fut immédiatement soumise aux fiscaux, qui
déposèrent leurs conclusions le 28. Ils n'étaient pas d'avis d'accorder les poursuites demandées par le général Lasalle parce que
ce serait un nouveau motif de troubles. Ils regrettaient les ordres
donnés par le général français aux autorités espagnoles de Valladolid, et qui paraissaient l'effet d'une conquête à main armée. Ils
demandaient que les fonds dérobés aux caisses publiques par les
insurgés y fussent replacés. Ils ne pensaient pas que le Conseil dût
autoriser la publication d'une proclamation de la Chancellerie
pour recommander l'obéissance au nouveau roi Joseph. Il fallait
réserver les proclamations et les serments pour un temps plus
pacifique, où elles pourraient avoir lieu avec la solennité qu'exigeait la constitution de la monarchie espagnole. A toutes ces
considérations les fiscaux ajoutaient l'expression de leur étonne-
ment, car toutes les demandes des Français avaient été faites au
nom de l'empereur Napoléon, et cependant, depuis le 7 juin,
Napoléon avait reconnu lui-même en nommant son frère Joseph
qu'il n'entendait conserver sur l'Espagne aucune autorité. Les
fiscaux protestaient donc contre les réquisitions imposées sans
droit à Valladolid par le maréchal Bessières, et allaient jusqu'à
blâmer comme trop coûteux l'envoi d'une députation à Bayonne [2].

Les procureurs du Conseil refusaient donc de faire le moindre
sacrifice aux exigences de la situation et exposaient l'affaire au

---

1. Arch. hist. nac. *Inv. fr. Consejo.* Leg. II, fasc. 21, 18 juin 1808.
2. Id., *ibid.* Leg. II, fasc. 21, 28 juin 1808.

point de vue du droit pur, comme si le cas de Valladolid n'eût été qu'une hypothèse juridique, un débat théorique et sans réalité. Le Conseil se déclara suffisamment instruit et, sans trancher la question pour le moment, répondit à la Chancellerie qu'elle eût à l'aviser désormais de tout ce qui se passerait à Valladolid [1].

Le 22 juin, D. Sebastian Piñuela annonça au Conseil l'ouverture de l'assemblée de Bayonne et lui transmit le discours du président Azanza et la réponse du roi Joseph. Le Conseil en ordonna la publication dans la Gazette, mais protesta énergiquement contre une phrase de l'ordonnance royale de publication, qui pouvait faire croire aux malveillants qu'il avait joué un rôle actif dans les événements de Bayonne : « S. M. disait l'ordre royal communiqué par Piñuela, eut la bonté de répondre dans des termes qui confirment de la manière la plus forte les espérances que l'on avait conçues de la bonté d'un souverain, dont les desseins et les efforts tendront absolument à fomenter et opérer par tous les moyens imaginables la prospérité et le bonheur de la Nation, que la Providence a confiée à sa charge *comme le Conseil l'a déjà compris bien des fois et l'a manifesté à S. M. dans l'adresse qu'il lui a envoyée pour le féliciter de son avènement au trône* [2] ». Cette phrase, réellement contraire à la vérité, le Conseil ne voulut point la laisser passer, et résolut de publier les discours d'Azanza et de Joseph, mais non l'ordre royal d'envoi. Piñuela, informé de cette décision, voulut en connaître les motifs et proposa une rédaction nouvelle, de nature à calmer les scrupules du Conseil. On vanterait les vertus de Joseph et son dévouement à la nation et l'on ajouterait : « C'est ce qu'ont toujours cru la Junte Suprême de Gouvernement et le Conseil et ce qu'ils sont heureux de répéter à toute la nation [3] ». Cette phrase générale parut d'abord moins

---

1. Arch. hist. nac. *Inv. fr. Consejo*. Leg. II, fasc. 21, 4 juillet 1808.
2. Id., *ibid*. Leg. I, fasc. 22, 22 juin 1808.
3. Id., *ibid*. Leg. I, fasc. 22, 23 juin 1808.

compromettante pour le Conseil, mais elle avait toujours le tort de l'associer à la Junte de Gouvernement, bien plus engagée que lui dans la politique française et, après une discussion qui se prolongea jusqu'à dix heures du soir, le Conseil se décida à la rejeter comme il avait fait de la première [1]. Piñuela lui transmit alors un ordre itératif et péremptoire d'avoir à publier les trois documents, et de publier dorénavant toutes les pièces qui lui seraient envoyées à cet effet. Sans s'émouvoir des termes cassants de la lettre ministérielle, le Conseil réclama de nouveau contre la manière dont on en usait envers lui. Il craignait que de pareilles mesures n'enlevassent toute autorité à ses décisions. Les expressions générales employées dans le paragraphe contesté pouvaient être considérées par la nation comme un aveu que le Conseil avait pris une part active dans une affaire qui n'était ni de sa compétence, ni de son ressort. Il protestait également contre la prétention du ministre d'exiger la publication de tous les documents communiqués par lui à la Cour ; cette exigence était formellement contraire aux lois du royaume [2]. Devant l'opposition obstinée du Conseil, la Junte, pénétrée, au fond, des mêmes sentiments, crut bon de céder. Piñuela fit, pour ainsi dire, des excuses au Conseil. Il écrivit que le Lieutenant-général [3] comprenait les scrupules de la Compagnie et n'avait jamais songé à rien tenter contre ses privilèges, mais vu l'urgence et les désordres qui se commettaient tous les jours et le sang qui coulait dans les provinces, il était nécessaire de publier le discours du roi [4]. Après une nouvelle discussion, le Conseil accorda la publication des discours d'Azanza et de Joseph et de l'ordonnance royale d'envoi, mais le paragraphe en litige avait été cette fois entièrement effacé [5]. Le

---

1. *Memoria de los procedimientos del Consejo*, p. 74.

2. Arch. hist. nac. *Inv. fr. Consejo*. Leg. I, fasc. 22, 23 juin 1808.

3. Il est bien probable que Murat ne fut pas consulté, et que s'il eût été valide les ministres se fussent montrés plus résolus.

4. Arch. hist. nac. *Inv. fr. Consejo*. Leg. I, fasc. 22, 24 juin 1808.

5. *Memoria de los procedimientos del Consejo*, p. 76.

Conseil faisait donc connaître à la nation, et sur l'ordre de l'autorité légale, les événements qui s'accomplissaient à Bayonne, mais nul ne pouvait dire qu'il les approuvait; il remplissait son office d'intermédiaire entre le pouvoir et la nation, et c'était tout. Aucun corps constitué n'eût pu se montrer plus correct ni plus ferme.

La Constitution de Bayonne fut promulguée le 6 juillet. Joseph en jura l'observation entre les mains de l'archevêque de Burgos, et dès le 7 juillet constitua son ministère [1]. Le 9 juillet il entra en Espagne et, arrivé le 12 à Victoria, adressa de cette ville une proclamation à la nation espagnole. Le même jour, il demanda que le Conseil de Castille lui prêtât serment de fidélité.

Le Conseil ne reçut que le 13 juillet l'ordre du ministre d'avoir à publier la Constitution de Bayonne, mais l'ordre était, comme toujours, péremptoire; la publication devait avoir lieu *immédiatement et sans aucun retard*. Le Conseil renvoya l'affaire aux fiscaux, qui l'étudièrent avec tant de soin qu'ils n'avaient point encore déposé leurs conclusions lorsque Joseph fit son entrée à Madrid. Appelés au palais par les ministres, ils leur avaient fait entendre de si bonnes raisons que Piñuela, vaincu, leur avait recommandé par une lettre confidentielle de ne pas presser la conclusion de l'affaire [2].

L'attitude du Conseil avait pris un caractère d'opposition si marqué que Belliard recommandait à Grouchy de ne pas perdre de vue les magistrats : « Il paraît que le Conseil de Castille s'agite et se remue beaucoup; je te prie de faire surveiller tous les membres en particulier avec beaucoup de soin et nommément ceux que tu connais comme moi. On dit qu'il en est trois ou

---

1. *Secrétaire d'État* : D. Mariano de Urquijo. *Affaires étrangères* : D. Pedro Cevallos. *Indes* : Azanza. *Grâce et justice* : D. Sebastian Piñuela. *Intérieur* : D. Melchor de Jovellanos. *Finances* : Cabarrus. *Guerre* : D. Gonzalo O' Farril. *Marine* : D. Josef Mazarredo.

2. *Memoria de los procedimientos del Consejo*, p. 77.

quatre qui veulent passer aux insurgés. C'est ce qu'il faut bien éviter [1]. »

Savary annonçait carrément à Berthier que le Conseil de Castille avait rejeté la Constitution de Bayonne [2].

Les mesures prises pour l'entrée du roi à Madrid attestaient l'extrême inquiétude des autorités françaises sur l'accueil que la capitale allait faire à l'intrus. La *Sala* et la municipalité étaient avisées d'avoir à prendre toutes les mesures convenables pour la décoration et pour la tranquillité de la ville [3]. Toutes les troupes du Retiro devaient être sous les armes, et chaque soldat devait avoir 25 cartouches dans sa giberne [4].

CHAPITRE V

LE CONSEIL DE CASTILLE ET LE ROI JOSEPH

(20 juillet-1er août.)

I

Le nouveau roi d'Espagne, Joseph Napoléon, quitta Bayonne le 9 juillet, accompagné jusqu'à Bidart par l'empereur son frère. La Gazette de Madrid ne manqua pas de tenir ses lecteurs au courant de tous les incidents du voyage. A Irun, le roi reçut les hommages du vice-roi de Navarre. A Oyarzun, il trouva sous un arc de triomphe la Députation de Guipuzcoa, réunie pour lui souhaiter la bienvenue. Il fit une entrée solennelle à Saint-Sébastien, où une députation de Santander accourut pour le féliciter au passage.

Le 10 juillet, il entendit la messe à l'église Sainte-Marie et laissa 6.000 réaux pour les pauvres de Saint-Sébastien. A une heure, il

1. Arch. de la guerre à Paris. *Corresp. 1808, armée d'Esp.*, 17 juillet 1808.
2. Id., *ibid.*, 14 juillet 1808.
3. Arch. hist. nac. *Inv. fr. Consejo*. Leg. 1, fasc. 18, 19 juillet.
4. Arch. de la guerre à Paris, 19 juillet 1808.

entra à Tolosa, où il fut reçu par toutes les autorités et gardé par le régiment espagnol *Inmemorial del Rey*.

Le 11 juillet, le roi alla de Tolosa à Vergara.

Le 12, il poussa jusqu'à Vitoria, où la proclamation de son avènement au trône avait eu lieu la veille. Un détachement du régiment *Africa* s'était porté à sa rencontre, à trois lieues de la ville. C'est de Vitoria que Joseph data sa première proclamation à la nation espagnole.

Le 13, il assista à la messe de midi et, après l'office, se rendit à la sacristie, où il admira une descente de croix de Murillo. Le soir les habitants illuminèrent leurs maisons, et tirèrent des pétards et des fusées.

Le 14, à 3 heures du matin, Joseph quitta Vitoria et s'arrêta à Miranda de Ebro, où il fut bien accueilli.

Il s'avança le lendemain jusqu'à Briviesca, pour arriver le 16 juillet à Burgos. L'entrée du roi dans la vieille capitale castillane fut des plus solennelles : Joseph passa en revue les troupes de la garnison française, reçut l'archevêque et son chapitre, le corrégidor de la ville et les autorités locales ; il visita la cathédrale et se logea au palais archiépiscopal, où les officiers furent admis le soir à lui faire leur cour. Donnant à tous l'exemple de l'activité, le roi travailla la plus grande partie de la journée, soit seul, soit avec ses ministres et resta encore à Burgos le 17 juillet.

Le 18, entre Burgos et Aranda de Duero, un lieutenant du Régiment de *Zaragoza*, envoyé par le maréchal Bessières, annonça au roi que les troupes françaises venaient de battre à Rio Seco les armées espagnoles de Galice et de Castille, commandées par les généraux Blake et Cuesta. Charmé d'une si agréable nouvelle, le roi déclara admettre à son service tous les officiers espagnols qui lui prêteraient serment.

Le roi coucha le 18 au soir à Aranda de Duero, et le 19 à Buytrago. Le 20, vers midi et demi, il était à Chamartin [1].

---

1. *Gaceta de Madrid*, juillet 1808.

Mais ce que la Gazette ne disait pas, c'est qu'il était déjà presque entièrement démoralisé. Il était parti de Bayonne sous l'escorte d'une belle division d'infanterie et suivi d'une soixantaine de voitures, qui portaient sa cour, ses ministres, les députés de la Junte. A mesure que le cortège s'avançait sur les routes mornes, au milieu des populations muettes et hostiles, sans autre réconfort que de froides harangues officielles, et des félicitations de commande, les Espagnols, qui avaient espéré un instant dans la fortune de Joseph sentaient la faute immense qu'ils avaient commise, et sous les menaces anonymes les plus terribles, quittaient la suite de l'intrus pour rallier l'insurrection [1]. A Burgos, l'impression générale était déjà si décourageante que Joseph écrivait à Napoléon : « Personne ne vous a dit jusqu'ici toute la vérité. Il n'y a pas un Espagnol qui se montre pour moi, excepté le petit nombre de personnes qui voyagent avec moi. Les autres se sont cachés, épouvantés par l'opinion unanime de leurs compatriotes [2]. » A Chamartin, Joseph était presque seul, et pour lui dissimuler les défections qui auraient achevé de l'attrister, on lui faisait croire que les membres de la Junte n'avaient pas voulu entrer dans la capitale avec leurs voitures de voyage et étaient allés quérir leurs carrosses [3].

Quand il se décida à partir, vers 6 heures du soir, pour ne pas entrer de nuit dans sa capitale, il avait aux portières de son carrosse les généraux Merlin et Franceschi, et son aide de camp, le colonel de Clermont-Tonnerre. Dans une autre voiture étaient les généraux Savary et Saligny. La troisième voiture était vide et bien rares devaient être les Espagnols qui avaient consenti à remonter la rue d'Alcalá et la Calle Mayor à la suite du roi [4].

---

1. Clerc, *Capitulation de Baylen*, p. 269.
2. Joseph à Napoléon, 16 juillet 1808.
3. *Journal de Girardin*, t. II, p. 121 et suiv.
4. Savary vit la troisième voiture vide et crut que rien ne venait derrière elle. Il est inadmissible que le cortège ne se soit composé que de deux voitures pleines. Joseph avait peu de partisans, il en avait cependant assez pour remplir

Les canons français tonnaient au *Retiro*, les soldats français faisaient la haie dans les rues, Joseph était entouré de Français, gardé par des Français ; pas un cri de bienvenue ne fut poussé et l'on entendit même quelques cris de : « Vive Ferdinand VII ! » Savary avait décidé que les cloches des églises sonneraient, et quelques-unes sonnèrent le glas funèbre et le tocsin [1]. Et les inquiétudes de Savary avaient été si terribles qu'il se déclara satisfait de la réception faite au roi : « Non seulement, disait-il, je croyais que le roi serait insulté, mais je m'attendais encore à ce qu'il aurait plus de trente coups de fusil à essuyer. Si cela n'est point arrivé, j'en suis redevable aux précautions de sévérité que j'avais prises, et en vertu desquelles personne n'aurait pu se présenter impunément à la croisée [2]. » Et dans sa lettre à Berthier, destinée cependant à passer sous les yeux de l'empereur, il avouait que « l'esprit de Madrid était très mauvais » et que les Gardes du Corps avaient tous refusé de paraître à la cérémonie. Les Gardes espagnole et wallonne étaient au contraire restées en assez grand nombre et avaient pu mettre environ 300 hommes sous les armes [3]. C'était tout ce qui restait de la garde royale.

Cependant les écrivains les plus hostiles s'accordent à constater que Joseph ne déplut point. Le frère aîné de l'empereur avait quarante ans. De taille un peu plus élevée que Napoléon, il avait la physionomie ouverte et gracieuse, le regard bienveillant et le front intelligent. A côté de Charles IV ou de Ferdinand VII il semblait un génie. Toreno dit avec raison qu'en des circonstances ordinaires il eût fait un roi très passable, mais les circonstances étaient telles qu'il lui eût fallu pour réussir une activité sans

---

quelques carrosses. Arteche parle du « numeroso y lucido séquito que llevaba el Rey ». (*Guerra de la indep.*, t. I, p. 308.)

1. Id., *ibid.*, *loc. cit.*

2. *Journal de Girardin*, t. II, p. 121.

3. Arch. de la guerre à Paris. *Corresp. 1808, armée d'Esp.*, Savary à Berthier, 20 juillet 1808.

bornes, un esprit politique sans cesse en éveil, et surtout de grands talents militaires, dont il était presque complètement dépourvu. Joseph n'était ni une grande âme, ni un grand cœur, et n'était qu'un médiocre général. C'était au fond un civil, un bourgeois de goûts paisibles et voluptueux. Sans être ni très intempérant, ni très scandaleux, il avait les penchants épicuriens d'un homme de robe, il eût été au siècle précédent un fort agréable magistrat. Hissé par la tyrannique volonté de son frère à un poste que sa vanité ne lui avait pas permis de refuser, il n'y trouva ni les richesses, ni les honneurs, ni les plaisirs qui l'eussent consolé. Sitôt qu'il aperçut les difficultés et les périls de sa tâche il se sentit découragé et cria vers son frère comme un homme qui se noie : « Il faut des forces immenses et beaucoup de millions [1] !... Sire, cinquante mille hommes et cinquante millions [2] !... Sire, vous êtes dans l'erreur ; votre gloire échouera en Espagne ; mon tombeau signalera votre impuissance [3] !... Napoléon lui répondait en conquérant : « Il ne s'agit pas de mourir, mais d'être victorieux, et vous le serez. Votre position peut être pénible comme roi, mais elle est brillante comme général. Il n'y a qu'une chose à craindre : Prenez garde de perdre l'esprit de l'armée et de le sacrifier aux Espagnols [4]. »

Ce fut justement cette politique que Joseph adopta. Sitôt qu'il eût le titre de roi d'Espagne, il se sentit l'âme toute espagnole et se fit l'avocat de son peuple auprès de l'empereur et de ses généraux. Girardin, son confident, avait beau lui dire « qu'il n'était que le vice-roi de l'empereur, que Napoléon ne l'avait pas fait venir en Espagne pour augmenter le nombre des ennemis de la France, que Napoléon était tellement puissant, même à Madrid, qu'il pourrait le faire arrêter dans son propre palais ». Joseph se

---

1. Joseph à Napoléon, 24 juillet 1808.
2. Joseph à Napoléon, 24 juillet 1808.
3. Joseph à Napoléon, 24 juillet 1808.
4. Napoléon à Joseph, 31 juillet 1808.

disait qu'il était roi de Castille, de Léon et d'Aragon... « qu'il
était hors de doute que son élévation au trône d'Espagne ne fût
l'ouvrage de Dieu, et que Dieu soutiendrait son ouvrage [1] ! »
Se croyant doué d'une finesse et d'une pénétration extraordinaires [2],
parlant avec facilité le français et l'italien, il pensa qu'il avait tout
ce qu'il fallait pour persuader les Espagnols et gagner leurs cœurs
et peut être y eût-il réussi si les événements lui en eussent laissé
le temps. Les jours qui suivirent son arrivée à Madrid furent
peut-être ceux où l'on put le mieux entrevoir la possibilité d'une
réconciliation entre l'Espagne et la France impériale.

Le 21 juillet « Joseph convoqua au palais toutes les personnes qui
pouvaient être considérées comme représentant les diverses classes
de la société. Toutes les salles se trouvèrent remplies pour la première fois par l'affluence de tant d'hommes étonnés de se trouver
ensemble. Le nouveau roi s'expliqua avec candeur sur les événements qui l'amenaient en Espagne, sur les motifs de sa conduite,
sur ses projets. Il s'aventura seul dans les salles encombrées de
tant de gens prévenus contre lui et inspira tant de confiance par
celle qu'il montrait qu'il enleva tous les suffrages [3] ».

Il voulut aussi gagner le clergé ; il le reçut à part et trouva le
langage mystique le plus propre à lui plaire ; malheureusement, il
ne savait pas l'espagnol, et lui parla en italien [4], si bien que tout
le fruit de sa harangue fut perdu. Il montra par là à la fois et ce
qui eût pu le rendre populaire et ce qui devait l'empêcher de
réussir ; une réelle bonne volonté, un louable désir de bien faire,
joints à un vrai défaut de jugement et à une profonde méconnais-
sance des nécessités de la situation. Trop Français pour plaire aux
Espagnols, et trop Espagnol au gré des Français, il décourageait

1. *Journal de Girardin*, t. II, p. 131, 138.
2. *Suppl. Wellington's despatches*, t. VII, p. 595. *Mém. de Mᵐᵉ d'Abrantès.*
3. *Mémoires de Belliard*, t. III, p. 294.
4. *Journal de Girardin*, t. II, p. 131.

ses alliés indispensables et il lui eût fallu des mois entiers pour se constituer un parti [1].

II

Pendant les dix jours que Joseph passa à Madrid, le Conseil de Castille resta le centre de l'opposition légale, et lutta avec une sagesse, un courage et une constance dignes des plus grands éloges.

Il avait reçu le 13 juillet ordre de publier la Constitution de Bayonne et le 15, ordre de prêter serment à Joseph. Joseph était entré à Madrid et s'était installé au Palais le 20 juillet au soir, et le Conseil n'avait encore ni publié la Constitution, ni prêté le serment demandé.

Le lendemain de l'entrée de Joseph était un vendredi, jour où d'ordinaire, le Conseil se rendait au Palais pour conférer avec le Roi, c'était l'audience solennelle hebdomadaire, la *Consulta*. Le Conseil déclara qu'il n'y aurait pas *consulta*, quant à présent, et entendit le rapport des fiscaux sur l'importante affaire de la publication de la Constitution [2].

---

1. « Je ne puis, disait-il, faire la guerre à chaque village d'Espagne, ou je dois renoncer à y régner ; il faut donc que j'emploie la persuasion et un peu la cajolerie, il faut que je me serve d'hommes et d'instruments qui, en même temps qu'ils me conviennent, peuvent plaire à ce pays que je cherche à calmer... Bessières demande de la cavalerie : envoyez-lui les Mameluks qui sont odieux ici... De même pour vous, général Savary, l'empereur m'a dit lui-même qu'il convenait qu'il vous faisait jouer en Espagne un triste rôle, mais qu'il avait le projet de vous rappeler incessamment auprès de lui... Il faut que vous partiez. D'ailleurs, j'attends Jourdan... j'ai Saligny... c'est tout ce qu'il me faut... » Savary à Napoléon, 27 juillet 1808.

2. Le rapport des fiscaux porte la date du 22 juillet, mais on sait par Savary (lettre du 21 juillet) que le 21 juillet, D. Arias Mon vint au Palais porter au roi « des espèces de conditions ». La dépêche royale du même jour parle des objections des fiscaux du Conseil à la publication de la Constitution. Il en faut conclure que le rapport des fiscaux, déposé officiellement le 22 juillet, fut connu du Conseil dès le 21.

Les fiscaux n'étaient point absolument prêts et se plaignirent du peu de temps qui leur avait été laissé pour examiner un si épineux problème. Ils avaient cependant très sérieusement étudié la question et apportèrent au Conseil des conclusions très fortement motivées et nettement défavorables.

Ils faisaient remarquer que la prétendue Constitution avait été élaborée hors d'Espagne, par des délégués sans mandat légal, avant que le roi eût été proclamé, eût été reconnu par les autorités nationales, eût prêté serment aux lois du royaume et eût pris possession du trône. La nation n'avait pas été consultée sur le changement de dynastie, et se trouvait ainsi dépouillée d'une inestimable prérogative, que la Constitution elle-même lui reconnaissait [1]. Le Conseil avait bien été invité à désigner un candidat au trône, mais avait refusé par deux fois ; s'il avait cédé à une troisième injonction, c'était sur l'assurance qui lui avait été donnée que cette démarche n'impliquerait de sa part ni approbation, ni improbation des actes de renonciation et des traités passés entre les souverains espagnols et l'empereur des Français. L'intervention dos Cortes était ainsi indispensable « pour que les députés, les vrais représentants de la nation, pussent s'instruire à fond et avec attention de tous les chapitres de la Constitution, prendre l'avis de juristes habiles et de théologiens savants et timorés, remplir, en un mot, leurs devoirs, et répondre, en toute conscience et justice, à la confiance de la nation..... Il n'y avait pas eu à Bayonne de véritable discussion. On avait bouleversé toute l'économie de la monarchie, en beaucoup moins de temps que n'en mettaient les anciennes Cortes à discuter une réforme de détail. Il était nécessaire de faire ratifier une loi si précipitamment établie, par une assemblée des représentants de la

---

1. L'article II de la Constitution portait en effet que le dernier représentant de la dynastie de Joseph aurait le droit de désigner son successeur par testament, mais que cette désignation ne pourrait avoir son plein effet que si elle était ratifiée par la nation, représentée par les Cortes.

nation, réunis en un lieu sûr, à l'intérieur du royaume, à l'abri de la force des armes et de toute influence capable de les terroriser ou de les corrompre. Nul établissement fait en une autre forme ne pouvait être tenu pour juste, ferme et valable. La violence et la crainte n'avaient jamais donné force ni valeur à des pactes et conventions de cette nature, et si, dans l'état de guerre, la force et la conquête pouvaient conférer des droits légitimes au vainqueur et au conquérant, elles ne le pouvaient pas en temps d'alliance et d'amitié. » Étaient nuls de la même nullité tous les actes consentis par le Seigneur roi Ferdinand VII, depuis son entrée en France. C'était cette évidente nullité qui avait soulevé les provinces. La contrainte des princes résultait du texte même des renonciations souscrites par eux à Bordeaux le .12 mai. La publication de la Constitution était, d'autre part, presque impossible, vu l'état de révolte du royaume, et inutile, puisque l'article 38 de cette même Constitution la déclarait suspendue en cas de danger pour la sécurité de l'État. Personne ne pourrait essayer de la proclamer dans une ville, sans courir le risque de périr victime des fureurs du peuple. Il était à craindre que les attaques de la Constitution contre les premières classes de l'État ne les fissent sortir de leur apathie et ne donnât de nouvelles forces à l'insurrection. Les articles relatifs au gouvernement des Indes étaient gros de périls et conçus en termes si généraux qu'il était impossible de savoir jusqu'à quel point les réformes promises seraient avantageuses aux Colonies. Des réformes judiciaires ne semblaient ni moins vagues, ni moins dangereuses. L'alliance perpétuelle avec la France, stipulée par l'article 24, attaquait dans leur principe la liberté et l'indépendance de l'Espagne, qui perdait ainsi le droit de paix et de guerre. Cette alliance était boiteuse et inégale : la France étant une puissance guerrière et conquérante et l'Espagne une puissance pacifique. Enfin la naturalisation par simple décret royal, rendu en Conseil d'État, était contraire aux lois du royaume et pouvait présenter les plus graves inconvénients. Les fiscaux terminaient leur judicieux travail par la plus fière et la plus patriotique déclaration : « L'Espagne n'a pas besoin d'une constitution nouvelle ! Avec celle qui la régit actuellement, elle a prospéré sous les règnes précédents, elle a été riche, elle a mérité l'estime et le respect des autres puissances. Ce dont elle a uniquement besoin c'est d'un chef qui la gouverne, libre de toute vue ambitieuse ; elle veut vivre sous l'empire des lois et non sous les caprices d'un homme ; elle veut qu'on lui assure la religieuse observance des lois et coutumes sur lesquelles repose la félicité publique. On peut faire aux lois quelques légères réformes, mais il n'est pas besoin de tout renverser de fond en comble, comme le font toutes les nouveautés que contient la nouvelle Constitution, et que leur multitude rendrait à elle seule pernicieuse, quand bien même elles seraient par ailleurs utiles et nécessaires [1]. »

Cette belle consultation de droit national, D. Arias Mon alla courageusement en exposer les raisons au roi. Joseph le reçut assez mal et envoya le jour même sa réponse au Conseil par l'intermédiaire du ministre de la Justice. Elle était rédigée en termes sévères : « Les observations que le Conseil, ses membres ou ses fiscaux croyaient convenable de faire au sujet des modifications à apporter à la Constitution correspondaient à l'époque où seraient célébrées les premières Cortes ; les magistrats y auraient alors les mêmes droits de discussion que les autres citoyens. Pour l'instant, il n'était question que de publier cet acte, qui par sa nature devait échapper au contrôle du Conseil. Il y avait huit jours que le Conseil avait reçu l'ordre de le publier et de le faire circuler et il n'avait point encore obéi. Cependant les esprits ne s'apaisaient point et les bons Espagnols attendaient avec anxiété ce point de ralliement contre l'anarchie semée par les ennemis de la nation. Tout retard ultérieur d'un acte si simple et si important ne pouvait plus être considéré que comme une désobéissance positive, procédant d'un système séditieux, et serait puni comme

---

1. Arch. hist. nac. *Inv. fr. Consejo*. Leg. I, fasc. 22, 22 juillet 1808.

telle ». A la suite de cette mercuriale venait l'ordre itératif de publication : « S. M., disait Piñuela, m'ordonne de dire au Conseil, pour la dernière fois, et sans que, pour l'avenir, Elle refuse d'admettre ses observations, pour les apprécier en temps et lieu, que sa Royale volonté est que demain même le Conseil vote la publication et la mise en circulation de sa Royale Cédule et que ce même jour, V. S. I. l'informe que ses ordres sont exécutés, ou lui envoie, dans le cas contraire, les votes individuels des membres du Conseil. » Pour prévenir tout nouveau renvoi, Piñuela adressait à D. Arias Mon un nouvel exemplaire de la Constitution, signé du ministre secrétaire d'État D. Mariano Luis de Urquijo, et contenant mention de son acceptation par la Junte constitutionnelle [1].

Si dur que dût paraître le langage royal à des hommes habitués à être traités avec beaucoup plus d'égards, les expressions de l'ordre rédigé en français, que Piñuela montra au Doyen, étaient encore plus blessantes [2] ; et Savary croyait qu'après une telle opposition le Conseil de Castille allait quitter Madrid [3].

Il resta cependant, et même il publia la Constitution [4] ; mais ce fut pour reporter immédiatement son opposition sur un nouveau point : la prestation de serment à Joseph. Piñuela la demanda aussitôt que la question de publication de l'acte de Bayonne eût été vidée [5], et le Conseil voulut encore entendre ses fiscaux à ce sujet.

Les fiscaux déposèrent leurs conclusions le jour même et leur nouveau rapport ne fut pas moins hardi que le premier.

---

1. Arch. hist. nac. *Inv. fr. Consejo*. Leg. I, fasc. 22, 21 juillet 1808.

2. *Manifiesto de los procedimientos del Consejo*, p. 78.

3. Arch. de la guerre. *Corresp. armée d'Espagne*, 21 juillet 1808. Savary à Berthier.

4. Arch. hist. nac. *Inv. fr. Consejo*. Leg. I, fasc. 22, 22 juillet 1808. Le Conseil obtint cependant que la Constitution serait publiée à la suite de l'ordre royal du 13 juillet et que l'ordre du 21, beaucoup plus dur, ne serait pas publié.

5. Id. *ibid*. Leg. I, fasc. 22, 22 juillet 1808.

Le Conseil ne devait au roi le serment prescrit par la Constitution que lorsque le roi aurait lui-même juré d'observer la Constitution, devant le Sénat, le Conseil d'État, les Cortes et le Conseil de Castille. Il était évident que le serment prêté par Joseph à Bayonne, entre les mains de l'archevêque de Burgos, n'avait pas été prêté d'une manière légale. On ne pouvait davantage passer les actes publics au nom de D. José ; quand il serait reconnu légalement pour roi, on mettrait son nom en tête des actes officiels [1]. Le Conseil se sépara sans avoir rien résolu.

Le lendemain, Piñuela, persuadé que le Conseil allait obéir, lui fit savoir, dès la première heure, que le roi recevrait ses hommages le 24 juillet, à midi [2]. Averti que le Conseil n'avait point encore prêté serment, et ne paraissait pas disposé à le prêter, il lui adressa un second message pour le prévenir que si le serment n'était pas prêté le lendemain avant midi, le Conseil ne serait point admis en présence du roi [3]. D. Arias demanda que le Conseil fût entendu avant d'être condamné [4], et Piñuela répondit par une nouvelle injonction d'avoir à prêter le serment [5]. D. Arias insista encore pour que S. M. voulût bien recevoir le rapport des fiscaux et ne pas ajouter à l'affliction du Conseil en refusant ses hommages [6]. La journée se passa en ces allées et venues, sans que rien eût été décidé.

Le 24, Piñuela répéta pour la quatrième fois l'ordre de prêter le serment à Joseph. Le Conseil ne se prononça point encore. Vers onze heures, au moment où la séance allait prendre fin, un message appela le Conseil au Palais. Les magistrats espérèrent un instant que Joseph, vaincu par leurs instances, les autorisait

---

1. Arch. hist. nac. *Inv. fr. Consejo.* Leg. I, fasc. 22, 22 juillet 1808.
2. Id., *ibid.* Leg. I, fasc. 20, 23 juillet 1808.
3. Id., *ibid.* Leg. I, fasc. 23, 23 juillet 1808.
4. Id., *ibid.* Leg. I, fasc. 23, 23 juillet 1808.
5. Id., *ibid.* Leg. I, fasc. 23, 23 juillet 1808.
6. Id., *ibid.* Leg. I, fasc. 23, 23 juillet 1808.

à se présenter devant lui sans exiger plus longtemps le malencontreux serment. Cependant D. Arias ne voulut pas exposer le Conseil à une démarche inconsidérée et demanda des explications au Palais. On lui répondit qu'il n'y avait rien de changé aux intentions du roi et que le message, porté par erreur au Conseil, était destiné au Conseil des Ordres, qui avait déjà prêté serment à S. M. [1].

Le Conseil fit remettre au roi ce même jour deux suppliques : l'une pour lui demander de bien vouloir suspendre la publication de la Constitution, l'autre pour s'excuser de ne pouvoir encore lui prêter serment.

Le premier mémoire débutait par des plaintes courtoises : le Conseil s'étonnait d'avoir encouru la colère du roi. Il ne s'était jamais vu traiter de la sorte, mais avait mérité, au contraire, que les monarques précédents lui accordassent toute sorte d'honneurs et de distinctions. Le Conseil n'avait d'autre dessein que d'attirer l'attention du roi sur tous les inconvénients qui pourraient résulter de la publication de la nouvelle Constitution. L'ancienne Constitution espagnole, n'était-elle point respectable, qui avait mené la nation au faîte de la grandeur et de la puissance ? Toute nouveauté devait être regardée avec défiance. En cas de réforme de la Constitution surtout, il fallait procéder avec lenteur et sagesse. Quand on avait, en 1713, introduit la loi salique dans la législation espagnole, le roi avait consulté le Conseil d'État, le Conseil de Castille, et les Cortes. Le Conseil avait pour mission de maintenir et de faire observer les lois, et n'avait pas le pouvoir de les changer ; il ne pouvait donc oublier les droits au trône de la famille régnante des Bourbons. Tout ce qu'il avait pu répondre aux instances répétées qui lui avaient été faites, c'est qu'au cas où il ne serait pas possible que les Bourbons reprissent la couronne, nul ne lui paraissait plus propre à

----

1. Id., *ibid.* Leg. I, fasc. 23, 24 juillet 1808.

régner en Espagne que S. M. Le roi pouvait voir lui-même le peu de profit que l'on avait tiré des avis, proclamations et articles de journaux publiés depuis deux mois. Les deux nations, qui s'intitulaient toujours amies et alliées, se déchiraient avec un acharnement chaque jour plus grand. On avait promis aux Espagnols de leur laisser leurs lois et coutumes, et cependant la Constitution violait ou changeait ces lois, sans aucun respect pour la parole donnée. Dans ces conditions, le Conseil était persuadé que la publication ne donnerait aucun bon résultat. Elle ne pourrait être assurée qu'à peine dans la dixième partie du royaume, et tout ce que le Conseil pourrait dire aux provinces ne servirait de rien ; elles le considéraient comme captif et plusieurs le lui avaient formellement déclaré [1].

Quant à la prestation de serment que demandait encore S. M., le Conseil posait en principe que l'on ne devait point jurer sans nécessité ni sans justice ; or il avait juré de maintenir l'ancienne législation, on ne pouvait lui demander de prêter serment à une loi nouvelle qui abolissait l'ancienne. L'ancienne loi, la seule que connût le Conseil, ne prescrivait le serment aux magistrats qu'à leur entrée en charge ; il ne devait donc pas le serment. Son opposition ne tendait en aucune manière à entraver le gouvernement du roi, il n'entendait nullement aller contre les intentions de l'empereur, mais il ne se reconnaissait pas le pouvoir de changer la loi ; ce pouvoir n'appartenait qu'à la nation représentée par ses Cortes, et la Junte de Bayonne ne représentait pas non plus la nation. L'article 145 de la Constitution portait qu'elle ne devait être mise en vigueur que progressivement ; et c'était là, justement, ce que demandait le Conseil, car cette Constitution, pour savante et sage qu'elle fût, abolissait tous les privilèges accordés par les lois d'Espagne à des corps ou à des individus, établissait un nouveau système de contributions

---

1. Arch. hist. nac. *Inv. fr. Consejo.* Leg. I, fasc. 22, 24 juillet 1888.

et de douanes, supprimait tout fidéicommis, tout majorat, toute substitution, annulait les *fueros* particuliers des provinces, supprimait les exemptions de la noblesse, et ses privilèges et monopoles pour l'obtention de charges laïques ou ecclésiastiques ; enfin elle annulait tous les tribunaux existants. Pouvait-on penser que les Espagnols accepteraient d'un jour à l'autre tous ces changements et oublieraient en un jour tout leur passé ? Pouvait-on croire qu'ils ne diraient pas que leur roi n'avait abdiqué qu'à la condition qu'on leur gardât leurs usages et coutumes, que la Junte Suprême le leur avait encore affirmé, le 4 juin, et que cependant on changeait toutes leurs lois [1] ?

Ces protestations furent votées à l'unanimité, moins deux voix : D. Josef Marquina, l'ancienne créature de Godoy, et D. Francisco Javier Duran opinèrent pour que satisfaction fût donnée au roi.

Le mardi 25 juillet, eut lieu à Madrid la proclamation solennelle de Joseph comme roi d'Espagne et des Indes. Le Conseil y assista en habit de gala, du haut du balcon de l'Hôtel de Ville [2].

Mais, le 26, Azanza, remplaçant ce jour-là Piñuela, lui ayant transmis, pour la cinquième fois, l'ordre de prêter serment, et de le prêter par écrit, le Conseil trouva encore moyen de ne pas obéir [3]. Le lendemain 27, Azanza renvoya une sixième lettre de rappel [4] ; et le Doyen du Conseil répondit que le Conseil préparait une supplique à S. M. [5]. Azanza réexpédia une septième lettre de Jussion, dans laquelle il disait que le roi avait consenti à lire les remontrances du Conseil, qu'il persistait dans sa résolution d'exiger le serment et qu'il attendait l'annonce de l'exécu-

---

1. Id., *ibid.* Leg. I, fasc. 23, 24 juillet 1808.
2. Id., *ibid.* Leg. I, fasc. 19, 25 juillet 1808, fasc. 21, 25 juillet 1808.
3. Id., *ibid.* Leg. I, fasc. 23, 26 juillet 1808.
4. Id., *ibid.* Leg. I, fasc. 23, 27 juillet 1808.
5. Id., *ibid.* Leg. I, fasc. 23, 27 juillet 1808.

tion de ses ordres [1]. Le Conseil se réunit en séance extraordinaire à 7 heures 1/2 du soir : dix-sept conseillers étaient présents. Un des magistrats, Alvarez de Contreras, finit par adhérer au serment. Tous les autres demeurèrent inébranlables [2]. Le 28, le Conseil adressa au roi une nouvelle supplique : il citait la loi 4 du titre XI du livre IV de la *Novisima recopilacion* et déclarait que le serment n'était ni nécessaire, ni même utile, et pourrait être préjudiciable. En désespoir de cause, il proposait au roi de consulter les grandes universités du royaume ou de réunir une junte de canonistes et de théologiens, qui prononcerait sur ce terrible cas de conscience, que les magistrats ne se croyaient pas en droit de résoudre [3].

Joseph était exaspéré de la résistance qu'il rencontrait. Il pensait, paraît-il, à exiler le Conseil à Bayonne [4], quand les événements imprévus vinrent détourner son attention sur d'autres objets d'un intérêt plus pressant.

Le Conseil sortit donc victorieux de ce grand combat, sans s'être départi une minute de son sang-froid, ni de la légalité. Que la lutte n'eût pu continuer longtemps ainsi, qu'elle fût destinée à finir par la disparition du Conseil et la persécution de ses membres, c'est ce qui ne faisait doute pour personne à ce moment, et la conduite des magistrats n'en paraît que plus

1. Arch. hist. nac. *Inv. Consejo.* Leg. 1, fasc. 23, 27 juillet 1808. Ilmo Sr. Prestándose S. M. á las reiteradas súplicas del Consejo de que leyese las consultas hechas, y en que exponia los motivos que habian impedido la execucion del juramento ordenado, ha hallado que sin embargo de quanto se expone en dichas consultas por el Consejo, debe este prestar su juramento; y me manda decirselo asi, por medio de V. S. I. por la ultima vez, para que se execute, avisandomelo al instante que se haga, en el concepto de que deberá V.S.I. convocar al Consejo extraordinariamente para ganar tiempo. Dios guarde á V. S. I. muchos años. Palacio, 27 de Julio de 1808. Miguel Josef de Azanza.

2. Id., *ibid.* Leg. I, fasc. 23, 27 juillet 1808.

3. Id., *ibid.* Leg. I, fasc. 23, 28 juillet 1808.

4. *Manifiesto de los procedimientos del Consejo*, p. 86.

belle et plus honorable. Ils venaient de donner un remarquable exemple de constance et de courage, que les sénateurs français d'alors auraient été parfaitement incapables d'imiter. Leur résistance prolongée avait empêché Joseph d'exiger le serment de tous les fonctionnaires civils et de placer ainsi une foule de pauvres gens entre leurs scrupules religieux, leurs convictions patriotiques et les inéluctables nécessités du pain quotidien.

III

La lueur d'espoir qui avait suivi l'arrivée de Joseph ne fut pas de longue durée. Dès le 23 juillet, commença de circuler dans Madrid la rumeur sinistre d'une grande et malheureuse affaire en Andalousie, et tout de suite, ces bruits fâcheux amenèrent un changement dans l'esprit public : « Notre position d'aujourd'hui, écrivait Savary, ne ressemble pas du tout à celle d'hier. Nous n'avons peur de rien, parce que nous avons une armée, des canons et de la poudre, mais dans vingt-quatre heures il s'est fait un revirement total dans les esprits... Un système d'émigration, semblable à celui de Coblentz, s'exécute avec beaucoup d'activité dans Madrid. Des membres de la Junte de Bayonne, ceux sur lesquels on devait le plus compter, sont timides, trembleurs, craignent les insurgés et semblent avoir fait un mauvais coup, de sorte que, au lieu de servir d'appui au roi, ils ont l'air de convenir que tout ce qui a été fait l'a été par violence. Malgré cela, le roi travaille toujours avec ses ministres, auxquels il montre de la constance et de la fermeté. Cela lui servira tant que ceux-ci ne seront pas effrayés des progrès de l'insurrection, car, si la peur les prend, le roi ne se trouvera plus être que le général en chef de l'armée [1]. »

Le 24, les généraux français semblaient plus soucieux encore.

---

1. Arch. de la guerre à Paris. *Corresp. 1808, armée d'Espagne*, 23 juillet 1808.

Le roi était allé au Prado et avait été froidement accueilli ; pas un *Viva!* n'avait été poussé en son honneur. Le maréchal Moncey, récemment revenu de Valence, disait que sur les 9.000 hommes qu'il avait emmenés, il n'en avait plus, à l'heure présente, 3.000 en état de marcher. « La guerre d'Espagne, disait Savary, ne ressemble à aucune de celles que nous avons faites en Europe ; c'est la guerre d'Égypte, à peu de différences près. — Des forces et de l'argent, disait Belliard, de l'argent et des forces !... c'est le seul moyen de faire la conquête de l'Espagne actuelle, qui ne doit point être considérée comme l'Espagne d'il y a deux mois. C'est maintenant la guerre en règle qu'il faut faire [1]. »

La proclamation de Joseph donna à Madrid un semblant d'animation. L'*ayuntamiento* y figura à peu près au complet [2]. Toutes les maisons étaient tapissées, les fenêtres et les balcons garnis de spectateurs, les rues remplies de monde [3]. Le cortège, un peu composite, était précédé d'un peloton de cavalerie française. Puis venaient les timbales et clairons des Écuries royales, à cheval, avec le pennon aux armes royales ; une escouade de hallebardiers, vingt-quatre alguazils du tribunal de Madrid, à cheval, portant la golille, et la *vara* haute à la main, l'alguazil-mayor à leur tête, les invités du comte de Campo-Alange, faisant fonctions d'Alferez-mayor de la Ville à la place du marquis d'Astorga ; les massiers de Madrid ; les quatre rois d'armes, avec la cotte brodée en or et argent aux armes royales, le corrégidor de Madrid, le comte de Campo-Alange tenant l'étendard de la

---

1. Arch. de la guerre à Paris. *Corresp. 1808, armée d'Espagne*, 24 juillet 1808. Savary à Berthier. Belliard à Berthier.

2. D. Benito de la Matta Linares s'était excusé pour cause de maladie, D. Francisco Martinez del Valle, parce qu'il avait la fièvre, D. Pedro Yanguas. était malade et avait été obligé de suspendre les bains qu'il prenait « por la repeticiónde baidos y bomitos que le habian acometido ». Le marquis de Perales avait mal à la tête. Le comte d'Altamira, marquis d'Astorga, était malade à l'Escurial. Arch. hist. nac., *Libro de acuerdos de la Sala*, 1808.

3. « Un gentio inmenso », dit la Gazette.

ville [1]. La journée se passa sans le moindre désordre « comme on était en droit de l'espérer des judicieux habitants de cette ville, dit la Gazette, et de leur respect pour une si auguste cérémonie [2] ». Il ne fut nécessaire, dit le rapport français, de donner ni une bourrade, ni un coup de crosse [3]. Le roi fit jeter à la foule 120.000 réaux [4] et quelques-uns de ceux qui ramassaient l'argent crièrent : « Viva José Napoleon! » Le marquis de Campo-Alange paya à boire au peuple et donna dans son hôtel un magnifique banquet. Des toasts fort gais furent portés dans les différentes salles à l'empereur, au roi, aux armées espagnole et française [5]. Le soir, il y eut représentation gratuite, aux frais du roi, dans les trois théâtres de Madrid [6].

Mais on remarqua que les largesses du roi avaient été faites avec de la monnaie à l'effigie de Charles IV ; très peu de grands d'Espagne avaient assisté à la cérémonie et au banquet, quoiqu'ils eussent été tous invités [7] ; l'ayuntamiento n'alla point, suivant la coutume, féliciter le nouveau monarque [8] ; le roi resta

1. *Gaceta de Madrid*, 27 juillet 1808.

2. *Id.*, 26 juillet 1808.

3. Arch. de la guerre à Paris, *Corresp. 1808, armée d'Espagne*. Rapport du 26 juillet 1808.

4. Arch. hist. nac., *Libro de acuerdos de la Sala*, 24 juillet 1808. Demande du ministre des finances Cabarrus au trésorier Galiano (*con tres luegos*).

5. *Gaceta*, 25, 26, 27 juillet 1808. Arch. de la guerre à Paris. *Corresp. 1808, armée d'Espagne*, 26 juillet 1808.

6. On joua au Principe : *Las tramas de Garulla*, avec *bolero, tonadilla* et *saynete*.

à la Cruz : *Dejar lo cierto por lo dudoso*.

Aux Caños del Peral : *La prueba de Horacio y Curiacio* et le ballet : *D. Quixote de la Mancha o las Bodas de Camacho*, del maestro Lefevre.

7. Arch. de la guerre à Paris, *Corresp. 1808, armée d'Espagne*, 26 juillet 1808.

8. La Gazette du 26 prétend que l'*ayuntamiento* avait été déjà féliciter le roi. L'Ayuntamiento fit insérer dans la Gazette du 18 août une note explicative déclarant qu'il n'avait pas été féliciter Joseph. Il faut sans doute en conclure qu'il n'y alla pas, le 25.

toute la journée enfermé avec ses ministres, ayant l'air de ne point oser se montrer à son peuple [1]; un *pasquin* vengeur donna sur toute la cérémonie l'opinion haineuse et méprisante du peuple de Madrid [2].

Savary restait très soucieux. « Prêtez attention, écrivait-il à Berthier, à ce que dira M. de Tournon, parce que les affaires d'Espagne sont très sérieuses. La position de l'armée se complique. Le roi gagne, à la vérité, quelques cœurs dans la capitale, si l'on en juge par de légères apparences; personne ne parle mal de lui; mais l'esprit d'insurrection et de terreur ne fait que croître, et l'émigration va en proportion. Des membres de la Junte de Bayonne sont abandonnés par leurs domestiques mêmes. L'esprit de ces députés est si chancelant, qu'au lieu d'entourer le roi de leurs personnes et de leur crédit pour lui faire des créatures, ils seront peut-être les premiers à l'abandonner, si leur peur n'est pas calmée par quelque miracle. L'opposition opiniâtre du Conseil de Castille est le levain de toute cette fermentation [3]. »

Le 26 juillet, Grouchy recevait du lieutenant de gendarmerie Bernou un rapport très intéressant sur l'état général de l'Espagne, qui montre chez de simples officiers une netteté de vue et de jugement très supérieure à celle de l'empereur. La guerre

---

1. *Gaceta de Madrid*, 26 juillet 1808.
2.
       En la plaza hay un cartel,
       Que nos dice en castellano
       Que José, rey italiano;
       Viene de España al dosel,
       Y al leer este cartel
       Dijo una maja á su majo :
       Manolo, pon ahi abajo
       Que me cago en esa ley,
       Porque aqui queremos rey
       Que sepa decir : ca.. jo!

Cité par Mesonero Romanos, *Memorias de un setentón*, p. 49.

3. Id., *ibid.*, 25 juillet 1808.

actuelle, qui ne devait être que le châtiment de quelques séditieux et le désarmement de ceux qu'ils avaient séduits, s'était faite, au contraire, avec une rigueur et une cupidité qui avaient exaspéré le peuple, augmenté son mécontentement et détruit la confiance qu'une grande partie de la nation avait dans les intentions bienfaisantes et paternelles de l'empereur. L'arrivée du roi dans sa capitale avait produit un très bon effet, qui devenait plus sensible de jour en jour. Le peuple n'avait aucune prévention contre S. M., aucun éloignement pour sa personne ; les vertus du roi, ses talents lui étaient connus et lui avaient déjà acquis l'estime générale. Une grande partie du peuple, et principalement les individus qui avaient de l'éducation et de la fortune, auraient déjà donné des témoignages publics de leur attachement à leur nouveau souverain, si les bruits les plus sinistres n'étaient journellement répandus à Madrid. Les factieux disaient que 200.000 insurgés marchaient sur Madrid, qu'on passerait tous les traîtres au fil de l'épée [1], que le roi allait établir la conscription [2], que le pillage des églises [3] annonçait que les Français voulaient détruire la religion, que l'Angleterre avait débarqué des troupes en Espagne [4]. Il fallait persuader au peuple que

---

1. A peine exagéré : Du 23 mai au mois d'août 1808, la junte de Valence avait levé 102.672 hommes. Castaños à Baylen disposait de 60.000 hommes. Lieutenant-colonel Clerc, *Capitulation de Baylen*, p. 55-88.

2. Arch. hist. nac., *Libro de acuerdos de la Sala*, 23 juillet 1808. La *Sala* déclare sans fondement les bruits d'après lesquels le roi devait faire fermer les portes de Madrid et procéder à l'enrôlement forcé des jeunes gens. Non seulement, il n'y aurait pas de conscription, mais encore, si le calme se rétablit, il n'y aura pas besoin, d'ici longtemps, de recourir au tirage au sort.

3. Joseph à Napoléon, 22 juillet 1808 : « Si V. M. faisait écrire au général Caulaincourt qu'Elle est informée du pillage froidement organisé dans les églises et les maisons de Cuenca, Elle ferait beaucoup de bien. Le brocantage des vases sacrés, fait à Madrid, a fait beaucoup de mal ici. Toutes les personnes sensées de l'armée disent qu'il vaudrait mieux qu'il y eût essuyé un échec que d'avoir tenu cette conduite. »

4. Les Anglais débarquèrent à l'embouchure du Mondego le 1er août 1808.

le nombre des insurgés n'était pas si considérable, que les forces des Français s'accroissaient tous les jours. Il fallait gagner le clergé, répandre partout des exemplaires de la nouvelle constitution, organiser une police plus exacte, ne pas brûler les villages et ne pas avoir l'air de faire la guerre à toute la nation. L'Angleterre espérait que l'Espagne serait une autre Vendée, que sa conquête couterait 200.000 hommes à la France, que la population de l'Espagne serait réduite des deux tiers et sa prospérité tarie pour un demi-siècle. Or il ne fallait jamais faire ce que désirait notre ennemi [1].

Le 27 juillet, Madrid fut encore en fête, le roi faisait donner une course de taureaux. Devant un pareil spectacle, il n'y eut plus d'abstentions, mais la séance du soir, à laquelle Joseph n'assista pas, fut la plus brillante [2].

Le 28, on apprit enfin la terrible nouvelle qui tenait Madrid fiévreux depuis cinq jours. Dupont et Vedel avaient été vaincus au passage de la Sierra Morena par l'armée espagnole d'Andalousie et avaient capitulé avec 17.000 hommes et 38 pièces de canon, le 22 juillet, à Baylen.

Madrid était menacé d'être attaqué par les armées de Valence et d'Andalousie et Joseph n'avait à leur opposer que 18.000 hommes et 1.200 chevaux. Il est vrai qu'en rappelant à lui tous les corps disponibles, il eût pu réunir en dix jours 30.000 hommes et s'apprêter à bien recevoir Llamas et Castaños; mais ce parti, que Napoléon eût certainement pris [3], Joseph n'était pas homme à s'y arrêter. Après avoir tenu conseil avec ses ministres affolés et les généraux abasourdis, il ordonna la retraite sur Aranda

---

1, Arch. de la guerre à Paris, *Corresp. 1808, armée d'Espagne*, 26 juillet 1808.

2. Id., *ibid.*, 27 juillet.

3. « Lui, sans doute, tiendrait ici, disait Savary à Joseph, mais ce qui est possible à lui ne l'est pas à d'autres. C'est assez d'un désastre... n'en ayons pas un second. »

de Duero; et elle se prépara dans le plus grand désordre[1], comme un trop grand nombre de les retraites françaises.

Dans la journée du 29, on arriva, à grand'peine, à faire partir 29 voitures de blessés. Les habitants des villages aux environs de Madrid avaient réuni toutes leurs voitures et y avaient mis le feu[2].

Le 30, Joseph établit à Madrid une garde urbaine de 1.000 hommes, distribuée entre les dix quartiers de la capitale[3]. Le 31, le bruit du prochain départ des Français se répandit dans toute la ville : « Tous les Français établis dans le pays, tous les Espagnols qui avaient paru être les amis de la France, tous ceux qui s'étaient mis en avant cherchaient à quitter la ville pour éviter d'être massacrés... Lorsque les gens de la cour avaient vu faire des préparatifs de départ, ils s'étaient tous cachés et le soir, on n'avait pas trouvé un seul de ces innombrables palefreniers pour atteler deux mules. Tous les harnais avaient disparu[4]. »

On fit sauter 60 caissons dont les roues étaient brisées[5], on encloua l'artillerie de siège[6]. Les soldats pillèrent les magasins d'habillement et de biscuit[7].

Le maréchal Moncey réunit le corrégidor, le gouverneur de la *Sala*, le colonel de la garde urbaine et recommanda à leur hon-

---

1. Arch. de la guerre à Paris. *Corresp. 1808, armée d'Espagne*, 30 juillet 1808. Savary à Berthier « V. A. jugera aisément dans quel état moral un événement comme celui du 19 juillet nous a mis. Il faut avoir une grande force morale pour ne pas perdre la tête dans un *débagagement* comme celui-là. »

2. Id., *ibid.*, 30 juillet 1808.

3. Arch. hist. nac. *Inv. Jr. Consejo*. Leg. IX, fasc. 21, 30 juillet 1808.

4. Arch. de la guerre à Paris. *Corresp. 1808, armée d'Espagne*, 31 juillet 1808.

5. *Journal de Girardin*, t. II, p. 158.

6. *Diario de Madrid*, 10 août 1808.

7. Arch. de la guerre à Paris, *Corresp. 1808, armée d'Espagne*, 31 juillet 1808. L'intendant Denniéce à Grouchy.

neur et à leur humanité les 2.750 malades que l'on était obligé de laisser à Madrid [1].

Cabarrus ordonna de réunir toutes les caisses au *Retiro* et fit mettre des gardes au Palais des Conseils, à l'Hôtel des Monnaies, à l'Hôtel des Postes, à l'Hôtel de la Consolidation des *vales* [2]. Le pillage en fut ainsi moins éhonté [3].

Joseph ne fut pas insulté à son départ; des Espagnols consentirent même à pousser les roues de sa voiture et lui souhaitèrent bon voyage, en ajoutant : « Surtout, n'y revenez pas! » Les soldats s'en allaient humiliés, furieux, sans frein ni discipline. « Chacun ne songeait guère qu'à soi... Les soldats s'attendaient à chaque instant à se voir surpris par l'armée de Castaños... Ils tuaient des moutons en quantité suffisante pour nourrir une armée de 80.000 hommes... Brûler était un plaisir dont ils ne pouvaient se lasser, ils mettaient le feu aux champs de blé, à la veille d'être récoltés, et le feu n'était pas plutôt mis dans un champ que l'œil découvrait, bientôt après, une vaste étendue de flammes; à peine étions-nous sortis des chaumières où nous avions passé la nuit qu'elles étaient en feu [4]. »

CHAPITRE VI

LE CONSEIL DE CASTILLE ET LES JUNTES PROVINCIALES

(1er août — 25 septembre.)

I

Les dernières troupes françaises quittèrent le Retiro le 1er août, entre 3 et 4 heures du matin. La première impression

1. Arch. de la guerre à Paris. *Corresp. 1808, armée d'Espagne*, 31 juillet 1808. Moncey à Belliard.
2. Id., *ibid.*, 31 juillet 1808.
3. Arch. hist. nac., *Inv. fr. Consejo*, Leg. VIII, fasc. 5, 1er août 1808.
4. *Journal de Girardin*, t. II, p. 158.

des Madrilènes paraît avoir été celle d'une sincère terreur. Les Esgagnols, comme les Français [1], craignaient que la ville fût mise au pillage, et le principal souci du Conseil de Castille, redevenu par la force des choses la plus haute autorité de la ville, fut de réorganiser la police et d'assurer le maintien de l'ordre public.

Dès le 29 juillet, aux premiers symptômes de départ observés chez les Français, D. Arias Mon écrivit confidentiellement au gouverneur de la *Sala* pour l'engager à reprendre les rondes d'habitants organisés au mois de mars précédent [2].

Le 31, l'alcalde Rozas réunit ses alcaldes de quartier, et ne trouva chez eux aucune bonne volonté ; on n'avait pas d'armes, et chacun craignait les bandits. L'alcalde proposait d'établir — comme Joseph le voulait [3] — une garde nationale de 5 à 600 hommes, placée sous le commandement de deux personnes de marque et payée par la ville [4].

A peine les Français avaient-ils quitté Madrid, qu'une foule de gens du peuple se ruèrent sur le Retiro et se mirent à piller : ils emportèrent du bois, dérobé au théâtre, du biscuit pris aux magasins et même des tableaux. L'*alcalde de Corte*, D. Mariano Alonso, qui présidait le marché [5], accourut avec une patrouille et chassa les maraudeurs [6]. Mais bientôt, le directeur de la prison fit dire qu'il observait quelque inquiétude chez les prisonniers et demanda d'urgence au moins six hommes et un caporal pour

---

1. Arch. de la guerre à Paris, *Corresp. 1808, armée d'Esp.* — Belliard à Berthier, 31 juillet 1808 : « Cette malheureuse capitale, quand nous l'aurons quittée, sera, je le crains bien, le théâtre de beaucoup d'horreurs, et lorsque les insurgés y entreront, la grande masse des habitants nous regrettera, en faisant la comparaison de la conduite des étrangers avec la nôtre. »

2. Arch. hist. nac., *Libro de acuerdos de la Sala*, 29 juillet 1808.

3. Arch. hist. nac., *Inv. fr. Consejo*, Leg. IX, fasc. 21, 30 juillet 1808.

4. Id., *Libro de acuerdos de la Sala*, 31 juillet 1808.

5. « Estaba de repeso mayor. »

6. Arch. hist. nac., *Inv. fr. Consejo*, Leg. V fasc. 2, 1er août 1808.

empêcher les détenus de s'enfuir, comme ils l'avaient fait le 2 mai [1].

Le Conseil publia aussitôt un avis [2] et nomma une commission de quatre membres chargée de veiller jour et nuit au maintien de l'ordre [3]. Dans chaque quartier durent circuler des rondes nombreuses, sous la conduite de chefs connus et estimés, et sous la direction générale de l'alcalde de quartier. Les cinq corporations majeures, les inspecteurs des corporations mineures, les patrons de fabriques et d'ateliers furent invités à fournir aussi des patrouilles [4]. La *Sala* pria le prince de Castelfranco, capitaine général de Nouvelle-Castille, le gouverneur de la place, le commandant général de l'artillerie et le commandant des Gardes-Espagnoles, de mettre toutes leurs forces à sa disposition [5].

Grâce à ces précautions, l'ordre fut maintenu à Madrid pendant les journées du 1er et du 2 août [6]. Mais le 3, une émeute populaire coûta la vie à D. Luis Viguri, ex-intendant de la Havane, homme de confiance du prince de la Paix, que Ferdinand VII avait déjà fait arrêter au mois de mars, et que Murat avait remis en liberté [7]. Le Conseil ne parut pas s'en émouvoir outre mesure et se contenta de publier un nouveau avis pour

1. Arch. hist. nac. *Libro de acuerdos de la Sala,* 1er août 1808.
2. Id. *Inv. fr. Consejo.* Leg. V, fasc. 1, 1er août 1808. — « La salida de las tropas francesas de esta corte y la falta de guarnicion pudiera dar lugar á que algunos abusen de estas circunstancias para inquietar á los vecinos honrados, y causar movimientos que comprometiesen la seguridad comun.... « Le Conseil recommande à tous la cause de l'ordre, sans faire la moindre allusion aux circonstances politiques, et sans un mot qui sente la joie d'être délivré des troupes françaises.
3. Id., *ibid.,* Leg. V, fasc. 1, 1er août 1808.
4. Id., *ibid.,* Leg. V, fasc. 1, 1er août 1808.
5. Id., *ibid.,* Leg. V, fasc. 1, 1er août 1808.
6. Arch. de la guerre à Paris, *Corresp. 1808, armée d'Esp.* Belliard à Berthier, 2 août 1808.
7. Arch. hist. nac. *Inv. fr. Consejo.* Leg. V, fasc. 1, 3 août 1808.

rappeler tout le monde au respect de l'ordre public, « à l'occasion du crime de la veille [1] ».

Le 8 août, le Conseil ordonna au gouverneur de la banlieue (*gobernador del Campo*) de faire prendre note aux portes de la ville de toutes les voitures et véhicules qui entreraient à Madrid, et d'en remettre chaque jour la liste au doyen [2]. On rétablit le poste de la *Plaza Mayor* et l'on put supprimer les six hommes de garde à la prison [3]. Le 13, le Conseil institua une *Junte de la tranquillité publique*, qui fonctionna régulièrement jusqu'à la fin d'octobre [4], et la paix ne fut plus troublée que par les gamineries des enfants, qui se répandaient le soir dans les rues en portant des torches et en chantant des chansons indécentes [5], ou par les soldats qui insultaient les femmes, en venant chaque matin chercher leur pain à la manutention royale [6].

A la veille de la réunion de la Junte Suprême, le Conseil engagea les Madrilènes à ne rien faire qui pût troubler la paix commune « au moment où l'on tendait à concentrer l'autorité divisée par les événements, et à établir un gouvernement stable et fort, tel que la nation le voulait et l'espérait [7].

Le Conseil rendit donc à Madrid l'inappréciable service de le sauver d'un pillage, regardé comme inévitable, et d'y maintenir la paix, pour ainsi dire par le seul prestige de son autorité morale.

---

1. Id., *ibid.*, Leg. V, fasc 1, 3 août 1808.

2 Id., *ibid.*, Leg. XIV, fasc. 20, 8 août 1808.

3. Id., *Libro de acuerdos de la Sala*, 8 août 1808.

4. Id., *ibid.*, 13 août 1808. Elle fut présidée par D. Arias Mon et se composa de quatre membres : D. Bernardo Riega, D. José Mariano Puig, D. Domingo Fernandez Campomanes, D. Tomas Moyano.

5. Id., *ibid.*, 17 août 1808.

6. Id., *Inv., fr. Consejo*, Leg. XIV, fasc. 29, 8 sept. 1808.

7. Id., *Libro de acuerdos de la Sala*, 24 sept. 1808.

II

Avec l'imperturbable calme qui le caractérisait et qui faisait sa grande force, le Conseil reprit, dès le moment où il se vit libre, sa vie normale comme aux jours les plus paisibles de la monarchie, veillant avec un soin également jaloux à l'observation des lois du royaume et au maintien de ses propres droits, et procédant en chaque occasion avec toute la prudence et toute la gravité qui étaient chez lui de tradition constante et invariable.

Le personnel de la Cour se compléta par l'arrivée de deux des conseillers rétablis en mars 1808 par Ferdinand : D. Domingo Codina [1], et D. Benito Ramon de Hermida. Ce dernier, considéré comme un homme de grande expérience et de beau caractère, mit à la disposition du Conseil « les faibles restes de ses forces et de ses facultés et le zèle qui l'animait pour le bien public [2] », et D. Arias l'invita courtoisement à rejoindre le plus tôt possible la Compagnie [3].

Le Conseil défendit à l'occasion ceux de ses membres que poursuivait l'animosité publique. D. Simon de Viegas, le fiscal détesté, qui avait soutenu le parti Godoy dans le procès de l'Escurial, était considéré comme *afrancesado*, et le trésorier-général refusait de lui payer son traitement [4]. Il réclama auprès du Conseil et obtint gain de cause [5]. Le vulgaire s'acharnait après D. Josef Navarro, et le menaçait de le tuer « comme on avait fait de son ami Viguri ». La *Junte de tranquillité* jugeait le cas si grave qu'elle conseillait à D. Josef de quitter Madrid, dans l'intérêt de sa sûreté. Le magistrat, suspect d'intelligences avec Joseph Napoléon, répondit « qu'il espérait que S. S. et les membres de la

---

1. Arch. hist. nac. *Inv. fr. Consejo*. Leg. XIV, fasc. 1, 27 août 1808.
2. Id., *ibid*. Leg. XIV, fasc. 1, 27 août 1808.
3. Id., *ibid*. Leg. XIV, fasc. 1, 2 sept. 1808.
4. On était au mois d'août, et la trésorerie payait le mois de février.
5. Id., *ibid*. Leg. XIV, fasc. 21, 18 août 1808.

Junte ne trouveraient pas mauvais qu'il continuât à assister au Conseil et à remplir tous ses autres devoirs de citoyen, et que si, contre toute son espérance, S. S. et la Junte pensaient autrement, il les priait de bien vouloir l'en avertir, afin qu'il pût défendre son droit [1]. » Il resta au Conseil comme il l'avait demandé.

Le Conseil se fit aussi l'avocat des fonctionnaires de la Cour qui se trouvaient sans ressources ou sans place par suite du départ du roi. Le marquis d'Astorga réclamait des fonds pour les pages du roi, le Conseil lui accorda 30.000 réaux le 7 septembre [2]. Dᵃ Margarita Doyle, dame d'honneur de la reine, avait été expulsée du palais, par ordre de Murat, le 21 mai 1808, avec toutes les dames de la chambre (*camaristas*), dames d'atours (*azafatas*) et femmes (*dueñas*) du service royal, et demandait à rentrer avec ses compagnes. Le Conseil le leur permit, malgré l'opposition du Grand majordome et la grosse dépense que représentait leur entretien ; il entendait respecter tous les droits acquis [3].

Cependant la nécessité de faire des économies sur les dépenses du palais s'imposait de plus en plus. Le trésorier général voyait ses caisses assiégées, et pour éviter l'encombrement, avait fini par assigner un jour spécial de paiement à chaque classe d'employés, mais les salaires des gens du palais atteignaient chaque mois 1.100.000 réaux ; il devenait urgent d'aviser. Le Conseil le sentit lui-même et fit demander au Grand majordome, au Grand écuyer et au Sommelier du corps d'opérer sur leurs budgets

---

1. Id., *ibid.* Leg. XIV, fasc. 41, 23 sept. 5 octobre 1808.

2. Id., *ibid.* Leg. XIV, fasc. 28, 29 août, 7 sept. 1808.

3. Id., *ibid.* Leg. XVI, fasc. 15, 30 août 10, 20, 22, 24 sept. 1808. — Le chef de l'éclairage demandait à lui tout seul 4.840 réaux ; il fallait 2 ou 3 chevaux avec les valets correspondants pour monter l'eau dans les chambres : il fallait de la cire, de l'huile, du charbon ; il fallait prévoir les frais de culte à l'oratoire des dames ; il fallait rétablir le chirurgien de famille qui passait la nuit au palais pour être toujours prêt à les assister en cas de maladie. — La dépense totale était estimée à 80.000 réaux par an.

respectifs toutes les économies possibles [1]. Le comte de Gausa, doyen des majordomes de semaine, répondit que les traitements ordinaires et extraordinaires de la maison du roi, de la chapelle et de la chambre, ainsi que des serviteurs de la reine, montaient chaque mois à 634.000 réaux, et qu'aucune économie n'était possible sur ces traitements, vu leur extrême modicité, et les retards dans le paiement soufferts par les titulaires. Il n'y avait plus d'autres dépenses au palais que celles du culte et de la comptabilité ; ces services dépensaient peu et figuraient au budget pour un chiffre assez considérable, mais c'était sur les fonds qui leur étaient alloués que l'on payait l'arriéré dû aux employés [2]. Le Grand écuyer répondit de même qu'il avait toujours géré son service avec la plus grande économie, qu'il n'y avait plus à l'heure actuelle, d'autres grosses dépenses que la maison des pages, la jumenterie d'Aranjuez et l'école de dressage des mules, et qu'il continuerait à faire toute l'épargne possible « vu les obligations extraordinaires auxquelles l'Etat était forcé de satisfaire [3] ».

1. Arch. hist. nac. *Inv. fr. Consejo*. Leg. XXI, fasc. 9, 5 sept. 1808. Le trésorier général Alcalá Galiano au doyen du Conseil et au Conseil. — 8 sept. Le Conseil à Alcalá Galiano. Il envoie sa lettre au Grand Majordome, au grand Ecuyer et au Sommelier du corps.

2. Id., *ibid.*, Leg. XXI, fasc. 9, 28 sept. 1808. Rapport du comte de Gausa au Conseil.

3. Id., *ibid.*, Leg. XXI, fasc. 9, 24 sept. 1808.

On n'a point le rapport du sommelier du corps, ce qui peut tenir à ce qu'à cette époque cette charge n'avait point de titulaire régulier. Le marquis de Hariza y Estepa, sommelier du corps sous Charles IV, avait été mis à la retraite par Ferdinand VII et remplacé par le marquis de Valmediano. Mais Murat avait rétabli Hariza dans son titre, et le marquis était en instance auprès du Conseil pour se faire reconnaître en qualité de sommelier du corps, en vertu de la nomination faite par le grand-duc de Berg. — Id., *ibid.* Leg. XXI, fasc. 19, 12 sept. 1808.

La question des dépenses de Cour n'était pas encore réglée au mois de novembre 1808. Les gens du palais n'avaient à cette époque touché depuis le 1er août que leur traitement du mois d'avril, et adressaient à la Junte Suprême une supplique désespérée pour toucher les mensualités échues. Id., *ibid.* Leg. VIII, fasc. 16, 13 sept. 1808.

Le Conseil montrait moins de scrupules quand il se trouvait en face de gens opulents et n'hésitait pas à leur faire honte de leur cupidité. Le maréchal de camp D. Luis Idiaquez osa réclamer les frais de son voyage à Bayonne, que Murat lui avait promis de lui rembourser; le Conseil lui refusa le « bon à payer [1] ». Le duc de Granada de Ega, président du Conseil des Ordres, s'indignait de voir la *Junte centrale de suministros* appliquer aux besoins de l'armée les fonds provenant des Grandes maîtrises des Ordres. Ces fonds, disait-il, avaient été affectés, par bulles spéciales des souverains pontifes, à la rétribution du Conseil des Ordres et de ses membres, et ne pouvaient recevoir sans l'assentiment du Conseil une autre destination [2]. Les fiscaux de Castille répondirent que « les raisons du noble duc eussent mérité la plus grande considération dans des temps sereins et tranquilles, mais qu'elles étaient sans valeur quand il s'agissait de sauver la patrie, qui se trouvait dans le plus grand et le plus émouvant péril où elle se fût jamais vue... les fiscaux regrettaient que les membres du Conseil des Ordres fussent depuis plusieurs mois privés de traitement, mais ces retards, tous les tribunaux en souffraient — de plus longs même — et ne se plaignaient pas [3] ».

Le Conseil poursuivait les abus avec une extrême fermeté, sans faire aucune acception de personnes. Il supprimait le Conseil supérieur de marine, comme dépendance de l'Amirauté, supprimée le 20 mars 1808 [4]. Il défendait de payer sur la Caisse de consolidation des *vales* des dettes étrangères à son objet [5]. Il refusait au général de l'armée de Valence les caisses de vin lais-

---

1. Id., *ibid*. Leg. XIV, fasc. 24, 28 août, 3 sept. 1808.
2. Id., *ibid*. Leg. IX, fasc. 19, 15 sept. 1808.
3. Id., *ibid*. Leg. IX, fasc. 19, 18 sept. 1808.
4. Id., *ibid*. Leg. XXI, fasc. 7, 18 août 1808.
5. Id.. *ibid*. Leg. XIV, fasc. 33, 13 sept. 1808.

sécs en douane à l'adresse du grand-duc de Berg et les faisait vendre au profit de l'État [1].

Suivant le vieil esprit de la législation espagnole, le Conseil voulait être informé des plus petits faits, et les connaître dans le dernier détail. Il demandait sérieusement à la Chambre criminelle de la Chancellerie de Valladolid ce que devenait l'enquête commencée par elle à propos de la saisie d'un carrosse, attelé de six mules, et conduit par trois domestiques. Il apprenait avec satisfaction que le carrosse avait été restitué à l'archidiacre de Guadalajara, son propriétaire, que les domestiques avaient été remis en liberté, mais que la Cour les avait condamnés aux dépens pour avoir voyagé sans passe port et avoir répondu avec peu de clarté aux questions des magistrats [2].

A côté de ces vétilles, le Conseil touchait aux affaires les plus importantes; il ordonnait à la Secrétairerie de grâce et justice de dresser la liste de toutes les affaires en souffrance restées dans ses bureaux [3]; il ordonnait de graver de nouveaux coins pour activer la fabrication de la monnaie [4]; il correspondait avec les généraux des armées nationales, il leur suggérait des idées pour arrêter les barbaries des Français [5]; il s'attaquait à la grosse question de la légitimité des actes du roi Joseph et consultait les fiscaux sur cette affaire, comme sur tous les cas épineux qui s'étaient présentés pendant l'occupation française. Les fiscaux déposèrent leurs conclusions le 9 août; ils montrèrent que les magistrats n'avaient jamais été écoutés, avaient été traités de

---

1. Arch. hist. nac. *Inv. fr. Consejo*. Leg. XIV, fasc. 22, 1er sept. 1808.

2. Id., *ibid*. Leg. IV, fasc. 4, 14 sept. 1808.

3. Id., *ibid*. Leg. XVIII, 23 août 1808. Les affaires dont il s'agissait étaient surtout des demandes en réduction de dette, des levées de séquestre, des remises et commutations de peine.

4. Id., *ibid*. Leg. XXI, fasc. 12, 9 sept. 1808.

5. Id., *ibid*. Leg. XVI, fasc. 18, 31 août 1808. L'idée était, il est vrai, détestable : Il s'agissait de menacer les Français d'exercer des représailles sur les prisonniers français tombés aux mains des Espagnols.

rebelles, de séditieux et de révolutionnaires, et avaient fini par craindre de ne pouvoir sauver leur vie, même en se démettant de leurs charges. Entourés par une armée nombreuse, aussi atroce, aussi cruelle et inhumaine que ses chefs eux-mêmes, ils avaient dû condescendre en quelque manière aux idées de l'usurpateur, « mais l'armée étrangère avait quitté la capitale, le roi intrus Joseph Napoléon l'avait suivie, en donnant des marques non équivoques, sinon de fuite, du moins d'abandon [1] », le moment était donc venu pour le Conseil de faire usage de sa liberté reconquise; rien ne devait subsister de ce qui avait été fait pendant ce malheureux interrègne; tous les actes consentis du 2 mai au 1er août 1808 étant viciés dans leur principe par la violence et la crainte et par l'illégitimité du pouvoir qui les commandait. Le 11 août, le Conseil adoptait les conclusions de ses procureurs et décrétait nuls et non avenus tous les actes du gouvernement intrus [2]. Le 31 août, un nouveau décret défendait d'exécuter aucun ordre de Joseph Napoléon « ces ordres devant être tenus pour nuls, sans effet et sans valeur [3] ».

La décision du 11 août 1808 a été considérée par Napoléon comme une lâcheté et une perfidie « aussi déshonorante pour la dignité du magistrat que pour le caractère de l'homme [4] ». Mais ces expressions, dictées à l'empereur par la colère qui le dominait, ne sont que des injures sans portée. La décision du 11 août n'a été que la conclusion logique et naturelle de la patiente opposition faite par le Conseil de Castille à Murat, à Savary et à Joseph. Après avoir peut-être cru un moment que le pouvoir de l'usurpateur allait se consolider, après avoir eu, même à ce moment, le courage de lui résister, le Conseil, redevenu libre, a pu sans déshonneur déclarer nuls les actes passés

---

1. Id., *ibid*. Leg. I, fasc. 25, 9 août 1808.
2. Id., *ibid*. Leg. I, fasc. 25, 11 août 1808.
3. Id., *ibid*. Leg. XIV, fasc. 12, 31 août 1808.
4. Décret impérial du 4 décembre 1808.

par un usurpateur, qui n'avait pas même le courage de rester à
son poste, et qui s'enfuyait sans songer à défendre ceux qu'il
avait compromis [1]. Non seulement le Conseil pouvait annuler
les décrets de l'intrus, mais il le devait, et l'Espagne entière lui
en sut gré, comme d'un acte de patriotisme et de justice.

III

Il n'était que temps qu'il parlât, car de tous les points de la
péninsule partaient des plaintes et même des injures à son
adresse.

L'Espagne, menacée de devenir une province française, s'était
en quelques jours levée contre l'envahisseur, et chaque province avait déclaré à Napoléon sa guerre particulière. Tout
autour du plateau castillan occupé par les Français, s'étaient ins-
tituées des assemblées révolutionnaires, des *Juntes*, formées parfois des éléments les plus hétérogènes, mais toutes fanatisées par
le danger national et prêtes à tous les sacrifices « pour la religion, la patrie et le roi ».

Il s'était établi des Juntes en Catalogne, à Valence, à Murcie,
à Jaen, à Grenade, à Séville, à Cadix, à Badajoz, à Leon, à
Lugo, à Oviedo, à Pampelune, à Saragosse. Toutes ces villes
étaient devenues d'actifs foyers d'embauchage et d'instruction
des armées insurgées, des centres d'opposition intransigeante au
gouvernement intrus.

La Junte de Valence avait armé 100.000 hommes et fait reculer le maréchal Moncey.

La Junte de Cadix avait soulevé toute l'Andalousie méridio-
nale et fait capituler l'amiral français Rosily avec six vaisseaux.

---

1. *Gaceta de Madrid*, 12 août 1808 « La inesperada salida de las tropas
enemigas, la celeridad y precipitacion con que la hicieron, y el desorden con
que marcharon, dexaron admirado y atónito al pueblo y al gobierno que
dudaba aquello mismo que veia. »

La Junte de Séville avait organisé l'armée d'Andalousie, qui avait vaincu Dupont à Baylen.

La Junte de Leon avait favorisé les efforts du vieux général Cuesta.

La Junte de Galice avait aidé Blake à organiser une armée.

La Junte d'Oviedo avait été la première à lancer le cri de révolte et à solliciter les secours des Anglais.

La Junte d'Aragon défendait héroïquement Saragosse, et son chef, Palafox, allait adresser au général Loison la plus belle et la plus noble protestation qu'ait fait entendre l'Espagne [1].

Chacune de ces assemblées était naturellement portée à s'exagérer son rôle et ses services, et ne trouvait à manifester au Conseil qu'une compassion assez dédaigneuse, quand elle comparait la glorieuse conduite qu'elle avait tenue et les exemples qu'elle avait donnés à l'attitude hésitante et timorée des magistrats prisonniers des Français.

Sitôt qu'il fut rentré en relations avec les provinces, après deux mois et demi d'isolement, le Conseil s'aperçut que les dispositions des autorités à son égard étaient changées, et chaque jour lui apporta la preuve du discrédit aussi profond qu'immérité où il était tombé.

Dès le 4 août, il expédia une circulaire aux Juntes provinciales pour leur annoncer la retraite des Français et les engager à envoyer des députés à Madrid ; tous travailleraient avec lui au bien général [2].

La Junte de Valence répondit par un factum extravagant. « Intègre et sage Conseil de Castille ! Si la méchanceté et l'intrigue cherchent à te représenter comme coupable, en ces jours de douleur que nous traversons, mon respect et la conviction où je suis de tes vertus ne t'en laisseront pas moins au rang

---

1. Arch. des Aff. Étr. Espagne, supplément, t. XX, f° 181. Palafox au Général Loison. Albarracin, 28 août 1808.

2. Id., *ibid.* Leg. XII, fasc. 1, 4 août 1808.

qui te convient, remettant la pleine restauration de ton honneur au jour où tes opérations nous seront mieux connues. » Après ce préambule flamboyant, la Junte faisait l'historique du Conseil, énumérait ses devoirs, et se demandait s'il les avait bien remplis au cours des derniers mois? Cependant elle espérait que le Conseil, rendu à la liberté, recouvrerait bientôt son ancienne réputation ; elle désirait elle-même l'établissement d'une Junte centrale et envoyait deux députés à Madrid. Autant son exorde était dur pour le Conseil, autant sa péroraison était louangeuse pour elle-même : « Quelle gloire pour Valence si on la voyait la première faire un geste si conforme à sa loyauté, si elle était la première à constituer la centralisation du pouvoir comme à lever une tête généreuse contre l'iniquité française [1] ! » Le Conseil eut le bon goût de répondre à cette philippique en remerciant la Junte de son patriotisme et en la priant de continuer à travailler pour la bonne cause [2]. La Junte finit peut-être par sentir le ridicule de son attitude, car son général, D. Pedro Gonzalez Llamas, ayant voulu interdire tout acte politique au Conseil [3], elle le désavoua et lui enjoignit de ne plus se mêler de semblables affaires sans son ordre exprès [4].

Pour ne pas toutes parler un langage aussi magnifique, les autres Juntes n'étaient pas animées d'un esprit moins indépendant. Celle de Majorque décidait de n'obéir qu'à ceux des décrets du Conseil qu'elle jugerait elle-même utile de publier [5]. La Junte de Murcie répondait ironiquement à la circulaire du 4 août qu'il y avait plus d'un mois que les Juntes provinciales songeaient à organiser un gouvernement central [6]. La Junte

---

1. Arch. hist. nac. *Inv. fr. Consejo.* Leg. XII, fasc. 2.
2. Id., *ibid.* Leg. XII, fasc. 2, 12 août 1808.
3. Id., *ibid.* Leg. XII, fasc. 2, 13 août 1808.
4. Id., *ibid.* Leg. XII, fasc. 2, 19 août 1808. Remerciements du Conseil : 26 août 1808.
5. Id., *ibid.* Leg. XIX, 22 sept. 1808. L'évêque d'Ibiza au Conseil.
6. Id., *ibid.* Leg. XII, fasc. 5, 9 août 1808.

suprême de Grenade se disait heureuse d'aider le Conseil « dans toutes les mesures que lui dicterait le bien public »; elle espérait qu'il prêcherait aux peuples la reconnaissance et l'obéissance aux Juntes « qui avaient si bien mérité de la patrie [1] »; elle défendait de payer aucune somme sur l'ordre de Madrid [2]; les fiscaux du Conseil faisaient remarquer avec raison que si toutes les Juntes s'arrogeaient une pareille autorité, chaque province formerait bientôt un état et c'en serait fait de la monarchie espagnole [3].

La Junte de Jaen fit une réponse courtoise; elle dit que s'étant entendue déjà avec la Junte de Séville, elle ne pourrait, sans inconséquence, exécuter immédiatement les ordres du Conseil, mais qu'elle était étrangère à tout esprit de parti, et que si le vœu des provinces se prononçait en faveur d'une autre politique, elle était toute prête à l'adopter. Malgré les pillages soufferts par la province, Jaen était tout disposé à venir en aide à Madrid [4].

La Junte Suprême de Badajoz ne répondit au Conseil que par un simple accusé de réception [5]. Le Conseil récrivit une lettre très digne : S'il insistait, c'était par devoir, et par souvenir de la confiance que ses rois avaient toujours eue en lui. Le rédacteur de la lettre avait ajouté : « *Et parce qu'il n'y a dans le royaume nul autre corps et nulle autre personne qui puisse et qui doive légalement faire ce que fait le Conseil.* » On trouva la phrase trop hardie; on n'osa pas l'envoyer. La lettre du Conseil fit d'ailleurs bon effet à Badajoz; la Junte voulut bien remercier le Conseil de sa modération et l'engagea à se contenter « d'exciter l'autorité de la nation (?) et de coopérer au bien général avec toute son influence, toute sa dignité et toutes ses lumières [6] ».

---

1. Id., *ibid.* Leg. XII, fasc. 12, 13 août 1808.
2. Id., *ibid.* Leg. XII, fasc. 25, 20 août 1808, fasc. 11, 13 sept. 1808.
3. Id., *ibid.* Leg. XII, fasc. 12, 10 août 1808.
4. Id., *ibid.* Leg. XII, fasc. 7, 14 août 1808.
5. Id., *ibid.* Leg. XII, fasc. 6, 9 août 1808.
6. Id., *ibid.* Leg. XII, fasc. 6, 9 août, 12 août, 19 août 1808.

La Junte Suprême de Séville avait fait reconnaître son autorité par les autres Juntes d'Andalousie ; sa réponse fut pleine de condescendance et d'ironie. Elle avait organisé l'armée qui avait vaincu à Baylen, et elle lui ordonnait de marcher au secours de Madrid. L'idée de former un gouvernement central, les Juntes l'avaient déjà conçue, « *elles continueraient à marcher d'accord* la haute prudence de S. S. I. ne laisserait pas de pénétrer toute la force de ces expressions et ne trouverait jamais meilleure occasion d'employer sa science et ses talents [1] ». Le Conseil ne voulut pas laisser passer de telles insolences. Il récrivit qu'il n'avait jamais cessé de faire son devoir ; c'était à la nation de dire sous quel gouvernement elle voulait vivre, et il n'y prétendait pour lui-même d'autre part que celle que la nation lui attribuerait [2]. La Junte de Séville ne répondit pas, et continua à gouverner l'Andalousie, avec les Juntes locales de Ronda [3], de Cordoue [4], de Jaen [5] et de Ciudad Real [6].

Les Juntes du Nord ne furent pas beaucoup plus encourageantes : la Junte supérieure de Galice accusa réception de la circulaire du Conseil et le félicita du départ des Français qui le rendait à la liberté [7]. La Junte des Asturies répondit poliment qu'elle était engagée avec la Junte et le commissaire anglais de Galice [8], et s'opposa à ce qu'aucune autre autorité que la sienne fût reconnue dans la principauté [9].

---

1. Arch. hist. nac. *Inv. fr. Consejo.* Leg. XII, fasc. 4, 8 août 1808.

2. Id., *ibid.* Leg. XII, fasc. 4, 12 août 1808.

3. Id., *ibid.* Leg. XII, fasc. 20. 23 août 1808.

4. Id., *ibid.* Leg. XII, fasc. 10, 17 août 1808, fasc. 22, 18 août 1808, 25 août 1808.

5. Id., *ibid.* Leg. XII, fasc. 7, 14 août 1808.

6. Id., *ibid.* Leg. XI, fasc. 8, 19 août 1808 et Leg. IX, fasc. 3, 22 août 1808.

7. Id., *ibid.* Leg. XII, fasc. 8, 10 août 1808.

8. Id., *ibid.* Leg. XII, fasc. 11, 10 août 1808.

9. Id., *ibid.* Leg. XXI, fasc. 10, 17 sept. 1808.

Dans la Vieille-Castille, les Juntes eurent une histoire mouvementée, « chacun voulant commander et personne ne voulant obéir [1] ». Le vieux général Cuesta, nommé par Ferdinand VII capitaine-général de Vieille-Castille, avait organisé dans chaque chef-lieu d'intendance une junte de défense et d'armement, et à Valladolid une Junte centrale de Vieille-Castille. Après la bataille de Cabezon, il se retira à Leon, où la Junte le suivit; Leon se trouvant menacé, à la suite de la bataille de Medina de Rio Seco, la Junte se retira à Ponferrada. Quelques ambitieux, dont le bailly Valdés, eurent alors l'idée de former une Junte générale de Galice, Leon et Castille et, en effet, le 21 août, un traité d'union fut conclu entre les trois royaumes « pour la défense de leurs territoires respectifs, la conservation de leur gouvernement antérieur et l'expulsion des ennemis de toute la monarchie [2] ». La Junte générale se réunit à Lugo et commença à faire acte de souveraineté, mais Cuesta ne l'entendait pas ainsi; il déclara dissoute la Junte de Lugo et défendit aux Juntes de Castille toutes relations avec la Junte de Galice; il y eut quelques mouvements à Leon, puis Cuesta finit par imposer son autorité [3]. La Vieille-Castille forma donc, en réalité, une sorte de proconsulat militaire, où Cuesta exerça l'autorité souveraine, au nom de la Junte intituée par lui.

Il se passa quelque chose d'analogue à Saragosse, où l'autorité de Palafox domina complètement celle de la Junte d'Aragon.

Le mouvement régionaliste s'étendit même à la Nouvelle-Castille. Dès le 2 août, Tolède créa une *Junte permanente de tranquillité publique*, dans laquelle domina d'abord l'élément ecclésiastique et qui montra une certaine docilité envers le Con-

---

1. Id., *ibid*. Leg. XI, fasc. 8, 3 sept. 1808... « Hemos de tener unas guerras civiles, por la simpleza de querer mandar y no obedecer. » Fr. Miguel Vicente de Madrid à D. Pablo Hernando.

2. Id., *ibid*. Leg. XII, fasc. 9, 21 août 1808.

3. Id., *ibid*. Leg. XII, fasc. 30, 19 sept. 1808. Cuesta à Castaños.

seil de Castille [1], mais le Conseil n'ayant pas cru devoir ordonner à l'intendant d'assister à toutes les séances de la Junte, celle-ci se déclara offensée par le Conseil [2] et commença à faire de l'opposition. L'intendant, de son côté, montrait beaucoup d'ennui de suivre toutes les discussions de la Junte, il voyait sa voix étouffée dans une assemblée de plus de quarante personnes, de toutes classes — il y avait jusqu'à des artisans [3] ! — De guerre lasse, il lui abandonna l'enrôlement des volontaires, mais quand la Junte eut des enrôlés, elle voulut avoir de l'argent, et prétendit mettre la main sur tous les revenus de la province [4] ; l'intendant répondit que seuls le trésorier du royaume et le Conseil de Castille avaient le droit de toucher aux revenus du roi [5] ; la *Junte suprême de gouvernement de Tolède et sa province* trouva ses prétentions du plus mauvais goût [6] ; le cardinal D. Luis de Bourbon écrivit au Conseil « qu'après tout, Tolède était la capitale de la Castille et ne pouvait renoncer au système adopté par toutes les provinces du royaume [7] ». La Junte vanta ses services : elle avait versé 60.000 réaux au marquis de Coupigny, elle faisait faire 1.500 chemises et 1.500 paires de souliers pour l'armée, elle avait donné 21.000 réaux à des officiers du régiment de Bourbon, elle allait donner 300.000 réaux à l'armée d'Andalousie ; elle était reconnue par les autres Juntes, et refusait de céder. Elle envoya deux délégués à la Junte centrale du royaume [8] et tint le Conseil en échec, dans sa propre province, à quinze lieues de Madrid.

---

1. Arch. hist. nac. *Inv. fr. Consejo.* Leg. XI, fasc. 3, 5 août 1808, 7 août 1808.
2. Id., *ibid.* Leg. XI, fasc. 3, 6 août 1808.
3. Id., *ibid.* Leg. XI, fasc. 3, 11 août 1808.
4. Id., *ibid.* Leg. XI, fasc. 3, 18 août 1808, 20 août 1808, 21 août 1808.
5. Id., *ibid.* Leg. XI, fasc. 3, 25 août 1808.
6. Id., *ibid.* Leg. XI, fasc. 3. « La Suprema Junta no ignora la esfera de aquellas legitimas autoridades, pero en el sistema adoptado por la nacion... halla toda la autoridad para mandar y hacerse obedecer. »
7. Id., *ibid.* Leg. XI, fasc. 3, 2 sept. 1808.
8. Id., *ibid.* Leg. XI, fasc. 3, 8 sept. 1808.

Madrid même faillit avoir sa Junte ! La Junte de Villanueva de la Jarra écrivit à l'ayuntamiento de Madrid et demanda l'érection d'une *Junte suprême de Nouvelle-Castille* [1]. Les régidors transmirent la lettre au Conseil, qui se garda bien de répondre [2].

Cette éclosion spontanée du régionalisme est un des faits les plus intéressants de cette curieuse époque; elle montre qu'en dépit de la centralisation officielle, chaque province de la monarchie avait gardé sa personnalité et était toute prête à reprendre son autonomie. Libérée de sa vieille dynastie, l'Espagne se libérait du même coup de sa vieille administration et retournait d'instinct au fédéralisme, son véritable régime national. Le mouvement ne faisait que commencer et déjà une quinzaine de souverainetés provinciales s'instauraient tout autour de la Péninsule. Si l'élan avait continué, on peut être certain que les Juntes eussent été sans cesse en se multipliant; chaque intendance de Vieille-Castille avait déjà sa Junte d'armement; il y en avait d'analogues dans de gros bourgs comme Villanueva de los Ynfantes [3], El Bonillo [4], Villahermosa [5] ; bientôt chaque *pueblo* aurait voulu la sienne, et c'eût été par toute l'Espagne un renouveau de la pittoresque anarchie des XIVe et XVe siècles. Napoléon pouvait retirer ses armées et laisser l'Espagne à elle-même ; il n'eût rien eu à en craindre pendant vingt ans, et peu à peu, du chaos des guerres civiles, se seraient dégagés les traits principaux

---

1. Id., *ibid.* Leg. XII, fasc. 14, 31 août 1808 : « ¿ Y sera razonable que un millon y medio de almas de nuestras cinco provincias, que contribuien con cerca de cien millones anuales, que viven en ellas muchos hombres savios, los primeros personages, los rentados mas fuertes, y los mayores capitalistas de España, y que tenemos en el exercito mas de 20.000 soldados, carezcamos de representacion tan apetecible como decorosa ? »

2. Id., *ibid.* Leg. XII, fasc. 14, 7 sept., 19 sept. 1808.

3. Id., *ibid.* Leg. XI, fasc. 8, 4 sept. 1808.

4. Id., *ibid.* Leg. XI, fasc. 8, 15 sept. 1808.

5. Id., *ibid.* Leg. XI, fasc. 8, 26 sept. 1808.

d'une Espagne moderne, bien plus espagnole, plus originale et vivante que l'Espagne d'aujourd'hui.

Le Conseil de Castille ne pouvait évidemment voir les choses avec cet optimisme. Pour les magistrats madrilènes, le régime des Juntes était l'anarchie pure. N'avait-on pas vu, à Tembleque, un secrétaire de la Junte de Séville déclarer à l'*ayuntamiento* qu'il n'avait à obéir à aucun ordre du Conseil [1] ? Le commandant du camp de Saint-Roch n'avait-il pas écrit à D. Bartolomé Muñoz, secrétaire de *l'ancien Conseil de Castille* [2] ? A Madrid, deux soldats de Castaños n'avaient-ils pas lacéré une affiche du Conseil en disant : « Tout cela, c'est de la tromperie, et devrait être défendu. Il n'y a ni Suprême, ni Conseil [3] ! » Devant des faits aussi scandaleux, plus d'un conseiller en venait peut-être à regretter Joseph.

Cependant, le Conseil se renseignait, étudiait la situation et finit par comprendre que tout n'était pas perdu. Les Juntes avaient certainement pour elles la faveur publique. Certains voyaient dans la création spontanée de toutes ces assemblées un décret merveilleux de la Providence [4]. D. Tomás de Morla comparait la révolution espagnole « à l'étincelle électrique courant sur un fil de fer à travers toutes les provinces [5] ». Mais l'esprit régionaliste qui les avait créées n'était pas absolument celui qui les animait. Nées de l'instinct populaire, qui avait affirmé à la fois ses idées conservatrices en acclamant Ferdinand VII et ses idées particularistes en se séparant de Madrid, les Juntes s'étaient remplies d'ecclésiastiques, d'anciens fonctionnaires, de propriétaires, de magistrats, qui façonnés par l'éducation monarchique,

---

1. Arch. hist. nac. *Inv. fr. Consejo.* Leg. XI, fasc. 8, 3 sept. 1808.

2. Id., *ibid.* Leg. XI, fasc. 16, 22 août 1808.

3. Id., *ibid.* Leg. XI, fasc. 10, 19 sept. 1808.

4. Id., *ibid.* Leg. XII, fasc. 30, 18 sept. 1808. Castaños à Cuesta.

5. Id., *ibid.* Leg. XII, fasc. 17, 30 août 1808. « Quasi en un mismo momento, como si una chispa electrica corriese un alambre conductor á todas las provincias ». D. Tomás de Morla au Conseil.

aspiraient tous à l'unité. Tandis que le peuple de Valence, ou de Séville, ou de Saragosse acclamait sa Junte valencienne, andalouse ou aragonaise, les Juntes songeaient toutes à rétablir un gouvernement central, les *golillas* de toute l'Espagne conspiraient pour ramener le pays à l'unité.

Le 3 août, la Junte de Séville proposait résolument la formation d'une Junte nationale. Son manifeste était un réquisitoire en règle contre le Conseil de Castille [1], et circula par toute l'Espagne, avec la complicité des Juntes des provinces.

Au manifeste de Séville, le Conseil opposa le silence le plus digne, mais il laissa circuler dans Madrid, avec une évidente complaisance, les écrits apologétiques composés par ses partisans.

L'une de ces brochures [2], qui paraît due à un magistrat, contient les vues les plus sages sur la situation. L'auteur reconnaît que le Conseil a été institué pour être le gardien des lois « et subsiste en la même dignité et autorité qu'autrefois, puisque ses

---

1. Id., *ibid.* Leg. XII, fasc. 18, 3 août 1808. « El Consejo de Castilla, aun legitimo, jamas ha convocado las Cortes — ¿ porque pues se le daria esta autoridad que no tiene ? — Seria porque ha prestado todo su influxo a mudanzas tan graves, y sobre las quales no tiene poder ni competencia alguna ? — Seria porque ha obrado contra las leyes fundamentales, para cuya observacion y defensa fue establecido ? — Seria porque ha facilitado á los enemigos todos los medios de usurpar el señorio de España, de destruir la sucesion hereditaria de la corona, y la dinastia que por las leyes la gozaba, y ha puesto y reconocido el trono en manos de un extrangero, que ningun titulo y derecho, aun aparente, tenia en el, pues la renuncia de Carlos IV en su favor ninguno le da evidente e incontextablemente ? que confianza podria tener la nacion española en un gobierno, creado por una autoridad nula e ilegal, y ademas sospechosa por haber antes cometido acciones tan horribles que pueden calificarse de delitos atrocísimos contra la Pátria ?

2. Id., *ibid.* Leg. XXI, fasc. 13. *Dictamen que un amigo da á otro sobre el origen y facultades de las Juntas supremas de las provincias, y como y por quienes deben nombrarse los vocales de la Suprema Junta del reyno, en satisfaccion al manifiesto de Sevilla de 3 de Agosto.* Se hallará en la libreria de Perez, calle de Carretas. Madrid, 1808.

membres n'ont point été déposés et qu'il n'a été dépouillé de ses prérogatives par aucune puissance légitime. Ses réunions et ses résolutions gardent donc tout leur ancien pouvoir, sans que les juntes provinciales, ni aucune autre autorité actuellement constituée, puissent lui disputer ce qui lui a toujours été reconnu. Du reste, c'est bien ce que reconnaissent tacitement ces mêmes Juntes suprêmes des provinces et les généraux des armées par les réponses officielles et les avis qu'ils communiquent au gouverneur du Conseil ». S'il en est ainsi. n'est-ce pas plutôt au Conseil qu'aux Juntes qu'il appartient de convoquer la future Junte suprême du royaume ? Le Conseil, dit-on, ne convoque pas les Cortes ! Mais les Juntes provinciales sont-elles prévues par la loi ? Et ne voit-on pas bien que le même motif qui a légitimé la création des Juntes légitime aussi le droit du Conseil à convoquer la Junte suprême ? « La patrie ne sera-t-elle pas en péril et menacée de ruine si l'on ébranle l'autorité si respectable du Conseil, seule colonne qui puisse aujourd'hui soutenir le vaste édifice de la monarchie ? » On lui reproche, il est vrai, ses complaisances pour les Français, mais ces faits, alors même qu'ils seraient établis, ne suffiraient pas à donner aux Juntes le droit de se substituer au Conseil. « Le Conseil est en somme dans le même cas que l'innocent D. Fernando VII ; la même violence qui a forcé le roi à renoncer à la couronne a forcé le Conseil à publier cette renonciation, et si malgré tout, Ferdinand reste le digne propriétaire de la couronne, pourquoi ôterait-on au Conseil son autorité ? Le Conseil a d'ailleurs rendu, lui aussi, d'éminents services à la cause nationale ; il a temporisé, il a endormi la vigilance de l'ennemi, il l'a empêché par ses assurances pacifiques de courir sus aux villes où s'allumait la révolte, il leur a donné le temps de s'armer et d'organiser la résistance. S'il avait, comme certains le veulent, quitté Madrid pour se retirer dans une ville de province libre d'ennemis, il aurait laissé le champ libre aux Français [1], qui l'auraient pourchassé, comme des chiens

1. « Los mismos Franceses conocen muy bien que en el mes de mayo,

enragés, à travers l'Espagne. Il est faux de dire que le Conseil créerait le gouvernement, si on lui laissait l'initiative de la convocation de la Junte suprême, il ne ferait pas autre chose que de veiller au maintien des droits les plus précieux de la nation, et la Junte, une fois établie, il lui obéirait comme il obéissait naguère au roi [1].

Les conclusions du *Dictamen* se retrouvent encore dans un autre écrit de la même époque, qui paraît dû à un simple particulier [2]. L'auteur veut organiser un gouvernement, qui ait la confiance de tous, et réunir toutes les forces militaires dans une même main. Il éprouve une vive sympathie pour la Junte de Séville, qui a organisé la victoire, et il pense qu'il serait injuste de ne pas s'adresser à elle, alors que de si glorieux résultats ont été obtenus par ses soins. Le Conseil devrait donc lui écrire; elle enverrait à Madrid quelques-uns de ses membres qui, unis au gouverneur du Conseil, à deux de ses membres et à un général, formeraient une Junte de régence, et cette Junte gouvernerait l'Espagne au nom du Conseil « auquel les lois attribuent l'autorité en cas de révolution [3] ». La pensée de l'auteur manque de netteté, mais on y démêle très bien que si, comme patriote, il admire profondément la Junte de Séville, comme Madrilène et comme Espagnol, il en tient toujours pour le Conseil de Castille, première autorité de l'État.

---

antes de las renuncias y en aquellos mismos dias debieron haber marchado sus tropas y tomado posesion de las capitales de las provincias. »

1. Arch. hist. nac. *Inv. fr. Consejo.* Leg. XIV, fasc. 13, août 1808. Au mois d'octobre 1808, quelques grincheux attaquèrent ce document, D. Josef Colon de Larreategui répondit que le *Dictamen* avait été soumis à la censure d'une personne connue, de grand jugement et instruction, et qui avait cru devoir en autoriser l'impression et la circulation, n'y ayant trouvé aucune pensée, clause ou parole, dont pût résulter rien de fâcheux, ni pour le public ni pour les particuliers. Il n'est pas douteux que le *Dictamen* n'ait été bien vu du Conseil.

2. Id., *ibid.* Leg. IV, fasc. 1, 19 août 1808. *Plan de lo que podria proponerse al Consejo en las criticas circunstancias en que se halla la nacion.*

3. El Consejo que es el que debe mandar por las leyes en tiempo de rebolucion.

D. Tomas de Morla est beaucoup moins favorable au Conseil, et donne la note la plus pessimiste. Le Conseil, d'après lui, possède la suprématie judiciaire et ambitionne la suprématie législative et la suprématie exécutive ; pense-t-il que la nation soit jamais assez aveugle pour se remettre tout entière aux mains d'une aristocratie de robe, dont les membres ont tous le même esprit et les mêmes intérêts personnels ? Il y a, à la vérité, dans le Conseil, des gens moraux, probes, savants et connaisseurs du cœur humain, des philosophes dans le bon sens du mot; ceux-là, il y a des années qu'ils dorment parce qu'ils savaient combien il était inutile de veiller, ils se réservaient pour des temps meilleurs ; il est à croire qu'ils feront passer leur avancement et leur intérêt après le bien de la nation ; or ce bien commande que les Juntes, qui, seules, ont conduit le peuple à la résistance, constituent seules le gouvernement. La Junte centrale, une fois réunie, le Conseil et tous les autres tribunaux reprendront toute leur autorité légale[1].

Le *Dictamen*, le *Plan de lo que podria proponerse al Consejo* et la lettre de Morla représentent à peu près toutes les opinions qui se discutaient alors en Espagne. Le *Dictamen* est résolûment partisan de l'action directe et prépondérante du Conseil et lui donne le droit de convoquer la Junte. Le *Plan* voudrait une entente entre le Conseil et la Junte de Séville. Morla ne veut entendre parler que des Juntes. Le droit pur parle dans le *Dictamen*, le droit révolutionnaire parle chez Morla et le *Plan* indique un moyen terme inadmissible entre ces deux opinions inconciliables.

Le Conseil eût pu certainement triompher de toutes les résistances en exhibant le décret de Ferdinand VII, rendu à Bayonne le 5 mai précédent, et par lequel le roi lui ordonnait de convoquer les Cortes [2]. Il est indubitable que devant la volonté royale

---

1. Arch. hist. nac. *Inv. fr. Consejo.* Leg. XII, fasc. 17, 18 août 1808, 30 août 1808.

2. Id., *ibid.* Leg. XV, fasc. 1, 30 sept. 1808.

toute opposition se serait tue, mais qui peut dire aussi ce qui serait advenu de Ferdinand, si Napoléon avait appris que son prisonnier avait signé un semblable décret ?... Le Conseil n'osa pas employer ce moyen radical et sauva peut-être, ainsi, la tête du roi.

Il décida, le 4 août, de publier un mémoire justificatif de sa conduite, et chargea D. Antonio Ignacio de Cortavarria de le rédiger. Le 18 août, le mémoire était prêt, et le 22 août il était imprimé. Il fut envoyé à toutes les autorités des provinces et fut à peu près partout bien accueilli. Les évêques d'Urgel et de Teruel répondirent qu'ils l'avaient lu avec la plus grande satisfaction, l'abbé de Notre Dame de la O vanta les efforts et la constance héroïque du Conseil, l'archevêque de Tolède écrivit gracieusement qu'il n'avait pas besoin du mémoire pour être certain de la loyauté du Conseil, l'évêque d'Orense, l'évêque de Cadix adressèrent au Conseil de vives félicitations, l'évêque de Badajoz émit le vœu de voir se multiplier les exemplaires du manifeste, l'évêque de Cordoue loua l'héroïque résistance des magistrats, l'évêque de Ségovie avait bien vu certains papiers essayer de jeter le discrédit sur le Conseil, mais ces papiers avaient été imprimés dans des pays qui n'avaient pas vu la figure de l'ennemi, « les sauterelles exterminatrices, légitimes vassalles de leur roi Napoléon, annoncées au chapitre IX de l'Apocalypse ». Les évêques de Palencia, de Cuenca, d'Avila et de Malaga protestèrent de leur estime et de leur dévouement. Chez les fonctionnaires publics l'adhésion fut encore plus générale. Le corrégidor d'Orense n'avait pas attendu le mémoire pour être convaincu de la parfaite sagesse du Conseil. L'intendant de Jaen tenait la justification du Conseil pour inutile, mais l'avait lue pour obéir, comme il le ferait toujours, aux ordres de S. A. le Conseil Royal. L'audience de la Corogne déclarait que le manifeste confondrait tous les ennemis du Conseil. Le régent de la Chancellerie de Valladolid protestait de son dévouement. Le greffier du *Reàl Acuerdo* de Grenade redemandait dix exemplaires du mémoire. L'intendant de

Salamanque le faisait réimprimer. Les Juntes elles-mêmes paraissaient revenues à de meilleurs sentiments. La Junte de Cordoue admettait la justification du Conseil, la Junte de Soria félicitait chaudement le Conseil de sa conduite : « il avait résisté avec une fermeté dont il y avait peu d'exemples aux continuels assauts de l'arbitraire des secrétaires d'État ». La Junte de Mérida trouvait que la résistance avait été héroïque et périlleuse (*arriesgada*). La Junte de Tordesillas déclarait le Conseil pleinement justifié. La Junte de Daymiel se disait heureuse de voir le Conseil à l'abri de tout reproche. La Junte de Jaen protestait de son estime pour les magistrats. La Junte de Leon se montrait tout particulièrement élogieuse. La Junte de Ciudad Real avait fait distribuer le mémoire à tous ses membres. La Junte de Murcie avait vu avec joie que le Conseil n'avait pas prêté serment à Joseph Napoléon. C'est à peine si l'on rencontre, de loin en loin, quelque note discordante. La Junte de Badajoz avait reçu le manifeste et se bornait à espérer que la Junte centrale pourrait bientôt juger de tout le mérite des raisons invoquées par le Conseil. La Junte de la Corogne assurait ironiquement le Conseil qu'elle n'obéirait jamais à Joseph Napoléon [1]. Les Juntes de Valence, de Grenade et de Séville avaient dédaigné de répondre ; leur siège était fait.

Le Conseil réussit donc à persuader les gens honnêtes et sans parti pris ; sa défense lui valut des témoignages d'estime et de sympathie, elle ne lui rendit pas le pouvoir, et il n'osa chercher à le reconquérir, parce que la force n'était pas de son côté.

Les fiscaux se prononcèrent, à plusieurs reprises, contre la légitimité des Juntes, contre la violence de leur langage, contre leur esprit d'insubordination, contre leurs usurpations, mais ils conclurent que dans les circonstances présentes, le Conseil devait éviter tout conflit avec ces autorités révolutionnaires et pousser autant que possible à la constitution d'un pouvoir central [2]. Ce

---

1. Arch. hist. nac. *Inv. fr. Consejo*. Leg. XIX, sept. 1808.

2. Id., *ibid*. Leg. XII, fasc. 22, 28 août 1808. Leg. IX, fasc. 3, 31 août 1808. Leg. XII, fasc. 29, 12 sept. 1808.

fut à cette sage politique que le Conseil s'arrêta. Demeuré en rapports corrects, et parfois courtois, avec les Juntes provinciales, il fonctionna comme Junte suprême de la Nouvelle-Castille et, multipliant les preuves de sagesse et de patriotisme, attendit du temps sa pleine justification et le rétablissement de son autorité.

IV

Les rapports du Conseil avec les chefs des armées nationales ne furent pas le plus souvent beaucoup meilleurs qu'avec les Juntes. Les généraux étaient, pour la plupart, des hommes d'ancien régime, qui se servaient des Juntes parce qu'il le fallait, et leur obéissaient, parce qu'ils ne pouvaient faire autrement, mais ils avaient pour le Conseil toute la défiance dédaigneuse des gens d'épée pour les gens de robe ; c'est avec eux que le militarisme espagnol commença.

Dès le 4 août, le Conseil adressa ses félicitations au vainqueur de Baylen et le pressa de marcher sur Madrid pour organiser la défense de la capitale contre un retour offensif des Français [1]. Il écrivit dans le même sens à D. Gregorio de la Cuesta, commandant l'armée de Vieille-Castille, et à D. Pedro Gonzalez de Llamas, commandant l'armée de Valence.

Ce fut Llamas qui se présenta le premier devant Madrid, avec une armée fort composite et dénuée de tout [2]. Il trancha aussitôt du dictateur, voulant se faire livrer les vins de Murat, les balles de coton extraites de Lisbonne par les Français [3], tous les fonds, vivres et effets laissés par l'armée impériale [4]. Le Conseil vit avec plaisir les Juntes de Valence et de Murcie rappeler leur turbulent

---

1. Id., *ibid.* Leg. IX, fasc. 18, 4 août 1808.
2. Il entra le 13 août, avec huit mille hommes.
3. Id., *ibid.* Leg. IX, fasc. 9, 19 août 1808.
4. Id., *ibid.* Leg. IX, fasc. 10, 21 août 1808.

général et le commandement passer aux mains d'un homme de sens plus rassis [1].

. Castaños arriva à Madrid le 23 août, avec une armée très supérieure en nombre, valeur et discipline à celle de Llamas, mais tout aussi dépourvue de moyens d'action et presque hors d'état de rien entreprendre contre les Français.

Palafox, qui venait de les arrêter devant Saragosse [2] et de les forcer à évacuer Tudela [3], aurait voulu déjà voir Llamas, Castaños et Cuesta sur la route de Burgos et pressait le Conseil de Castille de hâter le départ des troupes [4]. Le Conseil répondit, avec sa modération accoutumée, qu'il n'avait ni le désir, ni le pouvoir de retenir auprès de lui des armées, qu'il avait appelé les armées de Valence et d'Andalousie au secours de Madrid, toujours menacé par les Français, mais que l'ennemi s'étant retiré à grande distance et Madrid restant parfaitement calme, rien ne s'opposait plus à la marche en avant des troupes nationales. Le Conseil n'aspirait qu'au bien général de la patrie et à conserver la confiance de la nation et demandait tout au plus, si cela était possible, à garder à Madrid quelques forces régulières, pour le seconder dans ses opérations d'enrôlement et d'armement des volontaires de Nouvelle-Castille [5]. Le Conseil envoya la lettre de Palafox à Castaños, à Cuesta et à Llamas et ne leur dissimula pas qu'il partageait entièrement la manière de voir du chef aragonais [6]. Castaños, très piqué, répliqua que s'il était resté à Madrid plus longtemps qu'il ne l'eût voulu [7], ç'avait été à la demande du Conseil [8], et

---

1. Arch. hist. nac. *Inv. fr. Consejo*. Leg. IX, fasc. 10, 24 août 1808.

2. Id., *ibid*. Leg. XII, fasc. 13, 14 août 1808.

3. Id., *ibid*. Leg. XII, fasc. 13, 21 août 1808.

4. Id., *ibid*. Leg. XII, fasc. 13, 21 août 1808.

5. Id., *ibid*. Leg. XII, fasc. 13, 26 août 1808.

6. Id., *ibid*. Leg. XII, fasc. 13, 26 août 1808.

7. La réponse de Castaños est du 29; il était entré le 23; il n'y avait que six jours qu'il était à Madrid.

8. La demande du Conseil était du 4 août.

pour y assurer l'ordre. Il se plaignait en outre « du peu d'harmonie qui régnait entre les divers tribunaux, et du prurit d'apologie qui les travaillait, non sans de grands inconvénients » vu l'absence du roi et d'un gouvernement stable qui pût le représenter [1]. Le Conseil ne se tint pas pour battu et répondit fièrement à Castaños qu'il ne savait rien du peu d'harmonie qui pouvait exister entre les tribunaux de Madrid; que ces tribunaux étaient indépendants les uns des autres et ne reconnaissaient d'autre supérieur que le roi; que le Conseil désirait, autant que personne, la formation d'un gouvernement régulier, qu'il se savait calomnié et vilipendé, mais qu'il s'adresserait à la nation et se justifierait auprès d'elle. S'il n'avait pas travaillé plus activement à la réunion de la Junte centrale, c'était par amour de la paix publique et pour ne pas se faire accuser d'ambition par les Juntes provinciales [2].

Pendant ces vaines discussions, les Français s'étaient portés de nouveau sur Tudela et avaient contraint Palafox à se retirer « pour éviter, disait-il, une défaite certaine » : il demandait à Castaños et à Cuesta de courir à son secours à marches forcées [3]. Castaños se retourna alors vers le Conseil pour lui demander de l'argent [4]. Le Conseil lui fit verser un million de réaux le 7 septembre, un autre million le 12 du même mois, et eut la satisfaction d'annoncer à Palafox que Castaños allait marcher, équipé par lui, alors que la Junte de Séville ne lui avait rien envoyé [5].

Castaños ne fut pas le seul général que le Conseil ait secouru. Le baron de Varsage, commandant-général de Calatayud, avait demandée 3.000 fusils et quelque argent [6]. Le Conseil envoya

---

1. Id., *ibid.* Leg. IX, fasc. 18, 29 août 1808.
2. Id., *ibid.* Leg. XII, fasc. 13, 30 août 1808, et Leg. IX, fasc. 8, 31 août 1808.
3. Id., *ibid.* Leg. XII, fasc. 13, 2 sept. 1808.
4. Id., *ibid.* Leg. IX, fasc. 18, 3 sept. 1808 et 5, 7 et 12 septembre 1808.
5. Id., *ibid.* Leg. XII, fasc. 13, 5 sept. 1808.
6. Id., *ibid.* Leg. IX, fasc. 2, 6 août 1808.

les fusils et trouva 300.000 réaux en or pour l'armée d'Aragon [1].

V

« Des forces et de l'argent ! de l'argent et des forces ! » disait Savary, cet éternel refrain de la chanson de la guerre, le Conseil l'entendit aussi, dès qu'il voulut se mêler d'affaires militaires : « Armez le peuple pour l'occuper ! » avait dit Cuesta [2] ; il voulut suivre l'avis du vieux général et assuma les fonctions d'une junte d'armement de la Nouvelle-Castille.

Son premier soin fut de former une *Junte des finances*, sous la présidence de D. Arias Mon [3]. La Junte se réunit pour la première fois, le 9 août, et chargea Alcalá Galiano, trésorier-général, et Aguirre, délégué des *Gremios*, de dresser un devis approximatif des dépenses et de proposer les meilleurs moyens d'y faire face [4]. D. Andrés Lasauca et D. Vicente Duque de Estrada reçurent l'ordre de présenter à la Junte un rapport général sur les dons offerts au Conseil à l'occasion de l'armement de la province [5].

Alcalá Galiano et Aguirre déposèrent leur rapport, dès le lendemain, 10 août. Ils proposèrent de susciter les dons en argent et en nature; de supprimer l'exemption de moitié de l'alcabala, dont jouissaient les habitants de Madrid sur les objets

---

1. Arch. hist. nac. *Inv. fr. Consejo*. Leg. IX, fasc. 2, 7 août 1808.

2. Id., *ibid*. Leg. XII, fasc. 16, 5 août 1808.

3. Id., *ibid*. Leg. IX, fasc. 3, 9 août 1808. D. Arias Mon y Velarde, président; marquis de Valdecarzana, comte de Montarco, D. Felipe Ygnacio Canga, marquis de Fuerte Hijar, D. Vicente Alcalá Galiano, Trésorier-général; D. Pedro de Mora y Lomas, corrégidor de Madrid, Fr. D. Joaquin Muñoz y Teruel, receveur de l'Ordre de Saint-Jean, D. Fernando de la Serna, directeur des Postes, D. Vicente Ambrosio de Aguirre, député des cinq gremios.

4. Id., *ibid*. Leg. IX, fasc. 3, 9 août 1808.

5. Id., *ibid*. Leg. IX, fasc. 4, 9 août 1808.

qu'ils introduisaient en ville pour leur usage, et enfin de rétablir l'impôt de 120 maravédis par arrobe de vin, que l'on venait de supprimer [1]. La Junte adopta ces diverses mesures, mais avec la certitude que les ressources ainsi créées ne suffiraient pas long-temps aux besoins de l'heure présente [2].

La situation du trésor n'était rien moins que prospère. Les dépenses faites pendant les huit premiers mois de l'année atteignaient 514.364.671 réaux et donnaient une différence de 250 réaux seulement en faveur de la caisse royale. Les dépenses de la Cour étaient montées à 17.432.043 réaux [3].

Les Français avaient mis au pillage la *Casa de descuentos* de la rue du duc d'Albe. Ils avaient emporté 723.000 francs en monnaie française et 11.737.157 réaux 6 maravédis en *vales* et effets de toute sorte. Par une espèce de miracle, les joyaux de Godoy avaient échappé à leur rapacité. L'argent français emporté par eux représentait le reliquat d'une avance de 3 millions, consentie par le trésor impérial au gouvernement du roi Joseph. On pensait qu'il serait assez facile, à l'aide de diverses mesures administratives, d'inutiliser aux mains des Français les *vales* et les effets dont ils s'étaient emparés [4]. Il restait en caisse 500.000 réaux en monnaie, 2 millions en *vales*, 1.200.000 réaux en cédules de caisse et un million en actions des précédents emprunts. La plupart de ces sommes provenaient des confis-cations prononcées contre le prince de la Paix [5].

L'Hôtel royal des Monnaies déclara posséder 1.261.798 réaux 15 maravédis en lingots d'or, 3.169.245 réaux 24 maravédis en lingots d'argent et 1.276.000 réaux en monnaie courante, soit, en tout, 5.707.044 réaux 5 maravédis [6]. Le Conseil donna

---

1. Id., *ibid.* Leg. IX, fasc. 3, 10 août 1808.
2. Id., *ibid.* Leg. IX, fasc. 3, 12 août 1808.
3. Id., *ibid.* Leg. VIII, fasc. 17.
4. Id., *ibid.* Leg. VIII, fasc. 5, 17 août, 19 août, 26 août 1808.
5. Id., *ibid.* Leg. VIII, fasc. 5, 1er août 1808.
6. Id., *ibid.* Leg. VIII, fasc. 6, 16 août 1808.

l'ordre d'accélérer la frappe, mais D. Manuel Ortiz, directeur de l'établissement, fit observer que l'Hôtel des monnaies était très mal construit, plus mal distribué et très pauvre en machines ; il n'avait que deux machines à cylindres et si on lui en donnait d'autres, il ne saurait où les loger, ni avec quoi payer les ouvriers, ni où prendre les accessoires nécessaires ; de plus la frappe ne pouvait aller que très lentement, parce que la vaisselle plate et les bijoux n'avaient pas le même titre que les piastres et ne pouvaient servir qu'à fabriquer des *pesetas* ; la frappe d'une *peseta* durait autant que celle d'une piastre, et comme la *peseta* ne valait que la cinquième partie de la piastre, il en résultait que le monnayage des *pesetas* coûtait cinq fois plus que celui des piastres [1].

Les dons patriotiques n'eurent jamais à Madrid une importance considérable. La noblesse était absente, le clergé donnait peu, et le peuple madrilène était hors d'état de faire des générosités. Un anonyme promettait 1 pour cent de ce qu'il possédait [2]. Le duc de Granada de Ega, président du Conseil des Ordres, accordait, au nom du Conseil, 200.000 réaux en *vales*, pour l'armement des troupes [3]. Le Conseil des Indes abandonnait pour la cause nationale une créance de 955.443 réaux qu'il avait contre le Conseil de Castille [4], don magnifique sur le papier, et qui se réduisait à rien dans la réalité. L'évêque d'Avila offrait « l'argent travaillé qu'il possédait avant son élévation à l'épiscopat [5] ». L'évêque d'Osma, plus généreux, offrait le tiers de son revenu net, les chanoines de sa cathédrale le quart de leur revenu, et, en cas d'extrême besoin, l'argenterie de leur église [6]. Au 15 sep-

---

1. Arch. hist. nac. *Inv. fr. Consejo.* Leg. XXI, fasc. 12, 14 sept. 1808.
2. *Diario de Madrid*, 1er sept. 1808.
3. Arch. hist. nac., *Inv. fr. Consejo.* Leg. X, fasc. 19, 1er sept. 1808.
4. Id., *ibid.* Leg. XVI, fasc. 20, 5 sept. 1808.
5. Id., *ibid.* Leg. IX, fasc. 26, 7 sept. 1808.
6. Id., *ibid.* Leg. X, fasc. 7, 12 sept. 1808.

tembre les dons n'atteignaient pas 700.000 réaux [1] en argent.

Dès le 15 août, le trésorier-général Alcalá Galiano jetait le cri d'alarme ; il avait vidé sa caisse pour payer un mois de traitement aux membres des tribunaux, qui n'avaient rien touché depuis un semestre [2]. Le Conseil lui fit verser 500.000 réaux pour la caisse des monnaies [3].

Le 16 août, la Junte des Finances décida la création d'un impôt de 10 réaux par fanègue de sel consommée dans les provinces de Madrid, Guadalajara, Tolède, Ciudad Real, Avila, Ségovie, Valladolid, Palencia, Salamanque et Leon [4].

Le 20, le Conseil fit suspendre le paiement de toutes les pensions concédées par les anciens rois et par Joseph Napoléon, mais cette mesure suscita de telles récriminations que le Conseil dut la limiter bientôt aux pensions concédées par Joseph, ou appartenant à ses partisans [5], et ce ne fut encore qu'une bien faible ressource.

Le 23 août, la Junte proposa, à titre provisoire, de doubler les *utensilios* [6] dans toutes les provinces de Castille, et les *quarteles* [7]

---

1. Id., *ibid.* Leg. IX, fasc. 4, 16 sept. 1808. Argent : 640.083 rs ; crédits cédés : 25.073 rs ; blé : 3.622 fanègues ; orge : 1.465 fanègues 1/2 ; légumes : 293 fanègues 1/4 ; paille : 50 chars et 400 arrobes ; chevaux nus : 6 ; chevaux harnachés : 3 ; selles : 2 ; habillements : 8 ; moutons : 20 ; huile : 2 arrobes ; vin : 110 arrobes ; eau-de-vie : 20 arrobes ; vinaigre : 32 arrobes ; pièces de drap : 2 ; promesse d'armer, vêtir et entretenir 4 soldats d'infanterie ; promesse d'entretenir un soldat d'infanterie ; promesses de coudre 6 vêtements d'infanterie ; promesses de coudre des chemises ; fusils : 99 ; pistolets : 22 ; armes blanches : 29.

2. Id., *ibid.* Leg. VIII, fasc. 6, 15 août 1808.

3. Id., *ibid.* Leg. XXI, fasc. 12, 14 sept. 1808.

4. Id., *ibid.* Leg. IX, fasc. 3, 16 août 1808.

5. Id., *ibid.* Leg. VIII, fasc. 23, 20 août 1808, 8 nov. 1808.

6. On appelait *utensilios* une contribution établie en 1719 et représentant les fournitures en nature faites jusque-là aux troupes par les villes de garnison. Elle représentait en 1798 une valeur de 7.674.371 réaux pour toute l'Espagne.

7. Taxe perçue en représentation du logement des gens de guerre.

dus par 226 villages de la banlieue de Madrid [1]. Le Conseil approuva, le 3 septembre, la proposition de la Junte; mais cette mesure, qui devait donner 4.834.359 réaux, n'était pas encore, même partiellement, exécutée au 14 novembre, deux mois et demi après avoir été résolue [2].

La demi-alcabala et les 128 maravédis par arrobe de vin produisaient en moyenne 25 à 30.000 réaux la semaine [3]. On ne sait ce que donnait l'impôt sur le sel. Ce qui est certain, c'est que l'ensemble de toutes ces ressources resta extrêmement mince, et que le Conseil finit par se dégoûter d'avoir à lutter sans cesse contre l'invraisemblable misère au milieu de laquelle il se débattait. Le 30 août, il créa une *Junte des fournitures aux armées*, composée d'administrateurs et de financiers, aux mains desquels il paraît avoir abdiqué toutes ses prétentions économiques [4]. On peut trouver sa politique financière mesquine et timide, et se demander s'il n'y avait réellement pas d'autres moyens de remplir à ce moment les caisses si affreusement vides, mais il ne faut pas oublier que le Conseil n'était pas une Junte révolutionnaire, ni une assemblée politique, que par éducation, par caractère, par tradition, les magistrats répugnaient à toute innovation, et qu'enfin la gêne était partout extrême autour d'eux. Le marquis de Villafranca, duc de Medina Sidonia, avait donné 20.000 réaux pour la formation d'un régiment de cavalerie, offert 50.000 réaux par mois à la Junte de Séville, donné 1.000 arrobes d'huile à la Junte de Murcie, payé, sur l'ordre de cette Junte, 24.000 réaux de contribution comme riche propriétaire absent et donné 9.482 réaux de gra-

---

1. Arch. hist. nac. *Inv. fr. Consejo.* Leg. IX, fasc. 30, 23 août 1808.

2. Id., *ibid.* Leg. IX, fasc. 30, 3 sept., 5 nov., 14 nov. 1808.

3. Id., *ibid.* Leg. IX, fasc. 29, 22 sept. 1808.

4. Id., *ibid.* Leg. IX, fasc. 19, 30 août 1808. *Junta de subministros* : D. Josef Navarro, presidente; D. Vicente Alcala Galiano, tesorero general; D. Pedro de Mora y Lomas, Corregidor de Madrid; D. Juan Pedro Vincenti, director general de provisiones; D. Manuel de Sampelayo, tesorero de la Caja de Consolidacion de vales.

tification à 94 jeunes gens de son village de Librilla. La Junte de Grenade avait pris de ses revenus ce qu'elle avait voulu. Ses états de Martorell étaient occupés par les Français. Son intendant en Catalogne était à Barcelone, aux mains des Français. Sa maison de Villafranca del Vierzo avait été constamment ouverte aux troupes de l'armée d'Andalousie, et il ne savait pas encore ce que les Juntes provinciales avaient pu prélever sur ses terres, ni ce que ses villages avaient fourni en argent, en hommes et en chevaux [1]. Les plus grandes fortunes fondaient ainsi, sans parvenir à satisfaire aux insatiables besoins de la défense nationale.

Sans argent, le Conseil ne put lever que peu de troupes et ne put leur donner une grande valeur militaire.

Dès le 4 août, il manda aux intendants des provinces de Nouvelle-Castille de procéder à l'enrôlement des hommes en état de porter les armes [2]. Le 5 août, l'intendant de Guadalajara répondit que les ordres du Conseil avaient été reçus avec enthousiasme, et demanda 4.000 fusils pour armer les volontaires [3]. Mais Guadalajara fut seul à accepter la suprématie du Conseil. Sigüenza fit bande à part, n'obéit qu'aux ordres de Cuesta et réunit ses hommes à l'armée d'Aragon [4]; ce qui ne l'empêcha point d'ailleurs de demander des fusils au Conseil [5]. Ségovie se rangea sous les ordres de la Junte Suprême de Castille et de Leon « en laquelle, disaient les Ségoviens, se trouvaient concentrées toutes les autorités [6] ». Palencia s'était soulevée dès le 15 mai, à la vue d'un aide-de-camp de Bessières, la foule avait assiégé la maison de l'intendant, et les jeunes gens avaient demandé des

---

1. Id., *ibid*. Leg. XXI, fasc. 17, 21 sept. 1808.
2. Id., *ibid*. Leg. XI, fasc. 1, 4 août 1808.
3. Id., *ibid*. Leg. XI, fasc. 4, 5 août, 12 août, 14 août 1808.
4. Id., *ibid*. Leg. XI, fasc. 4, 27 août 1808.
5. Id., *ibid*. Leg. X, fasc. 16, 30 août 1808, 3 sept.
6. Id., *ibid*. Leg. XI, fasc. 7, 21 août 1808.

armes en criant « qu'ils préféraient tous à la vie le bonheur de mourir en tuant de si perfides canailles » comme étaient les Français. Palencia avait nommé, le 3 juin, une Junte d'armement; le 5, elle avait 10.000 hommes, mais pas d'armes ; 3 ou 4.000 hommes, armés de bâtons, étaient allés rejoindre, au pont de Torquemada, le général D. Diego de Tordesillas, qui les avait versés dans l'armée d'Aragon. Depuis lors, le voisinage immédiat des Français avait empêché la Junte de continuer ses opérations [1]. La Junte centrale de la Manche, siégeant à Ciudad Real, répondit qu'elle s'occupait de l'enrôlement depuis le 6 juin et qu'elle avait levé tous les hommes valides de 16 à 40 ans [2].

Le Conseil trouva plus de déférence dans les petits endroits. La ville d'Alba de Tormes lui demanda l'autorisation de vendre la moitié des grains de son grenier pour payer les 600 hommes qu'elle avait levés [3] ; les gens de Valdemoro lui proposèrent d'organiser une milice de 50 hommes, à pied et à cheval, pour aider au maintien de l'ordre et à la sécurité du chemin de Madrid à Aranjuez [4]. Ces témoignages de soumission consolaient un peu le Conseil des refus qu'il essuyait ailleurs; il n'en resta pas moins obligé de concentrer sur Madrid tous ses efforts et toute son activité.

Même à Madrid, la crainte de voir son autorité méconnue le fit longtemps hésiter à se mettre à la tête d'un service qui n'était point dans ses attributions légales. L'initiative du mouvement vint de l'*Ayuntamiento*, qui, dès le 4 août, s'occupa d'enrôler des volontaires et demanda au Conseil de donner le commandement suprême au capitaine-général de la province, prince de Castelfranco [5]. Le lendemain, le Corrégidor écrivait au Conseil que

1. Arch. hist. nac. *Inv. fr. Consejo*. Leg. XI, fasc. 7, 4 sept. 1808.
2. Id., *ibid*. Leg. XI, fasc. 8, 8 août 1808.
3. Id., *ibid*. Leg. X, fasc. 26, 29 sept. 1808.
4. Id., *ibid*. Leg. IX, fasc. 24, 18 sept. 1808.
5. Id., *ibid*. Leg. IX, fasc. 1, 4 août 1808.

le marquis de Castelar accepterait volontiers le commandement en second des forces madrilènes [1]. Le 6, le comte de Colomera, poussé par son zèle patriotique, réunit chez lui le doyen du Conseil, le Corrégidor de Madrid, le gouverneur de la *Sala* et plusieurs militaires et grands d'Espagne [2]. On s'occupa des affaires présentes, on décida la formation d'une Junte militaire, on attribua le commandement en chef au comte de Colomera, le commandement en second au marquis de Castelar, le Corrégidor donna lecture d'une liste de noms et l'on désigna les membres de la Junte. Tout semblait conclu quand le doyen du Conseil, qui n'avait rien dit jusque-là, laissa entendre en se retirant qu'il ne pouvait prendre sur lui de résoudre seul une affaire de cette importance, et qu'il en rendrait compte au Conseil [3]. Le Conseil, plus timoré encore que son président, résolut d'attendre l'arrivée de Llamas et de Castaños, avant de rien faire [4].

L'*Ayuntamiento* continua à s'occuper de l'enrôlement. Il fit dresser la liste de toutes les forces régulières existant encore dans la province de Madrid [5]; on trouva 1.287 hommes. Le 16 août,

---

1. Id., *ibid.* Leg. IX, fasc. 1, 5-6 août 1808.

2. Id., *ibid.* Leg. IX, fasc. 1, 6 août 1808. Le marquis de Valdecarzana déclina l'invitation « parce que la saison chaude était très contraire à sa santé et l'obligeait à demeurer chez lui ».

3. Id., *ibid.* Leg. IX, fasc. 1, 9 août 1808. Le comte de Colomera à D. Arias Mon.

4. Id., *ibid.* Leg. IX, fasc. 1, 6 août 1808. Séance extraordinaire du Conseil.

5. Id., *ibid.* Leg. VI, 11 août 1808.

Voluntarios de Estado : 129 officiers et soldats.		Voluntarios de Maria Luisa	24
		Reyna	4
Guarda bosques reales :	90	Voluntarios de Castilla	5
Invalidos habiles	662	Mallorca	3
Reding nº 2	49	Cantabria	1
Tragler nº 5	179	Borbon	13
Preux nº 6	56	Burgos	2
Voluntarios de Valencia	4	Corona	1
Id. de Aragon	19	Prisioneros españoles de varios cuerpos	37
Id. de Campomayor	7		1287
Id. de Navarra	2		

il désigna les lieux où les volontaires s'exerceraient à la manœuvre [1], sous les ordres des généraux D. Antonio Castilla et D. Cesar Balbiani. Les volontaires devaient être groupés par classes sociales : — nobles et employés des bureaux du roi — portiers et domestiques des maisons nobles et des bureaux du roi — laquais et domestiques ordinaires — commmerçants et marchands — artisans et journaliers [2].

Les exercices militaires firent fureur à Madrid, le nombre des gens qui se présentèrent fut stupéfiant [3], et devant l'enthousiasme populaire, le Conseil se décida à marcher. Il adressa des félicitations à la population [4], il choisit pour la milice urbaine un uniforme bleu turquin [5], il chargea les conseillers Moyano et Lardizabal d'étudier les moyens les plus prompts de perfectionner l'instruction des troupes levées dans la province de Madrid [6], et enfin, le 20 août, il accéda à la création d'une *Junte militaire pour l'organisation et l'armement des corps militaires de Nouvelle-Castille* [7].

---

1. Arch. fr. nac. *Inv. fr. Consejo*. Leg. XI, fasc. 2, 16 août 1808.

Plaza Mayor Palacio	Parc du palais
S. Francisco S. Isidro	Paseo nuevo, desde el portillo de Gelimon y plazuelas que van á las Delicias.
S. Gerónimo	: Patios del Retiro y Museo.
Avapiés	: Paseo et plazuela de las delicias.
S. Martin	: Plazuela de los Caños del peral.
Barquillo	: Plaza del rey et ancho de Recoletos.
Maravillas	: Juego de pelota del hospicio et plazuela de la fabrica de tapices.
Afligidos	: Casa de Liria et patio du quartier des Gardes du Corps.

2. Id., *ibid*. Leg. XI, fasc. 2, 16 août 1808.

3. Id., *ibid*. Leg. XI, fasc. 2, 20 août 1808.

4. Id., *ibid*. Leg. XI, fasc. 2, 20 août 1808.

5. Id., *ibid*. Leg. XI, fasc. 2, 19 août 1808.

6. Id., *ibid*. Leg. XI, fasc. 1, 19 août 1808.

7. Id., *ibid*. Leg. IX, fasc. 1, 20 août 1808 : Duc de l'Infantado, président du Conseil de Castille, président. Membres : D. Pedro Mendinueta, inspecteur

Le 27 août, la Junte fit afficher dans Madrid un ordre indiquant que le 30, à 6 heures du matin, dans les dix quartiers de la capitale, il y aurait réunion de tous les célibataires et veufs sans enfants, qui se seraient engagés à servir la patrie, hors de Madrid, dans des corps d'infanterie. Les volontaires de cavalerie étaient convoqués pour le 31 août et les volontaires d'artillerie pour le 1er septembre. On formerait avec les fantassins un régiment d'infanterie de ligne, à trois bataillons de 1.000 hommes chacun, qui s'appellerait *Voluntarios de Madrid*[1].

Le 2 septembre, le régiment était au complet et on parlait d'en former un second[2]. C'était un beau et franc succès, qui prouve la sincérité de l'enthousiasme patriotique des Madrilènes. Le général anglais Doyle ayant soumis à la Junte un plan d'organisation militaire, le Conseil fut très fier de constater qu'il avait déjà adopté la plupart des mesures proposées par l'Anglais[3].

Ce fut le 6 septembre que les *Voluntarios de Madrid* entrèrent à la caserne[4]. Tout se passa assez bien, cependant 168 hommes manquèrent à l'appel, et le lendemain, 43 autres négligèrent encore de se présenter[5].

La formation du second régiment d'infanterie ne commença que le 17 septembre. Cette fois, le nombre des engagés pour le service extérieur ne suffit plus, et la Junte militaire dut exhorter les célibataires et veufs sans enfants, qui s'étaient engagés dans

---

des milices, Marquis de Castelar, Maréchal de camp ; D. Fernando de la Vera, gouverneur de Madrid ; D. Josef Joaquin Marti, D. Benito San Juan, inspecteurs de l'infanterie et de la cavalerie ; D. Manuel de Lardizabal, D. Tomas Moyano, conseillers de Castille ; D. Pedro de Mora y Lomas, corregidor de Madrid, le général D. Felix Colon, secrétaire de la Junte.

1. Id., *ibid.* Leg. IX, fasc. 1, 26 août 1808.
2. Id., *ibid.* Leg. IX, fasc. 1, 2 sept. 1808.
3. Id., *ibid.* Leg. X, fasc. 17, 3 sept. 1808.
4. Id., *ibid.* Leg. IX, fasc. 1, 4 sept. 1808.
5. Id. *Libro de Acuerdos de la Sala*, août-sept. 1808.

le service urbain, à passer dans les corps actifs « sans attendre que le Conseil prît des mesures pour remédier à leur indifférence et à leur égoïsme [1] ». Le régiment n'était pas encore au complet le 23 septembre [2].

Les volontaires de cavalerie et de l'artillerie ne furent convoqués que le 13 septembre [3], et l'on eut toutes les peines du monde à les équiper. Le Conseil ordonna bien à la *Sala* et aux intendants de faire dresser la liste de tous les chevaux disponibles à Madrid [4], et dans les provinces de Tolède, Cuenca et Guadalajara [5] ; les *alcaldes de barrio* eurent beau pousser le zèle jusqu'à vouloir prendre les chevaux des employés de la régie [6], l'organisation de la cavalerie et de l'artillerie madrilènes n'était qu'ébauchée au milieu de septembre et l'on était loin des 5 régiments de ligne, des 3 bataillons d'infanterie légère, des 2 régiments de cavalerie et du corps de 500 artilleurs que la Junte militaire déclarait vouloir lever en Nouvelle-Castille [7].

Hors de Madrid l'enrôlement rencontrait mille difficultés, dues en grande partie à la nervosité des autorités, à l'ignorance des populations, à la nouveauté de la situation. A l'Escurial, l'assesseur du gouverneur voulut enrôler de force un fils unique de veuve, seul soutien de sa mère ; la foule s'amassa, déchira les proclamations du gouverneur et menaça de faire un mauvais parti à son lieutenant ; le gouverneur D. Francisco Carmona, brigadier des armées royales, réussit à calmer le peuple, mais le Conseil pensa qu'il ne serait pas mauvais d'envoyer un officier à l'Escurial pour aider dans sa tâche le brave vétéran [8]. Carmona

---

1. Arch. hist. nac. *Inv. fr. Consejo.* Leg. IX, fasc. 1, 17 sept. 1808.
2. Id., *ibid.* Leg. IX, fasc. 1, 23 sept. 1808.
3. Id., *ibid.* Leg. IX, fasc. 1, 13 sept. 1808.
4. Id., *ibid.* Leg. X, fasc. 1, 9 sept. 1808.
5. Id., *ibid.* Leg. X, fasc. 1, 11 sept. 1808.
6. Id., *ibid.* Leg. X, fasc. 1, 19 sept. 1808.
7. Id., *ibid.* Leg. XI, fasc. 1, 11 sept. 1808.
8. Id., *ibid.* Leg. X, fasc. 2, 8-10 septembre, 5 octobre 1808.

envoya directement ses listes d'enrôlement au président de la Junte, en ajoutant « qu'il n'eût pu permettre qu'un officier de grade inférieur s'occupât pour lui d'une besogne si facile, alors qu'il avait rempli les missions les plus importantes et les plus délicates, depuis 45 ans qu'il était au service du roi [1] ».

Il n'était pas moins difficile d'armer tous ces soldats que de les enrôler. Les arsenaux espagnols étaient pauvres et avaient été largement mis à contribution par les Français. Le Conseil commença par faire recueillir les armes laissées par l'ennemi : 376 fusils, 2.986 sabres et épées, 250.000 cartouches à balle [2] ; il fit porter à l'arsenal les armes et les équipements des malades et des blessés soignés dans les hôpitaux [3], réparer les armes avariées [4] ; désenclouer les canons abandonnés au Retiro [5]. Il consacra 50.000 réaux à la remise en état de l'artillerie de campagne [6]. Il donna l'ordre à D. Josef Navarro et à D. Sebastian de Torres de rassembler à Madrid tous les effets abandonnés par l'armée française sur la route de Burgos [7]. Il expédia les mêmes instructions aux autorités des provinces de Madrid, Cuenca, Tolède et Guadalajara [8]. La *Sala* ordonna à tous les ébénistes et armuriers de travailler sans relâche à la réparation des fusils, même le dimanche, et de refuser tout travail chez les particuliers, jusqu'à ce que toutes les armes fussent en état [9]. On proposa aux gens qui auraient acheté des armes de les leur reprendre à prix coûtant [10]. Ces mesures ne suffisent pas à fournir

---

1. Id., *ibid.* Leg. X, fasc. 2, 10 octobre 1808.
2. Id., *ibid.* Leg. IX, fasc. 17, 7 août 1808.
3. Id., *ibid.* Leg. XVI, fasc. 5, 8 août 1808.
4. Id., *ibid.* Leg. IX, fasc. 13, 10 août 1808.
5. *Diario de Madrid*, 10 août 1808.
6. Arch. hist. nac. *Inv. fr. Consejo*. Leg. IX, fasc. 13, 14 août 1808.
7. Id., *ibid.* Leg. IX, fasc. 4, 2 sept. 1808.
8. Id., *ibid.* Leg. X, fasc. 1, 3 sept. 1808.
9. *Diario de Madrid*, 6 sept. 1808.
10. Arch. hist. nac. *Inv. fr. Consejo*. Leg. X, fasc. 1, 3 sept. 1808. Leg. XIV, fasc. 4, 7 sept. 1808.

les fusils dont on avait besoin, et le Conseil, impuissant à armer les volontaires qu'il levait, se voyait encore harcelé de réclamations par les armées et par les villes. La fabrique royale d'épées de Tolède demandait 24.790 réaux par mois pour fonctionner [1]. Le Conseil devait refuser à l'armée d'Aragon les selles, les brides et tous les effets d'équipement qu'elle demandait, faute d'en avoir assez lui-même pour le petit corps de cavalerie qu'il organisait à Madrid [2].

VI

Tandis que les magistrats se débattaient au milieu de ces inextricables difficultés, Madrid, ivre de joie et de liberté, vivait de la vie divine d'un peuple enfant, tout à l'heure présente et aux bonheurs du moment.

« Que l'on se figure, dit Mesonero Romanos, le peuple du 2 mai, libre de ses tyrans dominateurs, revenu à la vie espagnole, aux objets de son amour, de son admiration et de son culte, recevant successivement, coup sur coup, les nouvelles stupéfiantes de l'effet produit par sa clameur héroïque dans toute l'étendue de la monarchie, célébrant aujourd'hui la glorieuse journée de Baylen, demain l'immortelle défense de Saragosse, tantôt la reddition de l'escadre française à Cadix, tantôt l'assurance du secours de l'Angleterre obtenu par les Asturiens, ou bien la formation des Juntes provinciales, ou bien l'improvisation d'armées entières ! Qu'on se figure enfin le soulèvement général, unanime, de toute une nation, tel que l'histoire d'aucun peuple n'en offre de pareil, et l'on comprendra que Madrid se soit livré à toutes les démonstrations de son enthousiasme, et aussi, il

---

1. Arch. hist. nac. *Inv. fr. Consejo*. Leg. IX, fasc. 25, 15 sept. 1808.
2. Id., *ibid*. Leg. IX, fasc. 2, 14 sept. 1808.

faut le dire, à quelques déplorables violences, filles de sa rancœur
et de son ressentiment contre les affronts passés ¹ ».

Ce furent, bien entendu, les Français, qui firent tous les frais
de la joie populaire, et le Conseil de Castille crut de bonne
politique de laisser libre carrière à tous les écrits gallophobes.
Il avait pensé d'abord à publier la *Gazette* tous les jours, il finit
par décider qu'elle paraîtrait seulement le mardi et le vendredi,
et que le *Diario* reparaîtrait sous sa forme habituelle à partir du
8 août ².

Le 9 août, la *Gazette* publia un récit de la bataille de Baylen
et donna des nouvelles de Barcelone, de Saragosse, de Badajoz,
de Murcie et de Séville ³. Quoique la presse fût bien loin d'être
libre, et que le Conseil n'eût aucune intention de lui laisser la
bride sur le cou, l'intérêt des événements, les nécessités du
moment et le désir de maintenir la vogue du journal officiel ⁴
obligèrent le Conseil à laisser insérer dans la *Gazette* bien des
choses qu'il eût arrêtées en temps ordinaire. Madrid connut un
semblant de journal, et les nouvelles à la main, les pamphlets
suppléèrent aux lacunes de la *Gazette*. Pour donner un nouvel
aliment à la curiosité publique, le Conseil résolut de publier le
récit des atrocités commises par les Français ⁵. Les Madrilènes
apprirent avec effroi que ces Vandales avaient enlevé 40 paires
de mules et des chars, et brûlé 100 maisons à Valdepeñas, pillé
l'hermitage de la Padrona, brûlé l'église et 287 maisons (!) de
Torquemada, pillé les églises de Cuenca, de Buytrago, de Pedre-
zuela, de Villa de Navas de Fuente, d'El Molar et d'Yglesias ⁶ ;

---

1. Mesonero Romanos. *Memorias de un setenton*, p. 50.
2. Arch. hist. nac. *Inv. fr. Consejo.* Leg. XVI, fasc. 19, 3-6 août 1808.
3. *Gaceta de Madrid*, 9 août 1808.
4. *Diario de Madrid*, 10 sept. 1808.
5. Arch. hist. nac. *Inv. fr. Consejo.* Leg. XVI, fasc. 21, 1ᵉʳ sept. 1808.
6. *Gacetta de Madrid*, sept. 1808.

mis le feu aux moissons, aux bois du duc de l'Infantado, violé des religieuses à Rio Seco [1].

Madrid riait aux dépens de Joseph : on le représentait dans une bouteille, dont sa tête seule émergeait, ou en roi de jeu de cartes, une coupe à la main (*El nuevo rey de copas*), ou dansant sur des bouteilles [2]. On chansonnait le *tio Josef*, le *tio Copas*, *Pepe Botellas*, et son frère Napoléon [3].

Un dessin figurait la frontière d'Espagne : Un soldat français demandait : « Combien l'entrée ? » et un Espagnol, moitié soldat, moitié bandit, lui répondait avec le zézaiement andalou : « Monsieur, l'entrée est gratuite, ce qu'on paie ici, c'est la sortie ! [4] »

On chantait avec les Aragonais : « La Vierge du Pilier a dit qu'elle ne veut pas être française, mais qu'elle veut commander la troupe aragonaise [5]. » ou bien : « Jeunes filles de l'Ebre,

---

1. *Diario de Madrid*, 8-20 sept. 1808.
2. Mesonero Romanos, *Memorias de un Setenton*, p. 60.
3. On chantait :

> Ya Viene por la Ronda
> José primero,
> Con un ojo postizo
> Y el otro huero.
>
> Ya se fue por las Ventas
> El rey Pepino,
> Con un par de botellas
> Para el camino....
>
> Traelo, Marica, traelo
> A Napoleon
> Traelo y le pagaremos
> La contribucion.

4. « Compare, aqui no ze paga la entria, lo que ze paga ez la zalia. »
5.

> La Virgen del Pilar dice
> Que no quiere ser francesa,
> Que quiere ser capitana
> De la tropa aragonesa.

tressez les lauriers et couronnons les fronts de nos soldats [1] ! »
ou bien « Quinze fois le soleil la vit attaquée (Saragosse), et
quinze fois il vit les Français retourner vaincus. Le généreux
héros qui nous commande tiendrait à déshonneur de se laisser
vaincre [2]. » On chantait avec les Andalous : « Dupont, terreur
du Nord, a été battu à Baylen, et battus ont été avec lui tous
les siens. La France entière pleurera cet affront. Au son de la
Carmagnole : Mort à Napoléon ! [3] » On invoquait la Vierge
d'Atocha : « Vierge d'Atocha, notre capitaine, toi qui portes le
grand cordon du roi, fais que Ferdinand revienne bientôt de
France ! [4] ».

1.

   ¡ Zagalas del Ebro,
   Laureles tejed,
   Y a nuestros guerreros
   Ciñamos la sien !

2.

   El Sol quince veces
   Batida la vido,
   Y quince vencido
   Tornar vio al francés.
   El héroe animoso,
   Que nos acaudilla,
   Tuviera á mancilla
   Dejarse vencer.

3.

   Dupont, terror del Norte,
   Fue vencido en Bailen,
   Y todos sus secuaces
   Prisioneros con el.
   Toda la Francia entera
   Llorara este baldon :
   Al son de la carmañola.
   ¡ Muera Napoleon !
   ¡ Muera Napoleon !

4.

   Virgen de Atocha
   La Capitana,
   Que del rey tienes
   Puesta la banda,
   Haz que pronto Fernando
   Vuelva de Francia.

Quintana adressait son ode à la nation espagnole, Nicasio Gallego écrivait son élégie au 2 mai, D. Juan Bautista de Arriaza sa *prophétie des Pyrénées*.

On mettait la Constitution de Bayonne en vers burlesques, et l'on en faisait un pot-pourri musical, où passaient tous les airs populaires, si bien que la Constitution pouvait se réciter, se chanter, se danser même, au milieu des cris et des applaudissements ironiques et des huées de toute la plèbe de Madrid.

On publiait pour les gens graves de touchantes confidences de Ferdinand VII [1], des détails sur Mürat [2], ou sur Napoléon [3], les *Plaintes de Lucifer effrayé d'une invasion française dans ses États* [4], *le Dessin des instruments de torture que Napoléon avait préparés pour exiler la jeunesse espagnole du royaume* [5], *la Venue de Napoléon prédite par Saint-Jean* [6], *l'Entrée de Joseph à Madrid* [7], *la Conversation de Murat et de Godoy* [8].

---

1. *Diario de Madrid*, 14 août 1808. *Manifiesto de los intensos afectos de dolor, amor y ternura de nuestro invicto monarca Fernando VII, exhalados por triste desahogo en el seno de su estimado maestro y confesor el Sr Escoiquiz, quien por estrecho cargo de S. M. los comunica á la nacion y su capital en un discurso, el qual, por uno de tantos portentos que obra la Providencia en S. M. y en otros, ha podido transmitirnos desde su reclusion en Valençay.*

2. *Diario de Madrid*, 22 août. *La muerte de Murat* (monologue).

3. Id., *ibid. El tirano de la Europa. Napoleon I^o*. Les détails de la vie de l'Empereur y sont traités « con suma delicadeza y energia ».

4. Id., *ibid.*, 25 août. *Deprecacion de Lucifer á su criador contra el tirano Napoleon y sus sequaces, asustado de ver entrar tantos malvados Franceses en el infierno* (en octavas).

5. *Diseño del instrumento horroroso que Napoleon tenia preparado para extraer del reyno nuestra juventud, sacado de los que se apresaron en la ciudad de Cadiz* (gravure).

6. *Exposicion del capítulo IX del Apocalipsis de San Juan, aplicado segun su literal sentido al extraordinario acontecimiento de la pérfida irrupcion de España porlos Franceses, en el año de 1808.* Dans une ode de D. Juan de Dios Doblado, receptor de la Santa Cruzada.

7. *Entrada del tio Pepe en Madrid, y la trompeta nacional.*

8. *La Conversacion de Murat y Godoy.*

Le théâtre, lui aussi, se faisait patriote. Des pièces improvisées, où la fureur tenait lieu d'inspiration, mettaient à la scène les exploits des Andalous, des Valenciens et des Aragonais. On jouait au *Principe*, dès le 13 août : *L'aube et le soleil, ou la restauration de l'Espagne*. Le 19, à la *Cruz* : *L'Aragon restauré par la valeur de ses fils*. Le 25, *Madrid consolé*. Le 17 septembre : *Le piège français ou les impulsions de la valeur espagnole* [1].

Le mois d'août ne fut pour Madrid qu'une grande fête religieuse et profane. Le 4 août, le Conseil ordonna des prières d'actions de grâce pour le lendemain [2] ; et un *Te Deum* solennel pour le 6. Les tribunaux y assistèrent, accompagnés des alguazils en tenue de gala (*vestidos de golilla* [3]). Le même jour, à l'*ayuntamiento*, le marquis de Perales proposa un office de vigile et une messe chantée pour le repos de l'âme des Espagnols morts pour la patrie [4].

La ville vota encore des dévotions publiques à San Isidro et à Santa Maria de la Cabeza. Les corps des saints protecteurs de Madrid furent exposés pendant huit jours à San Isidro el Real, et veillés de jour et de nuit par deux membres du chapitre et deux membres de l'*ayuntamiento* [5]. D. Basilio Fernández de la

1. *Diario de Madrid*, pass.

2. Arch. hist. nac , *Inv. fr. Consejo*. Leg. V, fasc. 1, 5 août 1808. Le Conseil en prit occasion pour faire aux Madrilènes un petit sermon : « Todo se debe á Dios y á nuestra Señora que han protegido nuestra causa. Convino para nuestra comun utilidad que despertasemos de nuestro letargo, y purificasemos nuestras costumbres que llegaron casi al extremo de una completa corrupcion. Recibamos las desgracias que ha padecido el reyno y esta grande capital como un castigo necesario para nuestra correccion. Las inocentes victimas cuya sangre humea aun sobre su patrio suelo han clamado por nuestro perdon. El Dios unico, immortal y omnipotente de los exercitos ha oido sus suplicas y se ha aplacado. »

3. Id. *Libro de acuerdos de la Sala*, 6 août 1808.

4. Id. *Inv. fr. Consejo*. Leg. XIV, fasc. 19, 6 août 1808.

5. Id. *ibid*. Leg. XIV, fasc. 13, 6 août 1808. *Diario de Madrid*, 12 août 1908.

Visitacion, recteur du Collège royal des Écoles, près de saint Antoine abbé, et le recteur d'Avapiés organisèrent des *rosarios* « avec l'innocente compagnie des enfants et la prodigieuse multitude qui recevait l'instruction dans les deux collèges [1] ». Le 18 août, un *Te Deum* fut célébré à l'église paroissiale de Santa Maria, en l'honneur de la délivrance de Saragosse [2]. Le 4 septembre, le Conseil assista en corps à une messe expiatoire pour les profanations et les sacrilèges dont les Français s'étaient rendus coupables au cours des derniers mois, et engagea toutes les autorités provinciales à suivre son pieux exemple [3].

Les fêtes civiles se succédèrent comme aux jours les plus joyeux, comme si les armées françaises n'eussent pas toujours occupé la ligne de l'Ebre, comme si Ferdinand VII n'eût pas toujours été prisonnier de Napoléon.

L'ayuntamiento pensa le premier à fêter l'entrée des troupes espagnoles à Madrid. On fit des plans superbes : on ne devait

1. Arch. hist. nac. *Inv. fr. Consejo.* Leg. XIV, fasc. 13, 8 août 1808.

2. Id., *ibid.* Leg. XII, fasc. 13, 18 août 1808.

3. Id., *ibid.* Leg. XVI, fasc. 16, 6 sept. 1808. Las extraordinarias atrocidades que en estos reynos han cometido las tropas francesas, que bajo el nombre de aliadas se introduxeron en ellos, llamaron muy particularmente la atencion del Consejo, desde el momento en que por una especial favor del Omnipotente se vio libre de la opresion que por mas de quatro meses ha padecido. No puede mirar sin horror los ultrajes que ha sufrido nuestra santa Religión y sus ministros, y la profanacion de sus templos, en que no satisfechos aquellos feroces soldados con robar los vasos sagrados han despedazado las imagenes de Nuestro Señor y su Santisima Madre : y lo que es mas que todo, han conculcado las santas formas, no habiendo ultraje que no hayan cometido. Y contemplando este supremo Tribunal que la primera de sus obligaciones es implorar con fervorosos cultos el desagravio del Altisimo por tan execrables profanaciones, ha asistido á una solemne funcion en el dia 4 de este mes, con tan piadoso objeto; y ha acordado se comunique a V. como la executó, la orden correspondiente para que disponga se haga inmediamente igual demostracion en esta capital y pueblos de su partido, en inteligencia de que al propio fin lo comunico a los M. R. R. arzobispos, R. R. obispos, prelados, seculares y regulares, y cabildos eclesiásticos, y del recibo me dará V. aviso.

pas élever moins de trois arcs de triomphe avec inscriptions et hiéroglyphes; on devait donner le *rancho* gratis aux soldats, et leur offrir des courses de taureaux aux frais de la ville; mais le Conseil trouva la dépense excessive et ordonna de suspendre tous les préparatifs. L'*ayuntamiento* jeta les hauts cris : Que penserait l'armée en se voyant moins bien reçue à Madrid que dans les villages de son parcours ? Le Conseil craignit pour sa popularité et permit la fête, mais les arcs de triomphe furent réduits de trois à un et le *rancho* gratuit fut remplacé par un double prêt donné aux soldats au nom de la ville. Le 22 août, le Conseil permit à l'*ayuntamiento* de faire aux troupes une distribution de vêtements jusqu'à concurrence de 60.000 réaux [1].

Après avoir fêté les troupes espagnoles, on fêta la proclamation de Ferdinand VII, et l'on fit l'impossible pour effacer tout souvenir de la malheureuse cérémonie du 25 juillet. La *Villa* décida qu'elle aurait un nouvel étendard, dont la hampe serait surmontée d'un lion espagnol déchirant une aigle française [2]. Pour éviter tout ce qui pouvait rappeler les usages français, les régidors résolurent de paraître à la cérémonie vêtus de velours noir, à l'antique mode de Philippe IV [3]; l'idée parut si noble que les dames adressèrent une pétition au Conseil pour avoir, elles aussi, le droit de revêtir les costumes lourds et disgracieux du XVIIe siècle [4]. La proclamation du roi fut fixée au 24 août et le programme de la fête comporta quatre jours de réjouissances. Le premier jour, décoration de la ville et illuminations générales. Le deuxième jour, cérémonie officielle; le soir, chœurs de musique et feu d'artifice au Prado. La troisième journée : courses

---

1. Id., *ibid.* Leg. XIV, fasc. 14, 5 août 1808. Arch. de la ville de Madrid, *Libro de Acuerdos del Ayuntamiento*, 1808.

2. Archives de la ville de Madrid. *Libro de Acuerdos*, 5 août 1808.

3. Id., *ibid.*, 8 août 1808, 11 août 1808. Arch. hist. nac. *Inv. fr. Consejo.* Leg. I, fasc. 26, 9 août 1808.

4. *Diario de Madrid*, 15 août 1808.

de taureaux à demi-tarif pour les habitants, et gratuits pour la moitié de l'armée. Un des trois jours suivants, nouvelle course, aux mêmes conditions, pour permettre à l'autre moitié des troupes de prendre part à la fête [1].

Tout s'accomplit suivant les rites. La proclamation du roi eut lieu le 24 août, à 4 heures de l'après-midi [2]. Le marquis d'Astorga, alferez-mayor, portait l'étendard de la Ville, suivi à cheval par le duc de l'Infantado et les grands et titrés de Castille présents à Madrid [3]. Le Conseil, invité par la Ville, assistait à la cérémonie, du haut du balcon de l'Hôtel de Ville. Il refusa, par économie, d'assister au feu d'artifice [4], mais il accepta l'invitation municipale pour les taureaux [5] et des cornets de bonbons de 120 réaux pour le doyen, de 80 réaux pour les membres de la Chambre et 60 réaux pour les simples conseillers [6]. Il se vota à lui-même une indemnité de 300 réaux par tête pour les frais des illuminations [7].

Ces fêtes ne passèrent pas absolument sans protestation. Un habitant de Madrid écrivit au Conseil pour demander la suppression des illuminations ; bien des fenêtres devaient rester obscures parce que les habitants étaient absents, des troubles étaient à craindre, il y avait danger d'incendie ; enfin « l'excessive allégresse du peuple n'était pas moins à redouter que son excessif abattement [8] ». Le Conseil ne tint pas compte de l'opinion isolée de ce philosophe grincheux. Beaucoup de gens accusaient encore l'*ayuntamiento* de platitude à l'égard de Joseph, et la *Villa*

---

1. Arch. hist. nac. *Inv. fr. Consejo*. Leg. I, fasc. 26, 23 août 1808.
2. Id., *ibid*. Leg. I, fasc. 26, 23 août 1808.
3. Id., *ibid*. Leg. I, fasc. 26, 24 août 1808.
4. Id., *ibid*. Leg. I, fasc. 26, 23 août 1808.
5. Id., *ibid*. Leg. I, fasc. 26, 23 août 1808. Il eut les loges nº 81, 82 et 83.
6. Id., *ibid*. Leg. I, fasc. 26, 30 août 1808.
7. Id., *ibid*. Leg. I, fasc. 26, 17 août 1808.
8. Id., *ibid*. Leg. I, fasc. 26, 30 août 1808.

fit insérer dans le *Diario* du 24 août une note portant qu'elle n'avait point été féliciter le roi intrus après la cérémonie de sa proclamation [1]. Les taureaux eurent plein succès, mais il s'en fallut de beaucoup que la moitié des troupes pût y assister; il se produisit de grands désordres; des milliers de gens entrèrent sans payer, des soldats montèrent sur les toits et cassèrent force tuiles. Comme la ville était en perte, elle demanda au Conseil l'autorisation de donner une troisième course, et le Conseil dut refuser, parce qu'il avait déjà promis des taureaux à la *Junte des Hôpitaux* qui en avait le plus pressant besoin [2]. Enfin, on jeta au peuple de la monnaie à l'effigie de Ferdinand VII, mais tandis que Joseph avait fait distribuer 120.000 réaux, on n'en distribua que 60.000 au nom de Ferdinand [3]. La population ne paraît pas avoir retrouvé le 24 août l'enthousiasme du 24 mars précédent.

Au mois de septembre, les fêtes continuèrent par des représentations théâtrales au bénéfice des armées espagnoles [4], et par des courses de taureaux [5].

VII

Se réjouir des victoires espagnoles et de la confusion du *tio Copas*, applaudir les soldats de Llamas et de Castaños, prier la Vierge d'Atocha et celle de la Paloma, courir aux pompes royales, aux *Rosarios*, aux théâtres, aux taureaux; tout cela était fort bien et fort naturel, mais pourquoi avoir semé tant de haine sur cette joie ?... Pourquoi ?... C'est que les traîtrises et les violences de

---

1. *Diario de Madrid*, 24 août 1808.
2. Arch. hist. nac. *Inv. fr Consejo*. Leg. I, fasc. 26, 30 août 1808.
3. Id., *ibid*. Leg. I, fasc. 26, 7 août 1808.
4. Le 18 septembre, *La Cruz* fit 7.714 réaux d'entrées, le 19, 8.299 réaux, Le 29, la représentation donna 10.345 réaux, avec les dons des spectateurs et l'abandon de leurs droits fait par un grand nombre de personnes du théâtre.
5. Le *Diario de Madrid* du 25 sept. annonce deux courses pour le lendemain.

cette guerre soufflaient la fureur dans toutes les âmes ; c'est que l'amour de la patrie a son fanatisme comme la religion ; c'est que l'Espagnol est, par nature, plus prompt aux extrêmes que tout autre peuple ; c'est que les prêtres attisaient eux-mêmes les passions nationales et croyaient venger le ciel en persécutant les Français sacrilèges et impies.

Le 15 août, le Conseil ordonna à la *Sala* d'arrêter tous les Français se trouvant à Madrid et de saisir tous leurs biens [1]. La *Sala* répondit qu'elle était prête à obéir, et un paragraphe de sa réponse donne peut-être l'explication de la mesure terrible prise par le Conseil : « la juste haine avec laquelle le peuple de Madrid regardait tous les membres de la nation française le portait à prendre en main la vengeance des injures qu'il en avait reçues et à méditer des moyens et des façons atroces de l'exécuter. » La sûreté des Français demandait peut-être leur internement, mais il fallait trouver des prisons où les mettre, et séparer les femmes des hommes, et les hommes des Espagnols [2]. Un alcalde de Cour, D. Luis Mariano Pereyra, eut le courage de protester contre l'ordre draconien du Conseil : Il y avait dans son quartier des Français qui habitaient l'Espagne depuis 20, 30, 40 et même 50 ans ; qui étaient mariés à des Espagnoles, avaient des fils espagnols, commerçants à Madrid, avaient prêté serment de fidélité au roi, avaient fait des dons patriotiques et avaient enrôlé leurs enfants ; certains de ces Français n'étaient pas aimés du public, mais d'autres étaient en possession de l'estime générale ; devait-on les enfermer comme des coupables et les priver de leurs biens comme de leur liberté ? [3] D. Arias Mon demanda

---

1. Arch. hist. nac. *Inv. fr. Consejo.* Leg. V, fasc. 4, 15 août 1808. — Le Conseil se montrait plus dur que le général valencien Llamas, qui recommandait aux Madrilènes de ne se porter à aucune voie de fait contre les Français.

2. Id., *ibid.* Leg. V, fasc. 4, 16 août 1808.

3. Id., *ibid.* Leg. V, fasc. 4, 16 août 1808.

une liste de tous les Français domiciliés dans chaque quartier [1], et
déclara, le 18 août, que l'ordonnance du 15 août ne s'appli-
querait pas aux Français domiciliés depuis longtemps en Espagne
et qui auraient prêté serment de fidélité au roi, ni aux émigrés
français établis en Espagne depuis la Révolution. Ces individus
demeureraient en liberté, tant que leur conduite ne donnerait
sujet à aucune plainte [2]. Mais la *Sala* fit observer que, lors du
recensement de 1807, presque tous les Français, domiciliés à
Madrid, avaient hautement revendiqué la qualité de sujets de
l'Empire, et que si l'internement pouvait leur être préjudiciable,
c'était, d'autre part, le meilleur moyen de garantir leur sécurité
personnelle [3]. Le 22 août, les fiscaux du Conseil, consultés
sur cette affaire, conclurent résolument à l'arrestation de tous
les Français, sans distinguer entre les Français de passage ou
les Français domiciliés à Madrid. Cette distinction pourrait avoir
sa raison d'être quand on traiterait la question de l'internement
ou du bannissement de ces individus, du séquestre ou de la
confiscation de leurs biens. Pour l'instant, il importait avant
tout de purger Madrid de tous ces Français. Tout ce que
pouvaient faire de mieux les Français loyaux était de se soumettre à la loi ; la correction de leur conduite pourrait leur
éviter la confiscation et le bannissement, mais ne les exemp-
tait ni de l'obligation de quitter Madrid, ni de la nécessité où l'on
était de mettre leurs biens sous séquestre [4]. Le Conseil eut
l'humanité de ne pas écouter ses procureurs, et limita les ordres
d'arrestation et de séquestre aux seuls Français qui s'étaient
donnés dans les derniers recensements comme sujets de l'Empire
et qui étaient devenus l'objet de la haine du public [5]. Comme

---

1. Id., *ibid*. Leg. V, fasc. 4, 17 août 1808.
2. Id., *ibid*. Leg. V, fasc. 4, 18 août 1808.
3. Id., *ibid*. Leg. V, fasc. 4, 20 août 1808.
4. Id., *ibid*. Leg. V, fasc. 4, 22 août 1808.
5. Id., *ibid*. Leg. V, fasc. 4, 25 août 1808.

les malheureux se cachaient et trouvaient asile chez des amis, un édit leur impartit un délai de huit jours pour se présenter devant l'alcalde de quartier, sous peine d'être traités par la suite avec toute la rigueur des lois ; tout Espagnol devait, dans le même délai, dénoncer la retraite de tous les Français dont il pourrait avoir connaissance [1].

Les Français arrêtés furent transférés à l'Escurial : 13 le 20 août, 59 le 21, 43 le 29, et 21 le 15 septembre [2]. On les retirait de Madrid, sous prétexte de sauver leur vie, et à l'Escurial, ils manquèrent mourir de faim. Par une étrange aberration, au moment même où on leur retirait leurs biens, on prétendait les obliger à s'entretenir à leurs frais. Le gouverneur de l'Escurial protesta dès les premiers jours contre la situation intenable où on l'enfermait. Le village n'avait pas vu passer moins de 40.000 hommes depuis six mois, les habitants étaient réduits à la plus extrême misère, tous les hôpitaux étaient détruits ou empestés ; la misère avait exaspéré les esprits à tel point qu'il s'était vu près de périr pour avoir empêché les habitants de massacrer une trentaine de Français malades et blessés, abandonnés à l'hôpital de San Lorenzo [3]. Il dut mettre les prisonniers à la caserne des Gardes du Corps, à demi détruite et infectée par les troupes françaises [4] ; il leur donna, par compassion, quelques vivres, mais leur fit savoir qu'il lui serait impossible de continuer à les nourrir, et les infortunés demandèrent au Conseil « à ne pas mourir de faim au milieu d'un peuple chrétien [5] ». Le 23 septembre seulement, la *Sala plena* s'occupa d'eux : « La pétulance et la superbe insupportable du caractère français s'étaient plus ou moins laissées voir chez tous ces gens

---

1. Arch. hist. nac. *Inv. fr. Consejo.* Leg. V, fasc. 4, 3 sept. 1808.
2. Id., *ibid.* Leg. V, fasc. 4, 13, 21, 29 août et 15 sept. 1808.
3. Id., *ibid.* Leg. V, fasc. 4, 20 août 1808.
4. Id., *ibid.* Leg. V, fasc. 4, 21 août 1808.
5. Id., *ibid.* Leg. V, fasc. 4, 31 août 1808.

et avaient contribué à ce que le peuple espagnol, très chatouilleux par nature sur le point d'honneur, se fût mis à détester tous ceux de cette nation. » Parmi ceux auxquels le Conseil avait fait « la grâce » de les interner à l'Escurial, ceux qui avaient commis quelque délit pouvaient être employés aux besognes de leur industrie dans l'intérieur de la prison, ou appliqués au travail des chemins et des mines ; les autres, n'étant pas légalement des coupables, ne pouvaient être envoyés aux *presidios*, et comme l'État ne pouvait rien pour eux, il fallait vendre au plus tôt les biens des plus riches pour entretenir les plus pauvres [1].

Pour les Français, et même pour les *afrancesados* [2], le Conseil s'était montré aussi pressé de confisquer leurs biens qu'il l'avait été naguère pour Godoy. Mais, comme toujours en pareil cas, la pêche miraculeuse n'avait pas donné les résultats auxquels on s'attendait. Beaucoup d'objets saisis se détérioraient ; les créanciers assiégeaient les liquidateurs de leurs réclamations [3] ; les maisons des Français une fois mises sous scellés et bien débarrassées de tous leurs meubles de prix et de tout l'argent comptant [4], les conseillers chargés de procéder à la vente trouvaient

---

1. Id., *ibid*. Leg. V, fasc. 4, 23 septembre.

2. Id., *ibid*. Leg. IV, fasc. 1, 19 août 1808. — Mise sous séquestre des biens des personnages suivants : Marquis Caballero, D. Gonzalo O'Farril, D. Miguel de Azanza, Comte de Cabarrus, D. Josef Mazarredo, Duc de Frias, Comte de Campo-Alange, D. Francisco Javier Negrete, D. Mariano Luis de Urquijo, D. Josef Marquina, D. Francisco Javier Duran, D. Pablo Artibas, D. Francisco Amoros, D. Manuel Romero, D. Francisco Angulo, D. Ygnacio Tejada, D. Francisco Antonio Cea, D. Juan Melon, D. Pedro Estala, D. Juan Antonio Llorente, D. Leandro Fernández Moratin, D. Juan Antonio Conde, D. Manuel Perez de Herbas, D. Francisco de Manota, D. Julian de Velasco, D. Josef Mamerto Gomez, D. Tomas Garcia Suelto, D. Luis Baviches. — (20 août), D. Eugenio Izquierdo. — 9 sept : Comtesse de Jaruco, marquise de San Felices, M. Esménard — 17 sept. : Marquis de Casa-Palacio — 26 sept : D. Agustin de Landaburu.

3. Id., *ibid*. Leg. V, fasc. 4, 12 sept. 1808.

4. « Bien limpias de alhajas y dinero. »

au-dessous de leur dignité de s'occuper des menus détails d'exécution, et la vente simultanée de tous ces mobiliers amenait une baisse considérable de tous les objets dont le Conseil avait cru pouvoir tirer parti. Enfin les biens saisis au duc de Frias et au comte de Campo Alange étaient soumis à un régime spécial ; il fallait tenir compte des droits de leurs épouses et de leurs enfants, et les soupçons qui pesaient contre eux ne suffisaient peut-être pas, pour graves qu'ils fussent, à justifier des mesures aussi sévères [1]. Toutes ces observations étaient vraies, beaucoup plus vraies même que ne le pensaient les magistrats, mais l'argent ne rentrait pas, et les prisonniers français restaient sans ressources.

La situation des malades et blessés abandonnés à Madrid par les armées françaises était encore plus lamentable.

La veille du départ des troupes, les médecins français avaient inspecté les hôpitaux et fait partir tous ceux qui pouvaient se tenir debout ; il était resté environ 2.000 blessés ou malades que Moncey, Belliard et Grouchy avaient recommandés à l'humanité et à l'honneur des autorités madrilènes. Le 9 août, le Conseil décida que 4 à 500 Français « en état de voyager » seraient dirigés comme prisonniers de guerre sur San Fernando, près Vicalvaro, et internés à l'hospice de cette ville. A mesure qu'il se trouverait de nouveaux convalescents, on en formerait des convois de 4 à 500 et on les dirigerait sur Tolède, sur Cuenca et sur Ciudad Real en les recommandant aux évêques et aux intendants de ces différentes villes [2].

Ce plan était plus facile à concevoir qu'à exécuter : Le gouvernement de la place de Madrid répondit qu'il n'avait pas de troupes disponibles pour escorter les Français [3]. L'*ayuntamiento*

---

1. Arch. hist. nac. *Inv. fr. Consejo.* Leg. IV, fasc. 1, 15 sept. 1808.
2. Id., *ibid.* Leg. V, fasc. 3, 9 août 1808.
3. Id., *ibid.* Leg. V, fasc. 3, 10 août 1808.

de Buytrago, qui avait 50 malades français à sa charge, criait misère et protestait contre tout nouvel envoi ; le village avait perdu depuis deux mois son médecin titulaire, et n'avait plus qu'un chirurgien vieux et infirme (*viejo y accidentado*) ; les malades restaient sans secours et sans assistance [1]. L'*ayuntamiento*, l'intendant et l'évêque de Cuenca déclarèrent qu'ils ne répondaient pas de la vie des Français qu'on pourrait leur envoyer, tant les sacrilèges commis par les soldats de Caulaincourt avaient exaspéré la population [2]. La Junte de Ciudad Real repoussa délibérément les ordres du Conseil, sous prétexte que la *Junte suprême de Séville* avait disposé depuis longtemps des hôpitaux de la ville [3]. Le cardinal archevêque de Tolède refusa l'Alcazar, occupé par des orphelins, qu'on ne pouvait licencier pour mettre à leur place des Français « ennemis de Dieu et des hommes ». On ne pouvait davantage partager l'Alcazar entre les orphelins et les Français, « ni exposer ces innocentes créatures au déplorable contact de gens, qui ne conservaient ni un sentiment ni une idée raisonnables ». Le peuple de Tolède était si irrité que la Junte avait toutes les peines du monde à protéger la vie des 60 ou 80 Français restés dans les hôpitaux [4].

Malgré tous les obstacles, le marquis de las Hormazas commença l'évacuation des hôpitaux de Madrid. Le 19 août, un premier convoi de 734 convalescents partit pour San Fernando, le 31 août, 339 prirent encore la même direction, le 1er septembre 242 autres partirent à leur tour ; 383 avaient succombé pendant le mois d'août ; une centaine de Suisses et d'Italiens avaient consenti à prendre du service dans les armées espagnoles. Il

---

1. Id., *ibid.* Leg. XVI, fasc. 4, 9 août 1808. — Les procureurs répondent, le 3 septembre, que la ville doit s'imposer pour l'entretien des malades français. — S'il y a des convalescents, qu'on les envoie à San Fernando.

2. Id., *ibid.* Leg. V, fasc. 3, 15, 16, 17 août 1808.

3. Id., *ibid.* Leg. V, fasc. 3, 19 août 1808.

4. Id., *ibid.* Leg. V, fasc. 3, 11 août 1808.

restait environ 200 malades, presque tous condamnés à périr et qu'on avait remis, le 1er septembre, aux soins exclusifs des médecins espagnols. Le Conseil pouvait donc vivre désormais tranquille [1]. La question était résolue à Madrid [2].

Elle ne tarda pas à l'être également à San Fernando. Comme la dépense journalière des prisonniers dépassait 1.000 réaux, et que la ville déclarait ne pouvoir y suffire longtemps, le Conseil demanda s'il n'y aurait pas moyen d'occuper les prisonniers français à quelque travail utile, dont le profit permettrait de soulager le trésor public [3]. Les inspecteurs chargés de diriger l'information transmirent à ce sujet au Conseil un rapport navrant, qui est une des plus tristes pages de toute cette histoire. « Il y avait 1.182 Français à l'hôpital de San Fernando. Les inspecteurs les ont trouvés presque tous couchés sur leurs lits, exténués et affaiblis par les maladies. Les plus robustes étaient dans la cour, mais différaient peu des premiers ; à peine eût-on pu en trouver 50 en état de résister à un travail corporel et quotidien, tous paraissaient plutôt des cadavres ambulants. La plupart de ces malheureux employaient leur prêt à acheter des fruits verts, des patates, des sardines, des melons, de l'ail, des oignons. Beaucoup retombaient malades. Il en mourait beaucoup ; on pouvait calculer qu'un tiers succomberait. L'hôpital semblait menacé de devenir un foyer pestilentiel. On ne pouvait songer à les employer aux travaux publics, parce qu'ils n'en avaient pas la force, parce qu'il faudrait des troupes pour les garder, et pour les défendre contre les insultes des habitants « qui les regardaient avec la haine la plus vive, à cause des atrocités que l'on racontait de toutes parts sur leur compte ». On ne pouvait leur faire travailler le lin ou la laine, parce qu'il eût fallu faire de grosses dépenses d'installation et les frais d'un long

---

1. « Estar descansado ».
2. Arch. hist. nac. *Inv. fr. Consejo*. Leg. V, fasc. 3, 5 sept. 1808.
3. Id., *ibid*. Leg. V, fasc. 3, 5 sept. 1808.

apprentissage, tous ces soldats ayant déclaré ne savoir aucun
métier [1]. La seule chose qu'on pût leur faire faire était le tressage
du sparte, comme le faisaient les prisonniers de Madrid [2]. » Cette
lettre est complétée par une supplique d'un prêtre français, l'abbé
Mailhe, qui tenta d'apitoyer le Conseil sur le sort des malheureux
prisonniers de San Fernando : « L'humanité exige de mon caractère que j'informe Votre Excellence du misérable état dans lequel
gémissent ces pauvres malades, n'ayant pas autre chose qu'un
réal de prêt et la moitié d'un pain de munition ; ce faible secours
ne leur permet pas de payer la moitié des fortifiants, médicaments
et autres choses qui sont nécessaires pour les secourir dans le
déplorable état où ils se trouvent ; je prends la liberté de solliciter
de V. E. qu'Elle commande qu'on leur accorde tout secours que
V. E. pourra juger nécessaire, tandis que je prie Dieu pour la
conservation des jours de V. E. si précieux pour l'humanité
affligée [3]. » Le Conseil envoya à San Fernando.... un chapelain
pour administer aux malades tous les secours spirituels dont ils
pourraient avoir besoin [4].

---

1. Ce qui était peut-être un moyen d'éviter tout travail.

2. Id., *ibid.* Leg. V, fasc. 3, 12 sept. 1808. — Les zélateurs de la royale
association de Charité du Bon Pasteur furent d'un avis contraire, parce que
les prisonniers pourraient gâcher la matière première qu'on leur fournirait,
ou se servir des cordes fabriquées par eux pour s'évader, ou encore incendier
l'hôpital. Id., *ibid.* Leg. V, fasc. 3, 29 sept. 1808.

3. Id., *ibid.* Leg. V, fasc. 3, sept. 1808. — Les dires de l'abbé Mailhe
sont confirmés par D. Pedro Ramon Crespa, chapelain du Real Sitio de
San Fernando.

4. Id., *ibid.* Leg. V, fasc. 3, 14 sept. 1808.

CHAPITRE VII

LE CONSEIL DE CASTILLE ET LA JUNTE SUPRÊME
(25 septembre-1er décembre 1808.)

I

Le 25 septembre 1808, à neuf heures du matin, se réunit au palais royal d'Aranjuez la Junte Suprême de Gouvernement d'Espagne et des Indes, sous la présidence provisoire du vieux ministre de Charles III et de Charles IV, D. Josef Moñino, comte de Florida Blanca, dont le nom rappelait à la nation d'éminents services et une carrière toute de loyauté et d'honneur. Parmi les trente-cinq délégués des Juntes du royaume [1] figuraient quatorze nobles titrés, six prêtres, cinq officiers généraux des armées de terre et de mer, quatre intendants ou trésoriers d'armée, trois anciens ministres, un magistrat, un professeur, un avocat; en somme, peu de noms connus, peu d'hommes de premier plan, peu de gens ayant la pratique des affaires : des titres, des noms

---

1. Aragon : D. Francisco Palafox y Melci, D. Lorenzo Calvo de Rozas. — Asturias : D. Gaspar Melchor de Jovellanos, marqués de Campo Sagrado. — Canarias : Marques de Villanueva. — Castilla-la Vieja : D. Lorenzo Bonifaz y Quintano, D. Francisco Javier Caro. — Cataluña : Marqués de Villel, baron de Sabasona. — Córdoba : Marqués de la Puebla de los Infantes, D. Juan de Dios Gutierrez Rabé. — Extremadura : D. Martin de Garay, D. Felix Ovalle. — Galicia : Conde de Gimonde, D. Antonio Aballe. — Granada : D. Rodrigo Riquelme, D. Luis de Funes. — Jaen : D. Francisco Castañedo, D. Sebastian de Jócano. — Leon : Fr. D. Antonio Valdés, el Vizconde de Quintanilla. — Madrid : Conde de Altamira, D. Pedro de Silva, patriarca de las Indias. — Mallorca : D. Tomás de Veri — Murcia : Conde de Florida Blanca, marqués del Villar. — Navarra : D. Miguel de Balanza, D. Carlos de Amátria. — Toledo : D. Pedro de Ribero, D. José Garcia de la Torre. — Sevilla : D. Juan de Vera y Delgado, conde de Tilli. — Valencia : Conde de Contamina. Principe Pio.

sonores, des chevaliers de la Toison d'or et des ordres militaires, une assemblée très conservatrice, très vaniteuse et peu préparée au rôle écrasant qu'elle avait à jouer. Son premier acte fut de lier tous ses membres par un serment de fidélité à la religion, à la dynastie et aux libertés des royaumes d'Espagne, cérémonie imposante, mais un peu vaine, puisque tous ceux qui étaient là n'y étaient venus que pour défendre toutes ces grandes choses, pour lesquelles l'Espagne s'était soulevée contre Napoléon.

La Junte informa le Conseil de son installation par un billet laconique et impérieux, qui dut enlever aux magistrats leurs dernières illusions, s'ils avaient cru trouver chez elle plus de déférence que chez les Juntes provinciales [1]. D. Arias Mon répondit sur le ton le plus correct et le plus digne [2].

Florida Blanca savait mieux que la plupart de ses collègues ce que représentait le Conseil de Castille dans l'ancienne constitution espagnole et son idéal paraît avoir été de rétablir cette constitution sur un pied normal, autant que le permettaient les circonstances extraordinaires où se trouvait la nation. Il demanda au Conseil de prêter serment de fidélité à la Junte, comme la Junte l'avait prêté à la religion, au roi et au pays ; et d'avertir toutes les Juntes provinciales, les tribunaux, les magistrats, les vice-rois et gouverneurs généraux d'avoir à obéir dorénavant aux ordres de la Junte suprême comme aux ordres mêmes du roi. « Le Conseil continuerait dans l'exercice de ses fonctions ordinaires, conformément aux lois, soumettrait à la Junte tout ce qui excéderait

---

1. Arch. hist. nac. *Inv. fr. Consejo.* Leg. XV, fasc. 1, 25 sept. 1808. ... « para que produzca esta noticia los efectos convenientes, en interin se la comuniquen las ordenes ulteriores que correspondan. »

2. Id., *ibid.* Leg. XV, fasc. 1, 26 sept. 1808. D. Arias annoncera au Conseil l'installation de la Junte « para que este me acompañe en la justa satisfaccion que debe asistir á todo buen Español al ver en la reconcentracion y unidad del gobierno la esperanza del triunfo de nuestros exercitos y la felicidad futura de nuestra patria. »

ses pouvoirs et tout ce qu'il devait soumettre au Souverain, suivant la coutume et dans les cas correspondants à son institution [1]. » Le Conseil se serait ainsi trouvé replacé à son rang légal, et investi à nouveau de toutes ses antiques prérogatives, avec la seule différence d'avoir pour souverain une assemblée de trente-cinq personnes.

Mais le Conseil, bien plus légiste que politique, commença par contester à la Junte, comme il l'avait contesté à Joseph, le droit de lui demander le serment. Les fiscaux déclarèrent que la Junte suprême ne représentait que les Juntes provinciales, autorités révolutionnaires et sans mandat ; le Conseil avait poussé la condescendance jusqu'à demander aux Juntes provinciales d'envoyer quelques délégués à Madrid, pour constituer avec lui un gouvernement vraiment national, et ces Juntes n'avaient pas même fait des réponses courtoises à une proposition si généreuse ; le Conseil avait cependant dissimulé, par amour de l'union et de la paix. La Junte suprême s'était réunie dans une ville soumise à la juridiction du Conseil et n'avait pas songé à lui en donner avis. Il était du devoir des fiscaux de signaler au Conseil toutes ces illégalités, et du devoir du Conseil de les signaler à la nation. Jamais, à aucun moment de l'histoire d'Espagne, ni en 1419, ni en 1480, ni en 1538, on n'avait constitué de régence sans consulter les trois ordres de la nation. Le roi Ferdinand VII avait donné lui-même l'ordre positif de convoquer les Cortes, et si le Conseil ne l'avait pas fait, c'était par unique souci de la sûreté personnelle du souverain. Les Juntes n'avaient aucun pouvoir légal. Quelques-unes étaient nées dans l'émeute et la sédition ; on ne savait quelles règles avaient été observées pour l'élection de leurs députés ; certains députés n'étaient même pas originaires des provinces qu'ils prétendaient représenter. C'était chose notoire que certaines grandes villes avaient failli se révolter

---

1. Arch. hist. nac. *Inv. fr. Consejo*. Leg. XV, fasc. 1, 26 sept. 1808.

contre leur Junte, et le Conseil avait reçu des lettres qui lui dépeignaient le gouvernement d'une de ces assemblées comme pire que celui des Français. Les députés de la Junte suprême étaient donc sans mandat, et trop nombreux ; les *leyes de Partida* ne permettant pas de nommer plus de cinq régents. La Junte laissait subsister les Juntes provinciales, quoiqu'elles fussent désormais sans objet. Il était impossible de rien attendre de bon d'une semblable fédération ; il fallait revenir à la légalité ; et le Conseil se devait à lui-même de protester contre les prétentions de la soi-disant Junte suprême, qui s'arrogeait l'autorité souveraine, au mépris de tout droit [1].

Le Conseil n'osa pas adresser à la Junte le rapport des fiscaux, ni lui députer deux de ses membres : D. Gonzalo Josef de Vilches et D. Benito Arias Prada [2], comme il en avait eu d'abord l'intention ; il prêta le serment demandé et se contenta d'envoyer un memorandum à Florida Blanca, qui lui répondit, en homme d'État, que la situation actuelle n'avait aucun précédent dans l'histoire et qu'il était impossible de lui appliquer les règles ordinaires de la jurisprudence. « Il était donc juste que le Conseil reconnût l'influence et l'autorité prépondérantes que devait avoir dans le gouvernement une nation qui, au nom de son roi et pour sa cause, avait tout fait par elle-même, sans le secours de personne [3]. » Le droit populaire fit ainsi sa réapparition dans l'histoire d'Espagne par le fait même d'un ancien ministre d'un roi absolu, et d'un partisan connu du « despotisme éclairé ».

Le Conseil se soumit et adressa à toutes les Juntes de province l'ordre d'obéir désormais à la Junte suprême, comme au roi, sous peine de crime de lèse-majesté [4]. Il félicita Florida Blanca,

---

1. Id., *ibid.* Leg. XV, fasc. 1, 30 sept. 1808.
2. Id., *ibid.* Leg. XV, fasc. 1, 30 sept. 1808.
3. Id., *ibid.* Leg. XV, fasc. 1, 1er octobre 1808.
4. Id., *ibid.* Leg. XIII, fasc. 8, 1er octobre 1808.

élevé par ses collègues à la présidence définitive de la Junte [1]. Il transmit aux autorités provinciales les décisions de la Junte relatives à la surveillance de l'imprimerie [2]. Il la traita de Majesté comme elle le voulut [3] ; mais il ne se réconcilia pas sincèrement avec elle et vit toujours en elle un pouvoir révolutionnaire et irrégulier.

Le duc de Granada de Ega et le trésorier Vincenti avaient toujours vu d'un mauvais œil la *Junta de suministros*, créée par le Conseil ; ils l'attaquèrent si vivement auprès de la Junte suprême que les membres de cette commission donnèrent leur démission [4]. Le Conseil leur ordonna de rester à leur poste [5] et adressa à la Suprême un mémoire très hardi, dans lequel il demandait la réduction à cinq des membres de la Junte de gouvernement, conformément aux lois de *Partida*, la dissolution des Juntes provinciales et la convocation des Cortes [6]. Mais la Suprême refusa de céder, et après huit jours de résistance, le Conseil capitula. « Désireux de se dégager de toutes affaires étrangères à sa constitution légale, et auxquelles ne l'obligeaient pas des circonstances extraordinaires et indispensables », il accepta la démission de la *Junta de suministros* [7]. Il publiait le lendemain un décret ordonnant de placer en tête de tous les actes publics la formule : « Le Roi notre sire D. Fernando VII, et en son nom royal, la Junte centrale suprême de gouvernement du Royaume [8]. » Le triomphe de la Junte était complet.

A partir de ce moment, le Conseil cessa de faire à la Junte une opposition ouverte, mais ne se priva pas de censurer, à

---

1. Arch. hist. nac. *Inv. fr. Consejo*. Leg. XV, fasc. 4, 3 oct. 1808.
2. Id., *ibid.* Leg. XXI, fasc. 13, 3 oct. 1808.
3. Id., *ibid.* Leg. XV, fasc. 2, 3-5 octobre 1808.
4. Id., *ibid.* Leg. IX, fasc. 19, 7 oct. 1808.
5. Id., *ibid.* Leg. IX, fasc. 19, 7 oct. 1808.
6. Id., *ibid.* Leg. XV, fasc. 1, 8 oct. 1808.
7. Id., *ibid.* Leg. IX, fasc. 19, 15 octobre 1808.
8. Id., *ibid.* Leg. XV, fasc. 3, 15 oct. 1808.

huis clos, ses actes les plus importants. Après avoir fait reconnaître son autorité, donné à ses membres le titre d'Excellences, des insignes splendides, et un traitement de 120.000 réaux [1], la Junte pensa au pays et lui adressa, le 13 octobre, une proclamation grandiloquente, sur laquelle la verve du Conseil trouva ample matière à s'exercer. La Junte reconnaissait la dette nationale !... mais quel gouvernement ne l'eût pas reconnue ? La Junte voulait fomenter l'agriculture et l'industrie !... qui n'en aurait dit autant ? La Junte s'engageait à publier chaque année un résumé des recettes et des dépenses publiques !... chaque année ? Elle pensait donc vivre bien longtemps ? Et qu'allaient dire les gens qui s'enrôlaient et donnaient leur bien, dans l'espérance qu'avant la fin de l'année leur roi leur serait rendu [2] ? Tout ce que put gagner le Conseil fut de retarder de quelques jours la publication du manifeste de la Junte.

Il prenait parfois de petites revanches. La Suprême lui demanda un jour en quel forme il estimerait possible de faire usage de l'*estampilla*, c'était la *Comision del ramo de marina* qui avait eu cette idée la première. Le Conseil répondit à son tour en demandant ce que pouvait bien être cette *Comision del ramo de marina*, dont il n'avait jamais entendu parler. Puis, sur les instances réitérées de la Junte, il voulut bien lui donner une consultation juridique sur l'*estampilla*. La signature royale était nécessaire pour assurer la validité des pragmatiques et cédules royales, des titres et diplômes expédiés par le roi, mais vu la haute dignité de sa royale personne, le monarque usait généralement d'un timbre portant ces mots : *Yo el rey*. L'*estampilla* était exclusivement personnelle à S. M. et la Junte ne pouvait en user — pas plus d'ailleurs que la *Comision del ramo de marina*. — Mais il était arrivé que le roi avait parfois concédé à des particuliers la grâce de signer avec une *estampilla* ; la Junte pouvait, à la rigueur,

---

1. Gomez de Arteche, *Guerra de la Independencia*, t. III, p. 132.
2. Arch. hist. nac. Leg. XV, fasc. 10, 17 octobre 1808.

autoriser son président à en faire autant, à condition d'en prévenir le public et d'observer les usages de la secrétairerie de l'*estampilla* rattachée au secrétariat d'État des Finances [1].

Le 6 novembre la Junte porta, au contraire, au Conseil, un coup vraiment terrible. Sur les instances de D. Tomas de Morla, directeur de l'artillerie à Madrid, vraie mouche du coche, toujours prête à se mêler de toutes les affaires, la Junte décida d'ôter au Conseil toutes les attributions militaires qu'il s'étaient données et qui lui permettaient de se regarder comme une sorte de Junte de Nouvelle-Castille : « Considérant que toutes les affaires étrangères à son institution, dont s'occupait le tribunal, pouvaient causer des retards considérables à l'administration de la justice, et pour qu'il pût désormais s'occuper, sans interruption, de cette branche importante et tout à fait principale de ses attributions, la Suprême Junte exonérait le Conseil de toutes les affaires relatives à l'armement, à l'approvisionnement et à l'habillement des troupes, et lui mandait de lui faire passer immédiatement tous les dossiers relatifs à toutes ces affaires, pour y donner elle-même toutes les suites qu'elle jugerait convenables [2]. »

Cette fois, le Conseil se considéra comme atteint dans son honneur. Sitôt que Madrid avait été délivré des troupes ennemies, il s'était occupé de l'enrôlement en Nouvelle-Castille, il avait créé une Junte militaire, des commissions de dons patriotiques, d'habillement et d'armement ; la Junte d'armement avait même mérité les éloges de la Junte Suprême. Il avait levé ainsi trois régiments, dont l'un était déjà en campagne et face à l'ennemi. Il avait donné des secours considérables aux armées des provinces. Pourquoi, quand on respectait toutes les Juntes provinciales, envier à Madrid l'honneur d'avoir sa Junte particulière [3] ? Il

---

1. Arch. hist. nac. *Inv. fr. Consejo.* Leg. XXI, fasc. 2, 21, 26, 27 octobre, 3, 4 novembre 1808.

2. Id., *ibid.* Leg. XXI, fasc. 16, 6 nov. 1808.

3. Id., *ibid.* Leg. XX, fasc. 18, 7 nov. 1808.

était faux de dire que le zèle patriotique du Conseil avait nui à la bonne administration de la justice. Chacune des commissions créées par le Conseil comptait bien parmi ses membres deux conseillers de Castille, mais ces magistrats ne s'occupaient des affaires militaires qu'en dehors de leurs heures de présence au palais et le Conseil s'était borné à prendre acte des rapports qui lui avaient été transmis par ses commissaires. Il restait bien peu à faire pour que la tâche de toutes ces commissions fût remplie, et il importait de les laisser en possession des affaires qu'elles avaient mises en si bonne voie. Quant à la question des vivres, la Junte savait très bien qu'elle était du ressort de la Commission d'approvisionnement, et que le conseiller de Castille, président de cette commission, avait demandé lui-même à être relevé de fonctions si étrangères à sa charge. Prêt à obéir en tout le reste à la Junte Suprême, le Conseil demandait instamment qu'on lui laissât l'organisation des corps levés par lui à Madrid et dans sa province [1]. Ces raisons n'auraient peut-être pas suffi à convaincre les ennemis du Conseil, mais l'approche foudroyante de Napoléon menaça bientôt Madrid d'un désastre et la Junte donna gain de cause aux magistrats, tout heureuse de leur laisser une part de responsabilité dans la défaite [2]. Le Conseil n'avait pas trouvé en elle plus de bonne volonté ni de justice qu'en Joseph ou qu'en Murat.

II

La Junte Suprême n'ayant point osé supprimer les Juntes provinciales, le Conseil restait toujours en face de ses rivales, mais il sentait que la Suprême les tolérait plutôt qu'elle ne les aimait, et il lui signalait avec un évident plaisir toutes les illégalités que les Juntes commettaient tous les jours.

Le 4 octobre, Palafox, président de la Junte d'Aragon, nomma

---

1. Id., *ibid.* Leg. XXI, fasc. 16, 8 nov. 1808.
2. Id., *ibid.* Leg. XXI, fasc. 16, 29 nov. 1808.

quatre magistrats nouveaux à l'audience de Saragosse : un juge
criminel et son suppléant, un auditeur et un régent. Les nouveaux promus, un peu inquiets d'une nomination aussi insolite,
en informèrent le Conseil, et les fiscaux déclarèrent que le capitaine-général d'Aragon s'était attribué un droit inhérent à la souveraineté et que les nominations faites par lui étaient irrégulières [1].

Le 9 octobre, la Junte Suprême revendiqua hautement le droit
de nomination aux emplois publics; elle défendit aux candidats
de lui remettre directement leurs mémoires : la Chambre de Castille et les autres tribunaux étaient restitués dans leur droit
exclusif de présentation et auraient soin de proposer au choix de
la Suprême les sujets les plus distingués par leur zèle pour le
roi et la patrie [2].

Le 11 octobre, le Conseil reçut un nouvel affront. La Junte
des Asturies transmit à l'*Acuerdo* de l'audience d'Oviedo divers
documents émanant de la Suprême et envoyés par le Conseil,
mais omit de joindre à sa communication la lettre d'envoi
du Conseil, si bien que la Suprême semblait correspondre
directement avec la Junte asturienne, en passant par dessus le
Conseil. L'*Acuerdo*, comprenant la gravité du fait, en avertit
aussitôt le Conseil et pour pouvoir communiquer avec lui, malgré l'opposition de l'assemblée locale, pria le Conseil de lui
adresser dorénavant sa correspondance chez D. Blas Ureña
Calvo, avocat à l'audience [3]. La Junte continua ses usurpations;
elle nomma un auditeur à l'audience [4]; elle déclara que seraient
seuls exécutés les ordres du gouvernement qui passeraient par
son intermédiaire [5].

---

1. Arch. hist. nac. *Inv. fr. Consejo*. Leg. XXI, fasc. 14, 4 oct. 1808.
2. Id., *ibid*. Leg. XV, fasc. 6, 9 oct. 1808.
3. Id., *ibid*. Leg. XIII, fasc. 2, 11 oct. 1808.
4. Id., *ibid*. Leg. XIII, fasc. 2, 11 oct. 1808.
5. Id., *ibid*. Leg. XXI, fasc. 10, 15 octobre 1808.

Ces faits ne devaient pas être isolés, car la Suprême, paralysée par toutes ces résistances locales, finit par s'en émouvoir et adressa une circulaire à toutes les autorités provinciales pour les rappeler au respect de la légalité. Le pouvoir exécutif devait être obéi ; il était inadmissible de voir les Juntes nommer aux emplois civils ou ecclésiastiques, ou décerner des grades militaires. Elles devaient respecter les droits des magistrats, tribunaux et autorités civiles. La Suprême se ferait d'ailleurs un devoir d'examiner avec la plus sérieuse attention toutes les observations que les Juntes provinciales croiraient devoir lui soumettre [1].

A la fin d'octobre, le Conseil reçut de la Chancellerie de Grenade les plaintes les plus vives contre les usurpations incessantes de la Junte provinciale. D. Tomas de Morla avait jadis, comme gouverneur de la province, supprimé la taxe des comestibles et tout le monde trouvait son compte à cette liberté ; le 6 octobre, la Junte avait rétabli la taxe, sans même consulter la Chancellerie, que cette affaire regardait exclusivement. Cette Junte, qui comptait 13 ecclésiastiques et 7 réguliers, ne connaissait pas le droit et poussait la vanité jusqu'à la folie. Elle avait attribué à ses membres l'uniforme des conseillers d'État et les honneurs des capitaines-généraux ; elle leur avait donné le droit de sépulture dans les églises. Le capitaine-général qui la présidait, bien loin de la ramener aux voies de la raison, ne cherchait qu'à la flatter et à l'exciter contre la Chancellerie [2].

L'anarchie était partout. La Junte de Ciudad Real s'était mise avec toute la Manche sous la tutelle de la Junte de Séville, mais plusieurs bourgs, tyrannisés par elle, avaient fait appel au Conseil. La Villa de los Infantes s'était agrégée à la Junte de Grenade ; elle avait mis la main sur les droits de pacage du Campo de Montiel ; elle voulait qu'on lui reconnût le droit de nommer les officiers de ses troupes. Dans la province de Guadalajara, le

1. Id., *ibid.* Leg. XI, fasc. 8, 16 oct. 1808.
2. Id., *ibid.* Leg. XIII, fasc. 1, 22 oct. 1808.

Conseil, Cuesta et la Junte d'Aragon se disputaient l'autorité [1].
Encore quelques mois et l'Espagne eût été en pleine guerre civile
et le Conseil bien vengé de toutes ses injures.

III

Au milieu de tous ces troubles, il continuait à remplir la mission patriotique qu'il s'était imposée, à recueillir des fonds et à
armer des troupes.

La Suprême déclarait que pour vaincre Napoléon l'Espagne
devait porter son armée à 500.000 hommes, et pour faire vivre
une pareille multitude, elle comptait sur les économies résultant
de la cessation de la vie de Cour et de la disparition du favori,
sur les revenus des Indes, rendus disponibles par le rétablissement des communications avec l'Amérique, et sur les biens
confisqués aux Français et aux indignes Espagnols qui avaient
suivi leur parti [2]. Cette dernière ressource étant la seule immédiatement réalisable, on s'explique l'acharnement que mirent les
autorités madrilènes à poursuivre les malheureux *afrancesados*.

La question des dépenses de Cour n'était pas encore réglée à la
fin d'octobre. Le trésorier Alcalá Galiano se défendait de vouloir enlever leur pain aux employés du palais, mais déclarait
que les ressources du trésor ne suffisaient pas à les payer, et il
se demandait s'il ne serait pas possible, pendant l'absence du roi,
de les occuper à d'autres soins plus utiles au pays [3].

Les dons et offrandes patriotiques se faisaient rares. On mettait en loterie 35 *vales* de 150 *pesos*, mais les *vales* perdaient
60 % et il y avait peu d'entrain pour prendre des billets [4]. On
offrait à la patrie des créances jugées irrecouvrables, comme la

---

1. Arch. hist. nac. *Inv. fr. Consejo.* Leg. XI, fasc. 8, 28 octobre 1808.
2. Gomez de Arteche, *Guerra de la Independencia*, t. III, p. 133.
3. Id., *ibid.* Leg. XXI, fasc. 9, 22 oct. 1808.
4. *Diario de Madrid*, oct. 1808.

créance du Conseil des Indes sur *l'abasto* de Madrid. Au 26 novembre, l'ensemble de toutes les créances cédées montait à 967.592 réaux [1]. On eut toutes les peines du monde à tirer 100.000 réaux de la caisse des *abastos* [2] ; la Caisse de consolidation des *vales*, saignée à blanc pour fournir de l'argent aux armées, ne possédait que 2.976.046 réaux 27 maravédis en numéraire et 10.103.593 réaux 33 maravédis en *vales*, presque irréalisables [3] ; le Conseil hésitait beaucoup à ordonner la réalisation des dons en *vales* et ne s'y résigna qu'en désespoir de cause, le 14 novembre [4], alors que, depuis deux jours, Napoléon était à Burgos. Les dons en nature n'abondaient pas non plus. Au 17 novembre, le Conseil avait obtenu 275 chevaux et 47 mules, 36 selles et 36 brides pour ses volontaires de cavalerie. La marquise de Castelfuerte avait donné 20 chemises et Dª Joaquina de Lesma y Horcasillas 5 chemises pour la troupe. Des femmes s'étaient engagées à coudre ou à blanchir pour les soldats [5].

Les impôts de guerre établis par le Conseil ne rendaient que des sommes insignifiantes. Du 12 au 30 septembre, la surtaxe du sel n'avait donné que 11.120 réaux [6]. La Junte cherchait à s'éclairer sur les négociations entamées entre la Caisse de consolidation des *vales* et la maison Gordon et Murphy de Londres, comme aussi sur les conditions et sur l'état des différents emprunts contractés par le gouvernement de Charles IV [7] ; elle exigeait du Conseil un rapport général sur toutes les opérations faites par la Caisse des *vales*, et un rapport hebdomadaire sur toutes celles qui se feraient à l'avenir [8] ; rien de tout cela ne

---

1. Arch. hist. nac. *Inv. fr. Consejo.* Leg. X, fasc. 23, 4 nov. 1808.
2. Id., *ibid.* Leg. X, fasc. 23, 9, 10, 16 novembre 1808.
3. Id., *ibid.* Leg. XXI, fasc. 3, 19 novembre 1808.
4. Id., *ibid.* Leg. X, fasc. 23, 8 novembre 1808, 14 nov. 1808,
5. *Diario de Madrid*, octobre 1808.
6. Arch. hist. nac. *Inv. fr. Consejo.* Leg. VI, fasc. 24, 3 oct. 1808.
7. Id., *ibid.* Leg. VI, fasc. 24, 3 oct. 1808.
8. Id., *ibid.* Leg. XXI, fasc. 3, 3 nov. 1808.

l'enrichissait beaucoup. Le Conseil lui remit la liste des contribuables madrilènes qui n'avaient point acquitté leur quote-part de l'impôt forcé de 12 millions de réaux décrété par Joseph, et la Junte n'eut pas honte de faire recouvrer la taxe arbitraire inventée par l'intrus [1]. Il est vrai qu'elle suspendit les ventes des biens appartenant aux chapellenies et aux œuvres pies, qui auraient pu donner un profit immédiat [2]. Il lui paraissait sans doute plus chrétien d'exproprier les Français et leurs partisans et de réduire des centaines de familles à la misère.

Le 30 septembre, elle donnait ordre au Conseil d'instruire au plus vite le procès du duc de Frias et du comte de Campo Alange, d'intervenir énergiquement dans l'administration de leurs biens et de vendre sans attendre jugement, les meubles et hardes des *afrancesados*, toutes les fois que ces effets courraient risque de se détériorer, ou coûteraient trop cher à garder [3].

Les comptes des liquidateurs sont intéressants à regarder de près. On voit avec stupéfaction les infants Carlos et Francisco, prisonniers en France, envoyer à Madrid un homme de confiance pour leur acheter la vaisselle d'argent saisie à D. Mariano Luis de Urquijo [4]. La vente du mobilier du ministre O'Farril produisit 42.979 réaux 25 maravédis, sur lesquels la comtesse O'Reilly réclama 25.000 réaux, le carrossier Alpedrete 16.000 réaux ; d'autres créanciers se présentèrent encore et le fisc n'eut rien. La vente Cabarrus ne donna que 12.020 réaux 29 maravédis et ses créanciers réclamèrent 13.000 réaux. La vente Caballero atteignit 41.241 réaux 27 maravédis ; D. Pedro del Rio s'ins-

---

1. Arch. hist. nac. *Inv. fr. Consejo.* Leg. VI, fasc. 24, 23 oct. 1808.
2. Id., *ibid.* Leg. XXI, fasc. 8, 16 nov. 1808.
3. Id., *ibid.* Leg. IV, fasc. 1, 30 sept. 1808.
4. Id., *ibid.* Leg. IV, fasc. 11, 28 oct. 1808. La vaisselle d'Urquijo fut estimée à 366.290 réaux. Le fondé de pouvoirs des infants s'appelait D. Fernando Queipo, il était secrétaire de leur Chambre. Il demandait à acheter tous les objets en vermeil, mais le Conseil décida que la vente aurait lieu à la pièce, et ne paraît avoir fait aucun cas de la requête de Queipo.

crivit aussitôt pour 100.000 réaux de reprises et le bijoutier Martinez pour 12.000 réaux. Le conseiller de Castille Villela, chargé de la liquidation des saisies San Felices, Melon et Angulo, en tira péniblement 22.164 réaux. Les biens saisis aux Français donnèrent encore de plus médiocres résultats. Les 1.914 bouteilles de vin de Bordeaux, laissées en douane par Murat, furent vendus 4 réaux la bouteille, soit, en tout 7.656 réaux. Les meubles des Français Guilliet, Chaponier, Ribat et Bordes produisirent en tout 10.902 réaux. On ne trouva chez le banquier Baille que 16.034 réaux en caisse. Une pauvre modiste française, Jeanne Roux, avait quitté Madrid avec l'armée, oubliant dans son petit appartement de la calle de Carretas un enfant et un neveu en bas âge ; la vente de son mobilier suffit à peine à payer pendant quelque temps la subsistance des enfants. Ces déconvenues poussaient jusqu'à la rage la rancune des liquidateurs. Ayant trouvé dans les hardes d'un pauvre Français des insignes maçonniques, ils le dénoncèrent au Conseil, qui le dénonça à la Suprême, qui le dénonça à l'Inquisition [1].

Au 25 octobre, la Grande Trésorerie n'avait encore reçu que 38.063 réaux et la Banque de San Carlos que 29.300 réaux [2], provenant des biens confisqués aux Français : soit en tout : 67.363 réaux. Tout le reste avait été absorbé par les frais de justice, de garde, de transport et de vente, ou réclamé par les créanciers des saisis.

Aussi faisait-on flèche de tout bois. On revenait encore sur les

---

1. Id., *ibid.* Leg. XIV, fasc. 56, 8 nov. 1808. La Junte Suprême au Conseil « Enterada la Junta Suprema de Gobierno del oficio de S. E. de antes de ayer, y reconocida la caxa de que hace referencia rotulada al Sr Fornien, con insignias alusivas à la secta de Fracmasones, ha acordado que se pase al Tribunal de la Santa Inquisicion para los efectos convenientes ». Cf. pour ce qui concerne les biens des *afrancesados*. Leg. IV, fasc. 9, 9, 12, 23, 25, 26 oct. 1808.

2. 12.000 réaux provenant d'effets divers et 17.300 réaux provenant de la vente du tabac râpé laissé à Madrid par le général Musnier.

biens du prince de la Paix ; on pressait la mise en vente des parcelles oubliées [1]. On liquidait les biens confisqués à Dª Catalina Javiera Catalan de Tudó et à sa fille Josefa, maîtresse de Godoy [2]; on saisissait les biens d'un ami de Charles IV, victime d'une sédition populaire [3] ; on défendait aux débiteurs des négociants français de payer leurs dettes [4] ; on faisait des perquisitions jusque dans le palais archiépiscopal d'Alcalá de Henares, pour y trouver les objets précieux qu'y avait laissés l'ex-patriarche des Indes, archevêque de Saragosse [5].

Et toutes ces broutilles disparaissaient presque aussitôt, dans le torrent du déficit. Cuesta demandait, d'un seul coup, 2 millions de réaux en argent, 6.000 paires de souliers, 10.000 capotes [6]. Le grand trésorier envoyait pour 427.376 réaux de draps à l'armée d'Andalousie [7], versait 100.000 réaux au trésorier de la province de Guadalajara [8]. La Junte de Tolède demandait impérieusement de l'argent à l'intendant pour la manufacture d'armes : « Vous avez été, lui disait-elle, si actif et si fécond, pour trouver des fonds dans des occasions, qui étaient, sinon dommageables à la nation, du moins bien moins intéressantes que

---

1. Arch. hist. nac. *Inv. fr. Consejo.* Leg. VIII, fasc. 1, 30 oct. 1808.

2. Id., *ibid.* Leg. IV, fasc. 9, 8 oct. 1808.

3. Id., *ibid.* Leg. IV, fasc. 5, 8, 20 oct., 10, 19, 25 nov. 1808. Affaire de D. Josef Merlo.

4. Id., *ibid.* Leg. IV, fasc. 9, 11 oct. 1808.

5. Id., *ibid.* Leg. IV, fasc. 8, 31 oct. 1808. La dénonciation avait été faite par D. Nicolas Nuñez et D. Josef Caamaño. D. Pedro Gonzalez de Llamas avait fait transporter tous ces objets à Madrid dans 26 caisses. L'inventaire comprend 52 pages. D. Mariano Martial Esperanza, fiscal de l'Inquisition de Tolède, et fils du concierge du palais d'Alcalá, avait attaqué la saisie effectuée par Llamas, comme illégale et attentatoire au bon renom de son père. Le Conseil n'en était pas moins d'avis de poursuivre l'affaire.

6. Id., *ibid.* Leg. VIII, fasc. 21, 26 septembre 1808.

7. Id., *ibid.* Leg. VIII, fasc. 21, 6 oct. 1808.

8. Id., *ibid.* Leg. VIII, fasc. 15, 30 sept. 1808.

celle-ci, que vous devez aujourd'hui employer à nouveau tout votre zèle pour réaliser nos patriotiques desseins [1]. »

Tout le monde demandait de l'argent à Madrid et personne n'en apportait. Obligée de tout créer et de tout soutenir avec rien, la Junte d'armement nommée par le Conseil luttait avec une admirable patience contre les obstacles qui se dressaient incessamment devant elle.

Elle avait dressé la liste générale des contingents de Nouvelle-Castille, mais les rivalités des Juntes locales et le mauvais vouloir des villages avaient paralysé à peu près complètement son action. « Dans cet état de confusion » elle demanda à la Junte suprême de déterminer légalement le mode de recrutement des troupes actives en cas d'insuffisance du nombre des volontaires ; elle indiqua à la Suprême que cette législation existait déjà dans les Ordonnances du 27 octobre 1800, et n'avait besoin que d'être complétée comme le demandaient les circonstances extraordinaires où se trouvait la nation [2].

Le 7 octobre, la Suprême n'ayant pas encore répondu, la Junte d'armement fit afficher un avis dans les rues de Madrid : les célibataires et veufs sans enfants avaient huit jours pour se présenter à l'enrôlement. Passé ce délai, il serait procédé d'office au tirage au sort [3].

Le 10 octobre, la Suprême enleva à la Junte d'armement de Madrid l'enrôlement et l'armement des volontaires de Nouvelle-Castille, pour ne lui laisser que la levée et l'organisation des contingents de Madrid et de sa province [4]. Elle ordonna en

---

1. Id., *ibid.* Leg. IX, fasc. 25, 5 octobre 1808. L'intendant répondit à ces railleries, le 9 octobre, en donnant sur ses biens 10.000 réaux à la Junte, et en offrant, par la suite, 6.000 réaux jusqu'à la fin de la guerre. Il regrettait « que le souci de sa dignité et l'entretien de cinq petits enfants orphelins ne lui permît pas de faire davantage ». Id., *ibid.* Leg. X, fasc. 30, 9 oct. 1808.

2. Id., *ibid.* Leg. XI, fasc. 8, 27 octobre 1808.

3. Id., *ibid.* Leg. XI, fasc. 8, 7 octobre 1808.

4. Id., *ibid.* Leg. X, fasc. 22, 10 octobre 1808.

même temps le départ immédiat de toutes les troupes armées et disponibles [1].

La Junte d'armement, sans perdre son sang-froid, répondit que tous les corps que devait armer Madrid étaient prêts, et leur instruction très avancée, excepté pour le corps d'artillerie [2]. Il ne manquait plus que l'habillement et la buffleterie. La cavalerie n'avait pas encore tout son armement ni tous ses chevaux ; ce n'était point la négligence de la Junte, mais bien le défaut d'argent qui arrêtait tout [3].

Le 19 octobre, le Conseil donna l'ordre de procéder à l'enrôlement général de tous les célibataires et veufs sans enfants de Madrid et de sa province [4].

Le 2 novembre, le premier régiment des Volontaires de Madrid partit pour le théâtre de la guerre.

Le 4 novembre, la Suprême décida que tous les habillements, équipements, chevaux et mulets réunis par la Junte, seraient remis à la disposition du Maréchal de Camp D. Tomás de Jauregui et toutes les armes à D. Tomás de Morla, directeur général de l'artillerie [5].

D. Sebastian de Torres répondit, le jour même, à cette brutale expropriation par un rapport détaillé sur toutes les opérations exécutées par lui, depuis le 7 août précédent, pour l'armement et l'habillement des troupes de Nouvelle-Castille. Il avait rassemblé et fait mettre en état plus de 6.000 fusils, désencloué les canons du Retiro, construit 40 affûts et 30 caissons, payé le transport de 1.000 quintaux de poudre à Carabanchel, équipé

---

1. Arch. hist. nac. *Inv. fr. Consejo.* Leg. X, fasc. 22, 10 octobre 1808.

2. Id., *ibid.* Leg. XI, fasc. 1, 2 octobre 1808. — A cette date, le deuxième régiment de Volontaires de Madrid n'avait encore que 1.000 hommes sur 2.262, et le corps d'artillerie que 150 hommes sur 500.

3. Id., *ibid.* Leg. X, fasc. 22, 13 octobre 1808.

4. Id., *ibid.* Leg. XI, fasc. 1, 19 octobre 1808.

5. Id., *ibid.* Leg. XXI, fasc. 18, 4 nov. 1808.

le premier régiment de Volontaires de Madrid. Il était en train d'organiser le second, et le corps de cavalerie qui devait compléter le contingent de la Capitale. Il avait secouru un grand nombre de corps et n'était arrêté que par le défaut de ressources [1].

Continuant ses opérations, comme si la Suprême n'avait rien dit, la Junte d'armement de Madrid publia, le 18 novembre, un avis relatif au recrutement. Étaient susceptibles d'appel tous les célibataires de 16 à 40 ans, ou tous les veufs sans enfants, ne tenant pas maison à part. Le minimum de la taille était fixé à 5 pieds, et les plus robustes pouvaient être pris, même avec un pouce de moins que la taille réglementaire. Les nobles qui se présenteraient volontairement — comme c'était leur devoir — serviraient en qualité de *distinguidos*, ou de cadets, suivant leurs

---

1. Id., *ibid.* Leg. XXI, fasc. 6, 4 nov. 1808. — Torres avait donné 100 uniformes à l'armée d'Extremadure, des munitions aux 60 fusiliers guarda-bosques qui faisaient le service de la place de Madrid, 269 casaques, gilets, caleçons, chemises, guêtres et souliers et 125 bonnets à l'armée d'Andalousie, 1.050 cartouchières au régiment des Ordres militaires, 1.000 cartouchières à l'intendant d'Avila, 90 sabres au premier bataillon des Gardes espagnoles, 17 épées au régiment de cavalerie de Lusitania, 2.500 *varas* de toile au fondé de pouvoirs du capitaine général de Vieille-Castille, 70 fusils au bataillon de Volontaires de Barbastro, 200 fusils au sergent-major des Gardes Espagnoles, 200 capotes, 300 paires de culottes, 500 paires de bottes et 1.000 chemises au comte de Villariezo.

Il avait déjà délivré au second régiment d'infanterie des Volontaires de Madrid : 165 casaques, 318 gilets, 1.220 paires de caleçons, 1.020 chemises, 243 paires de souliers, et au corps de cavalerie : 12 capes, 108 casaques, 291 paires de culottes, 600 chemises, 1.000 paires de bas, 537 paires de boucles, 100 paires de bottes, 500 cordons d'épée, 821 couvertures, 500 sacs longs, 800 musettes, 1.000 étrilles.

Mais les fonds du donativo étaient épuisés, et il devait même 400.000 réaux pour fournitures faites à crédit. Il lui fallait 300 selles, 900 fourniments complets, 900 paires de bottes, 100 chapeaux, 900 paires de pistolets, 800 carabines, les chapeaux, les souliers et les chemises du second régiment d'infanterie, 50 attelages pour l'artillerie, l'habillement des artilleurs et les chevaux pour traîner les pièces.

ressources. Ceux qui attendraient le tirage au sort serviraient comme tous les autres soldats, sans différence, ni privilège. Les tonsurés, qui n'auraient ni chapellenie, ni bénéfice, seraient astreints au service militaire, ainsi que les chapelains, qui, dans les deux ans de leur entrée en possession de leur chapellenie, ne se seraient pas fait ordonner *in sacris*. Les novices des ordres religieux seraient pris et les professeurs titulaires d'une chaire perpétuelle seraient exempts, ainsi que l'industriel qui aurait six métiers sous ses ordres. « Il faut, disait la Junte, défendre notre roi, notre religion, notre honneur, nos familles et nos foyers, notre indépendance et notre liberté. Si nous ne le faisons pas, quand le ferons-nous ?... Sans doute lorsque nous serons subjugués par le perfide et attachés à son char de triomphe, quand il posera sur notre tête ses pieds infâmes, et quand il nous conduira comme ses esclaves sous ses bannières, pour servir sous un autre ciel et sous des climats éloignés, de vils instruments à de nouvelles usurpations et à de nouvelles conquêtes ? [1] »

Le 19 novembre, le deuxième régiment des Volontaires de Madrid partait en campagne, quoiqu'il fût loin d'être équipé au complet, et qu'il lui manquât jusqu'à des marmites [2].

Non contente d'envoyer plus de 5.000 hommes contre l'ennemi, la Junte chercha à organiser des forces urbaines pour la défense même de Madrid. Tandis que la Suprême ne décréta la formation de milices analogues que le 22 novembre [3], et ne sut trouver que des piques pour les armer [4], la Junte d'armement

---

1. Arch. hist. nac. *Inv. fr. Consejo*. Leg. IX, fasc. 28, 18 nov. 1808. — La dernière phrase de ce document est une des grandes raisons qui expliquent le soulèvement de l'Espagne. Persuadés que Napoléon les entraînerait à sa suite dans les pays les plus éloignés, les Espagnols préférèrent se battre contre lui dans leur propre pays — *pro aris et focis*.

2. Id. *Libro de acuerdos de la Sala*, 19 nov. 1808.

3. Id. *Inv. fr. Consejo*. Leg. IX, fasc. 23, 22 nov. 1808.

4. Id. *Libro de acuerdos de la Sala*, 22 nov. 1808.

avait proposé, dès le 1ᵉʳ octobre, la formation d'une garde urbaine de 6.000 hommes d'infanterie et de 1.200 chevaux [1], et avait réuni assez d'éléments de résistance pour que la défense de Madrid par ses habitants ait paru un instant possible.

Si le résultat d'efforts si loyaux et si persévérants semble avoir été un peu mince, il ne faut pas perdre de vue l'effroyable pénurie des ressources, la nouveauté extrême de la situation, l'inexpérience des patriotes, l'anarchie générale, et l'on estimera sans doute que la Junte de Madrid fit tout ce qu'il était possible de faire et montra un réel courage et le plus honorable désintéressement.

IV

L'ordre fut maintenu vaille que vaille à Madrid, devenu plus calme depuis l'arrestation des Français. Les malheureux prisonniers de l'Escurial continuèrent à souffrir toutes les angoisses de la faim, en dépit des constantes réclamations du gouverneur Carmona [2]. Ils finirent par marauder tout autour de leur prison, par s'évader même, quoiqu'à peu près sûrs d'être poignardés sur les chemins [3].

A Madrid, les journaux continuèrent leurs plaisanteries sur « le père Joseph qui voulait être le premier et qui est resté bon dernier [4] ». On publia : « *Les punaises de l'Europe ou comparaison des Français avec cet odieux animal* » — « *Le terrible assaut que donnèrent les souris à la galette des Français* [5]. » On pourchassa

---

1. Id. *Int. fr. Consejo*, Leg. IX, fasc. 22, 1ᵉʳ octobre 1808. — Il y aurait eu 2 régiments de noblesse, 1 régiment pour les employés du roi, 1 régiment pour les commerçants, 1 régiment pour les officiers de justice.

2. Id., *ibid.* Leg. V, fasc. 4, 18 octobre 1808.

3. Id., *ibid.* Leg. V, fasc. 4, 24 octobre 1808.

4. *Diario de Madrid*, 17 novembre 1808 : « El tio Josef, que quiso ser primero, y se quedó cola. »

5. Id., 11 oct. *Las Chinches de la Europa, o comparacion de los Franceses con este odioso animal.* 25 oct. *El asalto terrible que dieron los ratones á la galleta de los Franceses.*

avec rage les derniers *gavachos* qui pouvaient se dissimuler à Madrid.

Le 14 octobre, une rixe s'engagea dans un bouge de la plazuela du duc de Frias. Deux individus, l'un vêtu en soldat suisse et l'autre en civil, avaient excité la colère du peuple. On disait qu'ils étaient Français, que l'un des deux devait même être Mamelouk ; l'un avait crié : « Vive Napoléon ! », l'autre avait fait avec la main le geste de couper la tête à ceux qui le poursuivaient. L'enquête prouva que l'un de ces individus était un soldat suisse du régiment de Reding, au service d'Espagne, appelé Cornély, et l'autre un déserteur italien nommé Muniguini, mais tous les deux étaient morts. Mise en goût par ce double assassinat, la foule se porta vers l'ambassade de Russie, où elle prétendait que des Français s'étaient réfugiés. Elle en voulait surtout à un certain Achard, qui s'était fait remarquer pendant l'occupation française par son ardent chauvinisme et par les dimensions de sa cocarde tricolore. La populace poursuivit Achard jusque dans l'intérieur de l'ambassade, d'où les gens de l'ambassadeur eurent toutes les peines du monde à la chasser [1].

Le fait était grave et pouvait être gros de conséquences. La Suprême publia un édit, où elle disait que, si le désordre continuait, la nation périrait de ses propres mains, laissant peu à faire à l'empereur des Français [2] ; mais pour flatter la foule, elle ajoutait « qu'elle regarderait le châtiment des partisans du gouvernement français, ou des gens justement suspects d'être les partisans de ce gouvernement comme le plus important de ses

---

1. Arch. hist. nac., *Inv. fr. Consejo.* Leg. II, fasc. 16, 14 octobre 1808. Id., *Libro de acuerdos de la Sala,* 14 oct. 1808.

2. On voit la Suprême reconnaître elle-même l'état d'anarchie où était l'Espagne, et s'avouer impuissante à le faire cesser. Napoléon eut donc tort de se presser ; le temps, s'il avait su s'en faire un allié, lui eût livré l'Espagne.

devoirs [1] ». Les jours suivants, on dénonça au Conseil quelques Français restés en Nouvelle-Castille [2]. La *Sala*, saisie de l'affaire de l'ambassade, manqua de courage, ne sut retrouver aucun des auteurs du désordre et sembla même avouer qu'il était impossible de protéger les Français de Madrid ; elle proposa d'expulser purement et simplement tous les Français qui n'accepteraient pas de vivre internés dans une ville d'Espagne, à leurs frais, et sans aucune responsabilité de l'autorité espagnole [3] ; elle alla même jusqu'à demander leur détention dans un arsenal ou un bagne [4]. « La haine du peuple de Madrid, disait-elle, comme d'ailleurs celle de toute la nation, ne s'adresse pas seulement à l'homme qui avait décrété sa conquête et son esclavage, mais aussi à tous ceux qui peuvent avoir quelques relations avec lui. Les Français, à quelque classe qu'ils appartiennent, sont donc l'objet de la haine publique pour ce peuple d'Espagne... Comment laisserait-il de regarder avec horreur ceux qui ont eu le malheur de naître dans un pays, dont la loi suprême parait être d'exterminer l'espèce humaine, ou du moins de la subjuguer par la terreur naturelle qu'inspirent le vol, l'assassinat et la désolation. » Il était d'autant plus impossible de songer à protéger les Français qu'il y avait contre eux conspiration tacite et générale. On ne pouvait compter sur la force armée pour réprimer une sédition antifrançaise « car les régiments de Volontaires de Madrid étaient composés de vagabonds, qui n'avaient jamais reconnu d'autres maîtres que leurs passions, de domestiques et de fils de famille patriotes qui tous avaient la même haine de l'ennemi commun. » La *Sala* faisait tous ses efforts pour réprimer les excès, mais elle avait peu de ressources et était souvent obligée de reconnaître son impuissance. Comme les outrages faits à la religion et à ses

---

1. Arch. hist. nac. *Inv. fr. Consejo.* Leg. II, fasc. 16, 15 octobre 1808.
2. Id., *ibid.* Leg. V, fasc. 4, 17 oct. 1808.
3. Id., *ibid.* Leg. V, fasc. 4, 19 oct. 1808.
4. Id., *ibid.* Leg. V, fasc. 3, 19 oct. 1808.

ministres étaient de ceux qui avaient le plus irrité le cœur religieux
des Espagnols et les avaient portés à venger les profanations
commises par les Français, la *Sala* conseillait de s'adresser aux
curés pour les engager à calmer le peuple [1].

La Suprême voulut se montrer en cette occasion plus soucieuse du bien public que la *Sala*. Elle ordonna au Conseil de
maintenir l'ordre à tout prix, et surtout de mettre à l'abri de
toute insulte la demeure et la personne des membres du Corps
diplomatique [2]. Le Conseil blâma à son tour la *Sala* et chargea
l'alcalde D. Andrés Romero Valdés de s'occuper de réorganiser
la police. Il ordonna même aux *alcáldes de Corte* de ne pas sortir
de chez eux le 1er ni le 2 novembre et d'envoyer leurs employés
rôder déguisés par la ville pour surprendre les nouvelles et
observer l'attitude du peuple. Mais tous ces avis ne pouvaient
produire que peu d'effet, parce que ni la Suprême, ni le Conseil
ne donnaient à la *Sala* les ressources matérielles dont elle aurait
eu besoin ; et la *Sala* faisait observer avec raison que les patrouilles
étaient composées de gens très honorables, mais timides et peu
curieux d'aventures, que les alcaldes de quartier étaient de
braves gens, mais qu'ils vivaient de leur commerce et de leur
industrie et ne pouvaient tout quitter pour faire des rondes par
la ville. Si l'on voulait une police exacte, il fallait la payer [3].

N'ayant pas d'argent à offrir à la *Sala*, la Suprême s'avisa
d'un stratagème déplorable pour assurer l'ordre en donnant
satisfaction aux rancunes populaires : « En attendant, disait-
elle, que la victorieuse armée espagnole poursuive les restes
de la troupe française, qui erre fugitive sur la rive gauche de
l'Ebre, la force à repasser les Pyrénées et la châtie de son ingratitude et de son atroce conduite », un tribunal extraordinaire et
temporaire de vigilance et de protection était institué pour

1. Id. *Libro de acuerdos de la Sala*, 22 oct. 1808.
2. Id., *ibid.* 26 oct. 1808.
3. Id., *ibid.* 29 et 31 octobre 1808.

connaître, sans acception de personnes, de toutes les causes d'infidélité à la patrie (*causas de infidencia*) [1]. Les tribunaux ordinaires devaient remettre à la Suprême toutes les causes de cette nature dont ils auraient déjà commencé la visitation, et le tribunal devait siéger tous les jours, excepté les dimanches et jours fériés. Tous les sujets de l'Empire français étaient soumis à la surveillance du tribunal, pour être châtiés suivant leurs mérites, ou expulsés du territoire espagnol, quand leur conduite ne les exposerait pas à une plus sévère punition. Le tribunal devait procéder contre tout espion, émissaire ou fauteur du parti français. En cas de condamnation capitale, de confiscation de biens, ou de dépossession d'emploi, il y aurait recours à la Suprême, par l'intermédiaire du ministre de la justice ; dans les cas moins graves, le tribunal procéderait suivant les formes habituelles de la *Sala*, et aussi rapidement que le permettrait la justice. Les mandats d'amener et les arrêts emportant séquestre des biens ne seraient rendus que par le tribunal entier, sauf le cas où l'on pourrait craindre la fuite de l'inculpé. Si l'accusé appartenait aux classes élevées, l'arrestation ne se ferait que sur l'ordre de la Suprême. On ne commencerait aucun procès sur une dénonciation anonyme, mais si le fiscal recevait une dénonciation signée d'une personne connue et honorable, il était autorisé à lui garder le secret si elle le demandait. On distinguerait soigneusement les fauteurs de l'intrus des bons Espagnols qui avaient été obligés de se soumettre à la force, et qui avaient donné par la suite des gages de leur patriotisme et de leur loyauté. Quant aux personnes qui demanderaient au tribunal

----

1. *Membres du tribunal* : D. Andrés Lasauca (Conseil de Castille), D. Ramon de Posada y Soto (Conseil des Indes), D. Josef Justo Salcedo (Conseil de marine), D. Carlos de Simon (portier du Conseil des Ordres), D. Sancho de Llamas (Conseil des Finances), D. Pedro Maria Puig (Audience de Saragosse), D. Antonio Soane (ex oydor de Valladolid). *Fiscal*. D. Justo Maria Ybar Navarro (oidor du Conseil royal de Navarre). *Secrétaire* : D. Pascual Genaro Rodenas.

des certificats de civisme, les juges en référeraient à la Suprême, qui déterminerait la meilleure manière de protéger leur personne et leur honneur [1]. Soixante-cinq procès furent déférés immédiatement au Tribunal, en attendant de plus amples recherches [2].

Comme le Tribunal d'*infidencia* était spécial à Madrid et que les causes de ce genre restaient confiées en province aux tribunaux ordinaires, on doit voir surtout dans cette mesure une nouvelle marque de la défiance de la Suprême à l'égard du Conseil, mais il y faut reconnaître également une preuve des idées vindicatives et étroites qui l'animaient. Le Conseil s'était constitué le gardien sévère de la loi ; la Suprême recourait aux procédés les plus odieux du despotisme.

V

Madrid continuait sa vie joyeuse et puérile, passant de l'Église au théâtre et aux courses de taureaux, et attendant pour la reprise de la campagne les plus fantastiques succès.

Toutes les congrégations de la ville célébraient des offices ou des neuvaines pour les armées espagnoles. La Confrérie et esclavage de Notre-Dame de la Solitude, l'Illustre et vénérable congrégation de l'apôtre saint Pierre, l'Illustre congrégation du saint Rosaire chanté et des contribuables de Marie Très Sainte du Carmel, la Communauté de la Victoire, l'Archiconfrérie de Notre-Dame du Rosaire et du doux nom de Jésus organisèrent pendant tout le mois d'octobre des processions, des saluts solennels, des expositions de reliques, qui attiraient la foule des dévots, et portaient à son comble l'exaltation mystique des patriotes [3].

---

1. Arch. hist. nac. *Inv. fr. Consejo*. Leg. XIX, 31 octobre 1808.
2. Id., *ibid*. Leg. V, fasc. 16.
3. *Diario de Madrid* : 9, 13, 15, 29 et 30 octobre 1808.

Les théâtres faisaient presque chaque soir d'excellentes recettes [1]. Madrid ne se lassait pas d'applaudir ses artistes favoris, de saisir au vol toutes les allusions aux préoccupations du jour et d'applaudir les pièces de circonstance comme *l'Alliance de l'Espagne et de l'Angleterre, la Poursuite des traîtres* [2], *la Défense de Valence, les Patriotes d'Aragon* [3].

Les courses de taureaux, longtemps prohibées, offraient au gouvernement un excellent moyen de popularité, dont il usait sans vergogne. Le Conseil avait autorisé deux courses à l'occasion de la proclamation du roi. Il y en eut une troisième le 3 octobre, une quatrième le 10, une cinquième le 17, une sixième le 24 [4]. Il y eut encore une course de *novillos* le 27 novembre [5], et les chiffres, relativement énormes, des entrées prouvent avec quelle ardeur la population se portait à la plaza.

Les Madrilènes portaient le portrait de Ferdinand VII à la cocarde du chapeau, en breloque, sur la tabatière; les femmes le portaient en médaillon ou sur l'éventail.

On s'arrachait les papiers publics, et les libelles, en dépit des avis comminatoires de la Suprême, du Conseil et de la *Sala*. Les aveugles annonçaient des brochures autorisées par la censure et

---

1. *Diario de Madrid* : 28 sept. 1808. Cruz : 8.685 réaux
           29   —   8.756
           16 octobre   Cruz : 6.529
                      Principe : 7.370
           27   —   Cruz : 2.771
                      Principe : 3.515
        1er novembre Cruz : 8.110
                      Principe : 6.182
        6 novembre Cruz : 8.709
                      Principe : 7.204

2. *Diario de Madrid*, novembre 1808.

3. Archivo de la Villa. *Libro de acuerdos*, 15 nov. 1808.

4. *Diario de Madrid*. Les recettes atteignirent 113.420 réaux le 3 octobre, 112.800 le 10, 99.058 le 17 et 125.447 réaux le 24.

5. Id., 29 nov. 1808. La course rapporta 18.010 réaux.

en vendaient de prohibées, malgré la menace de vingt jours de prison que leur faisait le juge de l'imprimerie [1]. Les conversations et les commentaires allaient leur train dans les tavernes et auberges des bas quartiers, et la Suprême se plaignait de l'insolence des causeurs, comme s'en étaient plaints Joseph et Murat [2].

On savait par la Gazette ce qui se passait en Espagne, on avait par Barcelone ou par Soria quelques nouvelles de France [3], mais le Conseil ne laissait rien passer qui eût pu abattre l'esprit national, et faisait au contraire reproduire toutes les nouvelles capables d'exaspérer les rancunes populaires, ou d'exalter les espérances patriotiques.

Le 15 novembre, l'ayuntamiento dressait le plan des fêtes qui devaient être célébrées pour l'arrivée des auxiliaires anglais à Madrid. Les poètes Zabala et Castrillon étaient chargés de composer deux pièces comiques sur le réarmement des troupes espagnoles en Portugal par les Anglais et sur le secours prêté par les Anglais aux troupes du marquis de la Romana. Le P. Tomás Ings, qui savait l'anglais, traduirait dans cette langue les deux pièces, ou tout au moins le prologue. On conduirait les Anglais au théâtre aux frais de la ville [4].

VI

Cependant Napoléon avait signé à Saint-Cloud, le 7 septembre 1808, un décret qui portait l'effectif de l'armée d'Espagne à six corps d'armée, comprenant officiellement 202.700 hommes [5].

---

1. *Diario de Madrid.* 9 nov. 1808.
2. Arch. hist. nac. *Libro de acuerdos de la Sala.* 6 novembre 1808.
3. Id. *Inv. fr. Consejo.* Leg. XVI, fasc. 17, 8 oct. 1808.
4. *Archivo de la Villa. Libro de acuerdos del ayuntamiento,* 15 nov. 1808.
5. Commandant Balagny. *Campagne de l'empereur Napoléon en Espagne,* t. I, p. 6.

Le 13 octobre, il avait conclu, à Erfurt, avec le czar Alexandre
une convention qui le rassurait momentanément sur le danger
immédiat d'une nouvelle coalition [1]. Le 29 du même mois, il
était parti pour l'Espagne. Le 3 novembre, il était à Bayonne,
après avoir traversé une partie des Landes à franc étrier. Le 6, il
était à Vitoria et prenait le commandement de l'armée. Le 12, il
était à Burgos, mettait hors la loi les ducs de l'Infantado, de Hijar,
de Medina Celi, d'Osuna, le marquis de Santa Cruz, les comtes
de Fernan Nuñez et d'Altamira, le prince de Castelfranco,
D. Pedro Cevallos, ex-ministre d'État, et l'évêque de Santander;
il donnait un mois aux Espagnols, à partir de son entrée à Madrid,
pour faire leur soumission, mettre bas les armes et se rallier autour
du trône de Joseph [2].

A ce décret, la Suprême répondit, le 14 novembre, par une
déclaration de guerre formelle, dans laquelle respire toute l'indignation et toute la colère des patriotes espagnols contre l'allié
qui s'était par traîtrise emparé de la moitié du pays. Après avoir
résumé l'histoire des relations de l'Espagne et de la France depuis
1795, énuméré tous les sacrifices que l'alliance de la France avait
imposés à la patrie, et exposé les intrigues qui avaient failli compromettre l'indépendance de la nation, la Junte déclarait que
depuis le 20 avril de la présente année, jour où Ferdinand VII
avait été privé de sa liberté, il y avait réellement guerre entre
l'Espagne et la France. Elle validait, en conséquence, toutes les
prises faites depuis cette époque, déclarait légitimes toutes les

---

1. Vandal, *Napoléon et Alexandre Ier. L'alliance russe sous le premier Empire*.
Paris, 1891-93, 3 vol. in-8°.

2. Arch. hist. nac. *Inv. fr. Consejo*. Leg. XX, fasc. 21, 12 nov. 1808. Burgos... Art. III. « Nous accordons, tant en notre nom qu'au nom de notre frère
le roi d'Espagne, pardon général et amnistie pleine et entière à tous les Espagnols
qui, dans le délai d'un mois après notre entrée à Madrid, auront mis bas les
armes et renoncé à toute alliance, adhésion et communication avec l'Angleterre,
se seront ralliés autour de la Constitution et du trône et rentreront dans l'ordre,
si nécessaire au repos de la Grande famille du Continent. »

hostilités poursuivies par les provinces et affirmait de la manière
la plus solennelle que « cette guerre, la plus juste que nation eût
jamais soutenue, continuerait sur terre et sur mer contre l'empereur des Français et roi d'Italie, et contre ses États et sujets,
aussi longtemps que ceux-ci endureraient l'oppression qui pesait sur
eux et serviraient à l'exécution des desseins de l'oppresseur universel. Forcée de recourir aux armes pour défendre l'honneur de son
roi bien-aimé et l'indépendance nationale, l'Espagne ne pouvait,
comme elle le désirerait, faire de distinction entre le gouvernement de l'empereur Napoléon et la nation française, jusqu'au
jour où celle-ci ouvrirait les yeux et recouvrerait son ancienne
dignité. Elle déclarait enfin qu'elle avait juré de n'écouter, ni
d'admettre aucune proposition de paix si son souverain bien-aimé,
D. Fernando VII, n'était point replacé sur le trône, et si le premier article du traité à intervenir ne stipulait pas l'intégrité
absolue de l'Espagne et de ses Indes, sans en excepter le moindre
hameau [1].

C'était là un langage héroïque et noble, qu'il eût fallu appuyer
par des actes, et la Suprême ne sut que bien parler.

Le 17 novembre, Madrid commença à connaître la défaite des
troupes espagnoles à Burgos; le Conseil ordonna de rechercher
les colporteurs de mauvaises nouvelles et la *Sala* proposa de
publier un édit, où l'on recommanderait au peuple de n'ajouter
foi qu'aux dépêches officielles. Le Conseil jugea l'édit inutile et
inopportun [2].

Le 24 novembre, les grands-gardes de Somosierra surprirent
trois lettres, signées par les ministres de Joseph et adressées à
Florida Blanca, au doyen du Conseil et au corrégidor de Madrid.
La Suprême déclara que ces lettres seraient brûlées par la main
du bourreau, leurs auteurs abandonnés à l'exécration publique,

---

1. Arch. hist. nac. *Inv. fr. Consejo.* Leg. XIX, 14 novembre 1808.
2. Id., *ibid.* Leg. II, fasc. 17, 17 novembre 1808.

tenus pour infidèles, déloyaux et mauvais serviteurs de leur roi
légitime, indignes du nom espagnol et traîtres à la religion, à la
patrie et à l'État ; il ordonna que leur procès fût immédiatement
instruit. D. Arias Mon fut chargé des procès d'O'Farril, de
Cabarrus, de Romero et d'Arribas D. Ygnacio Martinez de
Villela, des procès d'Azanza et d'Urquijo [1].

Napoléon était entré le 23 novembre à Aranda de Duero, et
ce jour-là même, le maréchal Lannes avait battu l'armée d'Aragon
à Tudela.

La Suprême parut enfin s'éveiller et donna des ordres pour la
mise en état de défense de Madrid. Les habitants furent prévenus
par l'avis suivant : « Nobles, fidélissimes et vaillants Madrilènes !
l'ennemi commun, non moins atroce dans ses actions barbares et
inouïes qu'insidieux, fallacieux et imposteur dans tout ce qu'il
entreprend et médite pour nous faire la guerre, emploie tous les
moyens que lui suggèrent sa malice raffinée et les idées traîtresses
de quelques rares Espagnols indignes d'un tel nom qu'il a à ses
côtés ; entre autres moyens dont il se sert pour nous cacher ses
véritables et méprisables forces, et paraître avoir un nombre de
troupes infiniment supérieur à celles qu'il a réellement, il a pris
le parti de détacher des bandits qui se sont avancés par quelques
petits passages que n'occupent pas nos formidables armées ; ces
bandits portent avec eux la terreur et donnent lieu aux timides et
aux malintentionnés de leur attribuer une puissance qu'ils n'ont
point ; et cette puissance, fût-elle infiniment plus grande qu'elle
ne l'est, ne doit donner aucune crainte à une nation décidée à se
sacrifier tout entière pour la juste cause qui l'a soulevée en masse,
à une nation qui a pour caractères distinctifs la vaillance et l'honneur. Les ports de Somo Sierra et autres qui défendent cette
capitale [2] sont bien défendus par les soins et le zèle infatigables

---

1. Id., *ibid*. Leg. XV, fasc. 8, 24 nov. 1808.
2. On avait mis à Somo Sierra le général D. Benito San Juan. On considérait
le port de Fuenfria comme infranchissable, on avait envoyé des troupes à Nava-
cerrada. On regardait Madrid comme à l'abri de toute attaque.

de cette Suprême Junte. Il n'y aurait donc point une nécessité absolue de prendre les mesures que l'on va prendre, mais avec un ennemi aussi hardi et aussi fallacieux, il n'est point inutile de prendre toutes les mesures utiles pour contrarier ses desseins, contenir ses rapines et ses infamies et augmenter sa peur par la nouvelle des dispositions que l'on prend pour le recevoir [1]. »

Le plan de défense fut imaginé par D. Tomás de Morla, l'incorrigible fantoche qui promenait partout sa faconde, son pédantisme, sa vanité et son ambition. Il voulait se servir du mur d'enceinte de Madrid et établir, en avant ou en arrière des portes, des coupures de fort profil, capables d'abriter deux pièces de canon et cent hommes de mousqueterie, avec quelques palissades derrière les portes. En plus on disposerait en arrière du mur d'enceinte, de chaque côté des portes, des fossés de 100 *varas* de longueur, 1 *varà* de largeur et 1 *vara* et demie de profondeur, pour abriter les tirailleurs, qui tireraient à balles ou à chevrotines par des meurtrières ouvertes dans le mur, à trois quarts de *vara* les unes des autres. Pour le reste du mur d'enceinte, il suffisait de pratiquer, toutes les 8 ou 10 *varàs*, un trou de même profondeur que les fossés et une meurtrière pour les tireurs. « Ainsi fortifié et défendu par cette valeureuse population qui, le 2 mai, avait donné tant de preuves de son amour pour le roi, de sa haine pour le tyran et de son inappréciable intrépidité et audace, Madrid pouvait se considérer comme sûr de résister à une attaque improvisée et de ne pouvoir être forcé que par un siège régulier [2]. »

Décidés dès le 24, les travaux ne furent commencés que le 28. Encore Morla jugeait-il la situation si rassurante qu'il ne voulait point user de la permission donnée par la Suprême de couper du bois dans les jardins royaux [3]. Il avertit le public que l'on forti-

---

1. Arch. hist. nac., *Inv. fr. Consejo*. Leg. XV, fasc. 9, 25 nov. 1808.
2. Id., *ibid*. Leg. XV, fasc. 9, 24 nov. 1808.
3. Id., *ibid*. Leg. XV, fasc. 9, 25 nov. 1808.

fierait les portes de San Vicente et de Fuencarral, le Retiro, le couvent d'Atocha, les portes de Tolède, d'Atocha, d'Alcalá, de Santa Barbara, de los Pozos et de Valence. A chacun de ces postes se trouveraient un *alcalde de Corte*, un *regidor* ou député de la ville, un architecte, un conducteur des travaux et un contremaître. L'on aurait grand besoin de pieux et de branchages, pour faire des palissades, gabionnades et fascines ; on priait donc tous les propriétaires de voitures et de chevaux de venir faire leurs offres de service à l'Hôtel de Ville ; on demandait à tous ceux qui auraient des pics, des pioches, des pelles, des leviers de les mettre à la disposition des travailleurs [1], et Madrid se prépara avec entrain à se défendre contre les Français.

Mais le 28 novembre, sur une fausse alerte, la Junte Suprême parut disposée à s'enfuir à Tolède [2].

Napoléon avait appris le 26, à huit heures du matin, la victoire remportée par le maréchal Lannes à Tudela et avait immédiatement décidé de marcher sur Madrid. Le 29 il transportait son quartier général à Boceguillas [3].

Le même jour, la Suprême se décidait à la retraite et faisait ses adieux à Madrid. Elle allait envoyer des commissaires dans toutes les provinces et accélérer l'expédition des secours. « La Junte n'abandonnait pas Madrid ; bien au contraire, elle ne cherchait qu'à se conserver pour s'employer de nouveau tout entière à de nouveaux et plus grands travaux qui défendraient et vengeraient l'Espagne du tyran qui la persécutait. En quelque lieu qu'elle se rendît, elle était prête à verser son sang pour la défense de Madrid, du roi et de la religion [4]. »

Elle se retira sur Tolède, laissant le soin de défendre Madrid au Conseil de Castille, qu'elle avait si jalousement et si obstiné-

---

1. Id., *ibid.* Leg. XV, fasc. 9, 28 nov. 1808.
2. Id., *ibid.* Leg. XX, fasc. 2. 28 nov. 1808.
3. Commandant Balagny, *Campagne de Napoléon en Espagne*, t. II, p. 233.
4. Id., *ibid.* Leg. XX, fasc. 10. 29 nov. 1808.

ment persécuté, emmenant avec elle toutes les troupes disponibles pour lui servir d'escorte, et le lendemain même de son départ, le 30 novembre au matin, Napoléon passait le port de Somo Sierra et débouchait en Nouvelle-Castille avec le gros de ses forces.

Le Conseil aurait pu suivre l'exemple de la Suprême, et s'enfuir, lui aussi, « pour se conserver et s'employer à de nouveaux et plus grands travaux ».

Il resta à son poste, il resta au danger, prêt à défendre la ville où il était, somme toute, demeuré populaire, et prêt à la protéger contre les colères de l'ennemi, si la fortune voulait que Madrid fut obligé de se rendre.

Il salua la retraite de la Suprême par un billet grave et digne, dont l'excellente allure contraste avec les fanfaronnades de la Junte : « Le Conseil a su par des voies sûres, quoique non officielles [1], que la Junte Suprême de gouvernement du royaume a résolu d'opérer sa translation; il ne peut moins faire que de lui exposer son sentiment avec sa sincérité accoutumée. Si elle se retire en des parages plus éloignés de l'ennemi, elle évitera ainsi d'être surprise et elle pourrait avoir la bonté d'envoyer, en toute brièveté et diligence, les troupes qui la gardaient à Aranjuez au secours de cette capitale, dont le sort est si intimement lié à la défense du royaume que l'on peut dire qu'elle en dépend principalement. Le Conseil la prie donc, avec la dernière instance, de vouloir bien songer aux provinces actuellement attaquées par l'ennemi, afin de ne pas décourager leur enthousiasme en s'éloignant beaucoup et afin de pouvoir veiller de plus près à leur salut. Le Conseil ne se propose en tout ceci autre chose que de manifester l'étroite union et concorde des cœurs, et l'accord nécessaire des ordres et des mesures à prendre pour soutenir nos justes efforts

---

1. Ce qui prouve que la Suprême avait averti les Madrilènes de sa translation à Tolède, mais avait oublié d'en avertir le Conseil.

pour la patrie, le roi et la religion, unique objet auquel doit aspirer tout bon Espagnol [1]. »

Quand cette lettre partit, la Suprême était déjà loin et les premiers cavaliers français arrivaient en vue de Madrid.

CHAPITRE VIII

LE CONSEIL DE CASTILLE ET NAPOLÉON
(1er-10 décembre.)

I

La Junte Suprême expédia encore un ordre au Conseil dans la journée du 1er décembre : « Désirant empêcher par tous les moyens possibles le malheur — encore éloigné — de voir tomber encore une fois au pouvoir de nos féroces ennemis la fidèle et vaillante ville de Madrid », la Suprême ordonnait de rassembler des vivres et des munitions de guerre pour la défense de la ville [2]. Avec un sérieux imperturbable, le Conseil adressa copie de l'ordre de S. M. au trésorier général et à l'*ayuntamiento*, et s'occupa d'organiser le gouvernement obsidional de Madrid.

Fidèle au vieil esprit espagnol, il nomma une Junte de défense, composée du capitaine général de Nouvelle-Castille, marquis de Castelar, le lieutenant-général, D. Tomás de Morla, directeur de l'artillerie, le gouverneur de la place de Madrid, D. Fernando de Vera, le gouverneur de la Sala de Alcaldes, le corrégidor de Madrid, l'intendant, les généraux et officiers de l'armée, quatre membres du Conseil de Castille, quatre régidors à l'élection du président du Conseil et des généraux Castelar et Morla, et le membre le plus ancien de chacun des autres Conseils [3].

----

1. Arch. hist. nac. *Inv. fr. Consejo.* Leg. XX, fasc. 10.
2. Arch. hist. nac. *Inv. fr. Consejo.* Leg. XX, fasc. 1, 1er déc. 1808.
3. Id., *ibid.* Leg. XX, fasc. 2, 1er décembre 1808.

Le Conseil de Castille nomma pour le représenter à la Junte les conseillers Vilches, Lardizabal, Canga et Moyano.

Parmi les officiers généraux de l'armée, la Junte s'adjoignit le comte de Montarco, D. José Justo Salcedo, et les trois inspecteurs généraux de la cavalerie et de l'infanterie : comte de Montijo, prince de Castelfranco et D. Bartolomé Tobar [1].

Le Tribunal extraordinaire de vigilance se mit à la disposition du Conseil pour tout ce qui pourrait contribuer à la défense de la patrie. Le Conseil remercia le Tribunal et l'engagea à tenir le plus grand nombre de séances possible [2].

Il demanda également à l'*ayuntamiento* de siéger en permanence pour aviser à tous les besoins de la défense [3]. Apprenant que l'administration du grenier public se trouvait sans chef, par suite de la maladie de D. Gabriel de Achutegui, chargé de ce service, le conseil ordonna à l'*ayuntamiento* de désigner deux régidors pour veiller à l'approvisionnement de la ville [4].

Il convoqua le trésorier général, les commissaires de la consolidation des *vales*, le surintendant de l'Hôtel des Monnaies et les avisa d'avoir à veiller à la garde de leurs fonds et à leur emploi et distribution pour le meilleur service de la patrie [5].

Il adressa un édit à la population, pour l'inviter au calme et à la discipline « sans lesquels Madrid serait un chaos et offrirait une confusion, aussi contraire et opposée à la félicité de la patrie que favorable aux projets de l'ennemi ». Il conseillait aux Madrilènes de faire sortir de la ville les femmes, les enfants et les personnes inutiles à la défense [6].

Il rédigea une proclamation aux bourgs voisins et les appela

---

1. Arch. hist. nac. *Inv. fr. Consejo.* Leg. XX, fasc. 5, 1er décembre 1808.
2. Id., *ibid.* Leg. XX, fasc. 17, 1er décembre 1808.
3. Id., *ibid.* Leg. XX, fasc. 6, 1er décembre 1808.
4. Id., *ibid.* Leg. XX, fasc. 8, 1er décembre 1808.
5. Id., *ibid.* Leg. XX, fasc. 2, 1er décembre 1808.
6. Id., *ibid.* Leg. XX, fasc. 3, 1er décembre 1808.

au secours de la capitale : « Madrid, disait-il, est menacé d'une attaque imminente par les Français, qui sont à ses portes. En conséquence, le Conseil royal ordonne à tous les corrégidors, alcaldes majeurs et ordinaires, d'envoyer incontinent, et sans le moindre retard, au secours de cette ville, tous les hommes en état de porter les armes, et spécialement les porteurs d'armes à feu. Ils se réuniront autant que possible, le long des chemins qui mènent à cette ville, décidés à opposer à l'ennemi tous les obstacles, et à lui faire tout le mal qu'ils pourront. Le présent ordre circulera de bourg en bourg et le Conseil récompensera ceux qui s'y emploieront avec le plus de zèle. Il ne doute pas que tout bon Espagnol ne tienne à honneur de contribuer à un service si pressant et si nécessaire au bien de la patrie, du roi et de la religion [1].

La Junte militaire envoya, de son côté, aux bourgs de la banlieue, l'ordre d'amener tous les jours à Madrid tout le pain cuit, tous les légumes qu'ils pourraient rassembler. Cette communication, adressée par la Junte au Conseil, lui parvint seulement à dix heures du soir, et avant la fin de la nuit, cent copies en étaient faites [2], signées de D. Bartolomé Muñoz et expédiées dans trente-trois villages [3].

Fidèle enfin, jusqu'au dernier jour, à la légalité et au respect de la hiérarchie, le Conseil expédia un message à la Suprême pour l'avertir que le passage de Somo Sierra avait été forcé, qu'une Junte militaire était instituée à Madrid et avait pris toutes les mesures que commandaient les circonstances [4].

---

1. Id., *ibid.* Leg. XX, fasc. 4, 1er décembre 1808.
2. Id., *ibid.* Leg. XX, fasc. 11, 1er décembre 1808.
3. Id., *ibid.* Leg. XX, fasc. 7, 1er décembre 1808. Fuencarral, Alcobendas, S. Sebastian, S. Agustin, Vallecas, Vicalvaro, Canillas, Canillejas, Hortaleza, Barajas, Coslada, Torrejon, Alcorcon, Mostoles, Los Carabancheles, Getafe, Villaverde, Leganes, Pinto, Valdemoro, Cienpozuelos, San Martin, Las Rozas, Aravaca, Fresnedillo, Nava la Gamella, La Espernada, Guisorna, Navalcarnero, Masa la Honda, Guadilla, Villaviciosa, Brunete.
4. Id., *ibid.* Leg. XX, fasc. 2, 1er décembre 1808.

Le peuple restait ardent et résolu. Les travaux de défense ordonnés par la Suprême avaient été achevés en quatre jours et mettaient réellement la ville à l'abri d'un coup de main.

Les poternes avaient été murées ou barricadées, les portes principales fortifiées et munies d'artillerie[1]. Le mur d'enceinte était entièrement crénelé ; de larges coupures furent faites dans beaucoup de rues ; les rues d'Alcalá, d'Atocha et de San Bernardo furent armées de retranchement palissadés ; beaucoup de rues furent dépavées et les pierres montées dans l'intérieur des maisons pour être jetées sur les Français[2].

Mais tous ces ouvrages de défense exécutés à la hâte manquaient de solidité. Le mur d'enceinte de Madrid n'était qu'une simple cloison de briques et de torchis (*tapia*) qui ne pouvait résister au canon ; les retranchements des portes étaient mal exécutés et laissaient les pièces d'artillerie et les tireurs à découvert. Presque toutes les positions espagnoles étaient dominées par les collines où les Français avaient établi leurs batteries[3].

Les forces régulières de la garnison se composaient de 4.000 hommes à peine : deux bataillons de la Garde Wallonne, le régiment d'infanterie d'Avila, nouvellement levé, et le régiment de cavalerie des volontaires de Madrid, que l'on n'avait point encore achevé de monter[4]. La population fournit, il est vrai, des volon-

---

1. Commandant Balagny, *Campagne de Napoléon en Espagne*, t. II, p. 493.

Porte de Tolède	4 pièces
d'Atocha	3 —
d'Alcalà	4 —
de los Pozos	4 —
de Fuencarral	5 —
de San Bernardino	2 —
de Segovie	2 —
de San Vicente	2 —
de Recoletos	5 —

2. Commandant Balagny, *op. cit.*, t. II, p. 493.

3. Gomez de Arteche, *Guerra de la Independencia*, t. III, p. 400.

4. Balagny, *loc. cit.*

taires, mais un grand nombre n'avaient ni armes, ni munitions. La Junte leur fit distribuer 8.000 fusils : ils trouvèrent des armes chez les armuriers, à l'armeria real, à l'hôtel de quelques grands, notamment chez le duc de Medina Celi. Tout heureux de se voir armés, ils se mirent à parcourir les rues en chantant et en vociférant, des femmes se mêlèrent à eux, les excitant encore par leur présence et par leurs cris. Au lieu de se rendre au *Campo de Guardias*, où la Junte leur avait donné rendez-vous, ils se rassemblèrent sur le *Prado* et se passèrent en revue eux-mêmes, sourds à toutes les objurgations des militaires et des gens sérieux. Dans cette foule exaltée, le bruit courut soudain que l'on distribuait au peuple des cartouches pleines de sable, au lieu de poudre ; une femme des quartiers populaires, jadis séduite et abandonnée par le marquis de Perales, cria que c'était lui qui trompait le peuple, et une masse de gens armés se rua sur la maison du marquis, *calle de la Magdalena*. La maison fut envahie, le marquis fut trouvé, tomba bientôt criblé de coups de couteau et la populace commençait à traîner son cadavre par les rues, quand le duc de l'Infantado accourut à temps pour sauver le valet de chambre du malheureux et pour faire rentrer le cadavre à l'hôtel [1]. Cet incident, qui n'a rien de surprenant dans la situation où se trouvait Madrid, montre du moins combien le peuple était nerveux et impressionnable, prompt aux extrêmes, et peu capable d'une défense réfléchie et prolongée.

Tout l'espoir de la Junte était dans les secours du dehors. Mais la Suprême avait emmené à Tolède toutes les troupes qui la gardaient à Aranjuez. Les fuyards de Somo Sierra, au lieu de se rallier sur Madrid, s'écoulaient à droite et à gauche. L'armée de Castaños, en pleine retraite, et dans un désordre inimaginable, atteignait à peine Guadalajara [2], et la cavalerie française

---

1. Gomez de Arteche. *Guerra de la Independencia*, t. III, p. 403.
2. Id., *ibid.*, p. 406.

bivouaqua le 1ᵉʳ décembre au soir à Alcovendas, à quinze kilomètres de Madrid.

II

Le 2 décembre, vers six heures du matin, le duc de l'Infantado,
président du Conseil de Castille et de la Junte militaire, sortit
de Madrid pour aller à Guadalajara supplier Castaños de courir
au secours de la ville. Un épais brouillard couvrait la campagne,
le duc put parvenir à Alcalá vers trois heures de l'après-midi et,
dans la soirée, joignit à San Torcaz les premiers avant-postes de
l'armée du centre [1].

La brume, qui avait favorisé sa sortie, permit aux lanciers
polonais de la Garde impériale française de pousser une reconnaissance jusqu'aux portes de Madrid. Ils furent reçus par la
mitraille, mais s'avancèrent si crânement qu'ils réussirent à
s'emparer d'un canon. Trouvant cependant la position trop forte
pour être emportée du premier élan, ils tournèrent bride et se
perdirent dans le brouillard. Madrid resta encore quelques heures
sans voir l'ennemi.

La Junte militaire, installée sur la *Puerta del Sol*, à l'hôtel des
postes, décida de siéger en permanence, et le Conseil délégua
trois de ses treize huissiers au service de la Junte [2]. Il décida lui-
même de siéger de jour et de nuit, et forma quatre groupes,
de quatre magistrats chacun, chargés d'expédier toutes les affaires
pressantes, de midi à 9 heures du matin ; le Conseil s'assemblant
tout entier, comme à l'habitude, de 9 heures à midi [3].

---

1. Gomez de Arteche, *Guerra de la Independencia*, p. 408. « Nadie hubiera
podido ni aún imaginariamente figurarse el estado real y verdadero de aquel
exército, ni el lastimoso espectáculo que dentro de pocas horas debia presentarse
ante mis ojos. » (Manifeste du duc de l'Infantado.)

2. Arch. hist. nac. Leg. XX, fasc. 12, 2 décembre 1808.

3. Id., *ibid.* Leg. XX, fasc. 14, 2 décembre 1808.

Ordre fut donné à la *Sala* de faire circuler les rondes bourgeoises (*rondas de vecinos honrados*) dans tous les quartiers [1]. Ordre aux directeurs des Postes de hâter l'expédition des dépêches et de donner avis au Conseil de l'arrivée de tous les courriers [2].

Instruit que le grenier public de Madrid ne contenait plus que 59 fanègues de farine, le Conseil pressa les régidors chargés du service du grenier, de faire moudre sans délai le blé nécessaire à la fabrication du pain « très peu abondant, disait la *Sala*, à la *Plaza Mayor* [3]. » Pour rassurer la population, qui pouvait craindre la disette, le Conseil l'avertit des diligences qu'il avait faites auprès des bourgs de la banlieue, et adjura les compagnons boulangers de quitter les postes où les avait entraînés leur patriotisme, et de se rendre à leur travail accoutumé, les assurant qu'ils rendraient ainsi à la patrie un service aussi important et aussi méritoire [4]. Un second édit, adressé aux marchands de comestibles, leur recommanda de ne point hausser le prix de leurs denrées dans un moment si critique, où tant de courageux citoyens risquaient leur vie, pour la religion, la patrie et le roi [5].

L'exaltation était toujours si grande chez le peuple que l'adjudant-commandant de Soulages, envoyé par le maréchal Bessières pour sommer les autorités militaires de rendre la ville faillit être massacré,

---

1. Id., *ibid.* Leg. XX, fasc. 15, 2 déc. 1808.
2. Id., *ibid.* Leg. XX, 2 décembre 1808.
3. Id., *ibid.* Leg. XX, fasc. 8, 2 décembre 1808.
4. Id., *ibid.* Leg. XX, fasc. 11, 2 décembre 1808.
5. Id., *ibid.* Leg. XX, fasc. 16, 2 décembre 1808. Espera por lo tanto el Consejo que estimulados los dueños y depositarios de especies tan precisas de su generosidad, desintéres y zelo por la causa publica, no solo continuaran vendiendo el aceyte, granos, legumbres y demas articulos de primera necesidad á los mismos precios á que acostumbraban darlos antes de ocurrir la desgracia en que se halla esta capital, sino que haran la moderacion y baxa que les permitan sus caudales y patriotismo, contribuyendo, quanto esta de su parte al beneficio de nuestros defensores, y á su pronto y abundante mantenimiento.

et ne dut son salut qu'à l'intervention d'un détachement de ligne espagnole [1].

Vers dix heures, la brume s'éclaircit, et vers midi, les acclamations et les hurrahs des Français apprirent aux Madrilènes que l'Empereur arrivait sur les hauteurs de Chamartin. Une clameur de colère et de haine monta de la ville assiégée vers les envahisseurs [2].

Un peu plus tard, la vigie de la Trinité transmit la dépêche suivante au Conseil : « Deux heures sont sonnées. Position de l'ennemi : un corps de cavalerie d'environ mille hommes se déploie sur le chemin d'Alcalá et fait front à la porte d'Alcalá et à la porte des Récollets. Un autre corps, d'environ 3.000 hommes d'infanterie, est placé sur Mandes et dans la même direction, mais beaucoup plus loin en arrière, on voit de la cavalerie, dont on ne peut évaluer le nombre avec certitude à cause de la nature du terrain. Un autre corps de cavalerie, d'environ 1.000 hommes, suit le chemin de la porte de Los Pozos et ses avant-gardes ou éclaireurs s'étendent jusqu'à la porte de San Bernardino. Devant cette porte et la porte de Los Pozos, on a tiré des coups de feu, sans aucun résultat, sur quelques cavaliers isolés. Le premier corps a déjà coupé la route d'Alcalá et se dirige sur le chemin de Vallecas. Le corps de la porte de Los Pozos semble vouloir prendre le chemin de San Bernardo et se diriger vers la porte de San Vicente ou celle de Ségovie. Vers la porte de Fuencarral on a vu des voitures, qui paraissent appartenir au train des équipages [3]. »

C'était l'attaque qui se dessinait. Vers trois heures de l'après-

---

1. C{t} Balagny, *Campagne de Napoléon en Espagne*, t. II, p. 475, p. 486.

2. Id., *op. cit.*, p. 476, p. 486. Gomez de Arteche, *Guerra de la Independencia*, t. III, p. 410... En vez de la humildad en otras partes, hallaba (el emperador) en España la expresion del odio y de la rabia que inspiraban sus tortuosos y cobardes procederes.

3. Arch. hist. nac., *Inv. fr. Consejo*. Leg. XX, fasc. 18, 2 décembre 1808.

midi, la division Lapisse arriva en face de Madrid et l'empereur la dirigea, sans perdre de temps, vers le front nord-ouest de la ville. La caserne des Gardes du Corps fut canonnée sans succès par le général Lauriston, mais les Français se rendirent maîtres de toutes les approches des portes de Los Pozos, de Fuencarral et du Conde-Duque. Dans la nuit, la division Villatte vint prendre place devant le Retiro : la division Ruffin se plaça entre les divisions Lapisse et Villatte, et 50 pièces de canon furent mises en batterie pour ouvrir le feu au premier signal sur le Retiro et sur le front nord-ouest de la place [1].

Quand tous ces préparatifs furent achevés, le major-général prince Berthier adressa au capitaine-général de Nouvelle-Castille une sommation courtoise et énergique à la fois, qui fut portée par un lieutenant-colonel d'artillerie espagnole fait prisonnier à Somo Sierra [2].

L'officier espagnol transmit le message du prince Berthier à la Junte et ajouta que « l'armée française, commandée par l'empereur en personne, se composait de 50 à 55.000 hommes, dont 12.000 de cavalerie, que l'empereur et son frère Joseph étaient à trois quarts de lieue de Madrid, que l'empereur avait pris toutes les mesures nécessaires pour attaquer la ville, et qu'il désirait soustraire les citoyens paisibles aux horreurs de la guerre [3] ».

---

1. Ct Balagny, *Campagne de Napoléon en Espagne*, t. II, p. 477.

2. « A M. le Commandant de la ville de Madrid. Devant Madrid, le 3 décembre 1808. Les circonstances de la guerre ayant conduit l'armée française aux portes de Madrid et toutes les dispositions étant faites pour s'emparer de la ville de vive force, je crois convenable et conforme à l'usage de toutes les nations de vous sommer, Monsieur le général, de ne pas exposer une ville aussi importante à toutes les horreurs d'un assaut, et rendre tant d'habitants paisibles victimes des maux de la guerre. Voulant ne rien épargner pour vous éclairer sur votre véritable situation, je vous envoie la présente sommation par un de vos officiers fait prisonnier, qui a été à même de voir les moyens dont dispose l'armée pour réduire la ville. Le vice-connétable major général : Alexandre. »

3. Arch. hist. nac. *Inv. fr. Consejo*. Leg. XX, fasc. 19, 3 déc.

La Junte discuta longtemps et décida de porter la lettre du prince de Neufchâtel au Conseil, à l'*ayuntamiento* et au public, afin que le peuple pût manifester son opinion, par l'intermédiaire du syndic électif de la municipalité, dans un délai de quatre heures après l'affichage de l'édit. Le marquis de Castelar écrivit de son côté au prince pour lui demander une suspension d'armes jusqu'au lendemain matin [1]. Il était environ six heures et demie du matin quand D. Gonzalo Josef de Vilches quitta l'Hôtel des Postes pour se rendre au Conseil. Il était neuf heures quand la lettre du marquis de Castelar parvint à Napoléon [2].

La canonnade avait déjà commencé. Les Français dirigèrent une fausse attaque sur le front nord de la place et concentrèrent leurs forces sur le Retiro. Sous les coups de l'artillerie de Sénarmont, une brèche de 20 toises de largeur fut bientôt ouverte ; les troupes de la division Villatte entrèrent en bon ordre dans le parc et descendirent jusqu'au Prado. Un feu très vif tiré des maisons les accueillit. Le général Labruyère, qui était à la tête du 9e léger, fut tué sous les fenêtres du palais de Medina Celi, que ses soldats envahirent aussitôt et mirent au pillage. Une batterie française s'établit au bas de la rue d'Alcalá et commença à canonner la barricade qui coupait la rue près de la Puerta del Sol.

Le peuple était au paroxysme de la fureur. « Les habitants de Madrid, dit un témoin oculaire français, se défendaient avec la

1. Voici le texte espagnol de la réponse de Castelar : « Señor, me es indispensable, Sermo Sor, consultar antes de responder categoricamente à V. A. á las autoridades constituidas en esta Corte, y aun ademas ver las disposiciones del pueblo, informandole de las circonstancias del dia ; por esta razon, suplico a V. A. de el dia de hoy de suspension á fin de que pueda cumplir con estos deveres, prometiendo que mañana temprano, o esta noche, embiaré un general y contestaré a V. A. asegurandole que le profeso todas las consideraciones devidas á su alto rango y mérito. Marqués de Castelar. Madrid y 3 de diciembre de 1808. »

2. Gomez de Arteche, *Guerra de la Independencia*, t. III, p. 416.

même opinâtreté et le même acharnement que nos soldats. Les cris des citoyens, des femmes et des enfants, les exhortations fanatiques des moines, le bruit des cloches, celui du canon, des explosions de plusieurs caissons qui éclatèrent au centre de cette grande ville, enfin le tout ensemble formait un spectacle des plus effrayants [1]. » Les femmes de la *Galera* demandaient leur mise en liberté [2], la *Sala* débordée ouvrait les prisons à tous les inculpés de délits excusables [3]. La foule, attribuant à la trahison la perte du Retiro, se montrait plus belliqueuse que jamais ; des bandes de gens, qui n'étaient pas toujours les plus recommandables ni les plus vaillants, parcouraient les rues en criant des menaces de mort contre ceux qui parleraient de se rendre. Le gendre de l'ancien corrégidor Marquina périt victime de ces furieux. On travaillait aux barricades jusque dans les rues les moins exposées de la ville [4]. Le général Bigarré, aide-de-camp de Joseph, étant parvenu jusqu'aux palissades de la *Puerta del Sol*, se donna comme parlementaire et vit venir à lui D. Tomás de Morla qui lui avoua, tout décontenancé, qu'on n'était plus maître du peuple et qu'il craignait d'être écharpé si on le soupçonnait de pousser à la capitulation [5].

Dans ces heures terribles, le Conseil était entré en séance à l'heure ordinaire, et siégea jusqu'à midi. Il recevait de moment en moment des nouvelles du combat, tantôt favorables, tantôt désastreuses. Vers la fin de la séance un billet laconique lui apprit

---

1. Cᵗ Balaguy, *Campagne de Napoléon en Espagne*, t. II, p. 491, d'après le général Belliard, *Historique succinct de la prise de Madrid*.

2. Arch. hist. nac. *Inv. fr. Consejo*. Leg. XX, fasc. 20, 3 décembre 1808. « Las mugeres presas en la real Carcel de Corte solicitan que mediante no ser sus causas de gravedad se las ponga en libertad, á fin de ser utiles á la patria en las presentes criticas circunstancias. »

3. Id., *ibid. Libro de acuerdos de la Sala*.

4. Gomez de Arteche, *Guerra de la Independencia*, t. III, p. 418.

5. Cᵗ Balaguy, *Campagne de Napoléon en Espagne*, t. II, p. 481. (*Mémoires du général Bigarré*.)

l'occupation du Retiro par les Français [1]. Il adressa à la Junte un dernier message que celle-ci put considérer comme une invitation à cesser une résistance désormais inutile [2].

L'empereur avait ordonné de cesser le feu, vers 11 heures du matin, et Berthier avait adressé à Castelar une nouvelle et pressante sommation. Les hostilités ne devaient reprendre qu'à deux heures [3]. Mais les Madrilènes continuèrent à tirailler jusqu'à ce moment et l'Empereur resta jusqu'à cinq heures sans reprendre le feu.

A ce moment arrivèrent au camp impérial D. Tomás de Morla et D. Bernardo Yriarte, représentants des autorités militaires et civiles de Madrid. Ils apportaient la soumission de la capitale.

Napoléon adressa à Morla les reproches les plus amers et les

---

1. Arch. hist. nac. *Inv. fr. Consejo.* Leg. XX, fasc. 20, 3 décembre 1808. « Acaban de dar parte aora de que los Franceses han roto ya las tapias del Retiro y vienen entrando. »

2. Id., *ibid.* Leg. XX, fasc. 20, 3 décembre 1808. « Ha acordado, despues de haver meditado sobre este gravisimo asunto en el modo que permite lo urgente de las circunstancias que la Junta, en que tiene este tribunal toda la confianza que se merece, tome todas las medidas mas proporcionadas y convenientes para el bien publico, procurando sea la primera el proporcionar por los medios mas eficaces que se suspendan inmediatamente las hostilidades, con las precauciones que son propias, y se acostumbran en tales casos. »

3. Au camp impérial devant Madrid, le 3 décembre 1808, à 11 heures du matin. « Monsieur le général de Castelar, défendre Madrid est contraire aux principes de la guerre et inhumain pour les habitants. S. M. m'autorise à vous envoyer une seconde sommation. Une artillerie immense est en batterie, les mineurs sont prêts à faire sauter vos principaux édifices ; des colonnes sont à l'entrée des débouchés de la ville, dont quelques compagnies de voltigeurs se sont rendues maîtresses ; mais l'empereur, toujours généreux dans le cours de ses victoires, suspend l'attaque jusqu'à deux heures. La ville de Madrid doit espérer protection et sûreté pour ses habitants paisibles, pour le culte, pour ses ministres ; enfin l'oubli du passé. Arborez un pavillon blanc avant deux heures et envoyez des commissaires pour traiter de la capitulation de la ville. Le major-général : Alexandre. »

plus mérités pour la part qu'il avait prise à la violation de la capitulation de Baylen et lui donna jusqu'au lendemain matin six heures pour signer la capitulation.

Le 4 décembre, à midi, le général Belliard, adjudant-major général de l'empereur, prit possession de la ville de Madrid et entra en relations régulières avec les autorités espagnoles. Il s'attendait à voir défiler devant lui les troupes de la garnison, suivant la teneur de l'article VIII de la capitulation : « Les troupes sortiront de Madrid avec les honneurs de la guerre, défileront aujourd'hui, à deux heures de relevée, et laisseront leurs armes et leurs canons. » Mais il ne trouva que quelques postes oubliés et quelques gardes wallonnes à leur dépôt. Dans la nuit du 3 au 4 décembre, le marquis de Castelar avait quitté Madrid, emmenant avec lui environ 4.000 hommes de troupes réglées, 16 pièces de canons et tous les citoyens en armes, qui avaient voulu le suivre.

Belliard installa ses services, se fit remettre le palais royal, distribua ses postes par la ville et s'occupa de faire disparaître les traces du combat, désarmer les habitants et remettre les rues en état. Il rédigea également une proclamation sage et rassurante [1] et fit afficher dans les rues le texte de la capitulation.

---

1. Id., *ibid.* Leg. XX, fasc. 25, 4 décembre 1808. « S. M. el emperador y rey ha concedido todas las peticiones que le han sido hechas en favor de los ciudadanos y de las tropas. S. M. ha querido daros una prueba de la generosidad con que ha tratado á todas las naciones adonde ha llevado sus armas victoriosas, y espera que este ejemplo sera provechoso asi para vosotros, como para el resto de España. Habitantes de Madrid, volved á vuestra antigua tranquilidad y á vuestras ocupaciones ordinarias. Vuestra religion, vuestras personas y vuestras propiedades seran respetadas ; si teneis que quejaros de algunos desordenes, dirigios á mi, y yo os haré justicia. Todas las armas deben ser llevadas á casa del alcalde de quartel, en el preciso término de 24 horas; los alcaldes son responsables de la pronta execucion desta medida. — Las personas en cuya casa se hallaren armas, despues de cumplido el termino prescrito para su entrega seran severamente castigadas. Los eclesiásticos, asi seculares como regulares, deben restituirse á sus casas ; yo, en nombre de S. M. el emperador y

Mais l'empereur ne l'entendit pas ainsi. Il vit dans le départ clandestin des troupes de la garnison de Madrid une violation de la capitulation, ou tout au moins, une escobarderie qui lui rendait toute sa liberté d'action [1]. Dès le 4 décembre au soir, il édictait une série de mesures politiques, en contradiction flagrante avec la capitulation signée le matin par Berthier.

L'article II de la capitulation accordait « à tous les habitants et résidants de Madrid la liberté et la sécurité de leur vie et de leurs propriétés, et à tous les employés publics la conservation de leurs emplois, ou le droit de sortir de Madrid s'ils le préféraient ». L'article IV déclarait « que personne ne serait poursuivi pour aucune opinion, ni pour aucun écrit politique, que les employés publics ne seraient point inquiétés à raison de ce qu'ils avaient fait jusqu'à l'heure présente, dans l'exercice de leurs fonctions et pour obéir au gouvernement antérieur ». L'article VI portait que Madrid conserverait ses coutumes et ses tribunaux dans leur constitution actuelle, jusqu'à l'organisation définitive du royaume.

---

rey les prometo seguridad y proteccion. Ningun habitante de Madrid, ni ningun forastero puede entrar en esta villa, ni salir de esta con armas, sin estar autorizado para ello por el gobernador de la Plaza. Todos los que se presenten con armas á las puertas seran llevados á casa del comandante, para dar razon de su persona. Ningun habitante de Madrid podrá pasar á otro pueblo sin licencia ó pasaporte del gobernador militar. Todos los habitantes que tengan en su poder armas, municiones de guerra, efectos, vestuario, equipajes, arneses de caballos, pertenecientes á las tropas estan obligados á declararlo á la plaza, en el término de 24 horas. El ayudante-mayor general del emperador, gobernador de Madrid, Augusto Belliard. »

1. Le Major-général au général Belliard. Chamartin, le 5 décembre 1808. « L'empereur, M. le général Belliard, me charge de vous faire connaître qu'il trouve que rien ne s'est encore fait à Madrid ; que ce n'est point avec de la mollesse et des cajoleries que l'on peut remettre l'ordre dans les premiers moments, mais avec de la fermeté et de la vigueur... S. M. ordonne que vous fassiez ôter de partout la capitulation, qui, n'ayant pas été tenue par les habitants, est nulle. Elle vous avait fait dire de ne pas la faire imprimer, et cependant, aujourd'hui, on l'affiche partout dans Madrid. »

Malgré ces textes si précis et si formels, Napoléon réduisit des deux tiers le nombre des couvents d'Espagne, abolit le tribunal de l'Inquisition, les droits féodaux, les douanes intérieures, interdit le cumul des commanderies des ordres militaires et déclara enfin le Conseil de Castille supprimé, par un décret aussi violent qu'injurieux pour les magistrats : « Napoléon, empereur des Français, etc... Considérant que le Conseil de Castille a montré dans l'exercice de toutes ses fonctions autant de fausseté que de faiblesse, qu'après avoir publié dans tout le royaume la renonciation du roi Charles IV, des princes D. Ferdinand, D. Carlos, D. Francisco, et D. Antonio à la couronne d'Espagne, et après avoir reconnu et proclamé nos légitimes droits au trône, il a eu la bassesse de déclarer aux yeux de l'Europe et de la postérité, qu'il n'avait souscrit ces divers actes qu'avec des restrictions intérieures et perfides, nous avons décrété et décrétons ce qui suit : Art. Ier. Les membres du Conseil de Castille sont destitués comme lâches et indignes d'être les magistrats d'une nation brave et généreuse. — Art. II. Les présidents et procureurs du roi seront arrêtés et retenus comme otages. Les autres membres dudit Conseil seront tenus de rester à Madrid, dans leur domicile, sous peine d'être poursuivis et punis comme traîtres. Sont exemptés néanmoins de la présente disposition ceux des membres dudit Conseil qui n'avaient pas signé la délibération du 11 août 1808, aussi déshonorante pour la dignité du magistrat que pour le caractère de l'homme. — Art. III. Le présent décret sera publié et enregistré dans tous les Conseils, cours et tribunaux, pour être exécuté comme loi de l'État [1]. »

III

Le décret impérial du 4 décembre 1808 ne mit point fin, comme on pourrait le croire, à l'existence du Conseil de Castille.

---

1. Arch. hist. nac. *Inv. fr. Consejo*. Leg. XX, fasc. 31, 4 déc. 1808.

Après avoir vaqué le 4 décembre, qui était un dimanche, le
Conseil reprit ses séances le 5, à l'heure accoutumée, comme si
rien ne s'était passé depuis l'avant-veille. Informé de la capitulation de Madrid et de la nomination du général Belliard au
poste de gouverneur de Madrid, il transmit ces nouvelles extraordinaires aux Conseils des Indes, des Ordres, des Finances, de la
Guerre, de l'Inquisition, de la Marine et de la Croisade, avec le
même calme que s'il se fût agi de leur annoncer un baise-mains
à la Cour. Le secrétaire du Conseil fut chargé d'avertir la *Sala*,
la Junte de Commerce, l'*ayuntamiento*, la nonciature, l'administration diocésaine (*vicariato eclesiástico*), le Corrégidor, le lieute-
nant-corrégidor et la *Camara*. Le Conseil décida ensuite de mander la *Sala* et l'invita à prendre les mêmes mesures d'ordre
qu'elle avait déjà prises le 19 mars et le 2 mai. Il résolut enfin
d'envoyer une députation, composée du conseiller le plus ancien,
des quatre conseillers les plus récents et de deux alcaldes de cour,
pour complimenter S. A. S. le prince de Neufchâtel [1].

Après avoir réglé les affaires politiques, le Conseil, toujours
imperturbable, reprit les affaires courantes et donna des ordres
pour faire remettre en place les balles de coton, dont on s'était
servi pour la défense de la ville [2]. Averti par le président du
marché que l'approvisionnement de la Plaza Mayor en pain, en
viande, légumes, vin et eau-de-vie était des plus médiocres, il
ordonna à la *Sala* et au corrégidor de se mettre en rapports avec
le général Belliard, gouverneur *militaire* de Madrid, pour le prier
de rétablir la sûreté des communications [3]. D. Arias Mon
informa enfin le Conseil qu'un certain nombre d'Espagnols, qui
avaient quitté Madrid au mois d'août, avec l'armée française,
redemandaient les clefs de leurs maisons, et qu'il serait peut-être
bon de les leur rendre et de surseoir aux poursuites commen-

---

1. Arch. hist. nac. *Inv. fr. Consejo.* Leg. XX, fasc. 22, 5 déc. 1808.
2. Id., *ibid.* Leg. XX, fasc. 23, 5 déc. 1808.
3. Id., *ibid.* Leg. XX, fasc. 21, 5 déc. 1808.

cées contre eux. Le Conseil se rangea à l'avis de son président [1].

Dans la soirée, le Conseil reçut un message inquiétant. D. Manuel Romero, ministre de l'intérieur, priait D. Arias Mon de passer à son cabinet avec deux membres du Conseil, le fiscal le plus ancien et les deux greffiers de la Chambre et de gouvernement. Le roi Joseph demandait la liste de toutes les décisions du Conseil postérieures à la sortie de S. M. de Madrid — la liste de tous les papiers extraits des archives du Conseil pendant la même période — la liste des conseillers qui n'avaient pas cessé d'assister aux séances depuis le départ de S. M. [2].

L'un des deux greffiers, D. Manuel Antonio de Santisteban, n'eut pas de peine à répondre que par son greffe n'avait passé aucun acte général du Conseil pendant l'absence de S. M. [3]. Mais il n'en était pas de même du greffe de D. Bartolomé Muñoz, secrétaire du Conseil, où se trouvait toute l'histoire politique des quatre derniers mois.

On ne sait quel fut le ton de l'entrevue entre les délégués du Conseil et le ministre de l'Intérieur, il est possible que le ministre ait conseillé aux magistrats d'accentuer leur soumission et de reconnaître purement et simplement les faits accomplis, car D. Arias Mon, à cette même date du 5 décembre, adressa au prince de Neufchâtel une lettre fort inattendue, où se lit aisément son extrême inquiétude : « Sérénissime Seigneur, comme doyen du Conseil Royal, je ne puis manquer de mander à V. A. que, ce matin, ce tribunal tenta, par le moyen de ses délégués, d'offrir ses devoirs et ses respects à V. A., et qu'on lui répondit qu'Elle ne se trouvait pas à Madrid. Je viens maintenant La supplier d'avoir la bonté de faire connaître à LL. MM. que le Conseil tiendrait à grand honneur de se présenter devant Elles, en corps ou par députation, comme il serait de leur Royal

---

1. Id., *ibid.* Leg. XX, fasc. 22, 5 déc. 1808.
2. Id., *ibid.* Leg. XX, fasc. 24, 5 déc. 1808.
3. Id., *ibid.* Leg. XX, fasc. 24, 5 déc. 1808.

agrément, et dans le lieu où Elles se trouvent, pour leur rendre l'hommage dû à la haute considération avec laquelle il regarde LL. MM. [1] ».

Le Conseil apprit le lendemain 6 décembre, vers onze heures du matin, que la lettre de D. Arias était arrivée à destination [2]. Il ne perdit point encore courage et écouta un rapport sur une affaire fort délicate, qu'il jugea avec toute sa gravité habituelle : D. Juan Manuel de Toubes, grand chapelain des Descalzas Reales, avait accepté en dépôt de D. Josef Pellat, employé à l'intendance de l'armée française un coffre fermé à clef. Obéissant à l'ordre du Conseil du 1er septembre 1808, D. Juan avait remis le coffre à l'alcalde de son quartier, qui l'avait porté chez D. Sebastian de Torres, mais celui-ci s'était absenté plusieurs jours de Madrid, le coffre était perdu et D. Josef Pellat en réclamait instamment la restitution ; le chapelain, menacé de passer devant une commission militaire, demandait aide et protection au Conseil, dont il n'avait fait que suivre les ordres. Le Conseil remit l'affaire au lendemain, et décida, le 7 décembre, que Pellat toucherait le prix de vente de son coffre... si l'on pouvait retrouver trace de la vente de cet objet [3].

Le même jour, il reçut communication d'un décret royal qui levait le séquestre mis sur les biens des Français et ordonnait la restitution immédiate des meubles et marchandises non vendus. Le roi demandait en outre une liste de tous les biens meubles frappés de confiscation, et l'indication de leurs consignataires et adjudicataires et de leur prix de vente [4]. Toutes questions indiscrètes et dangereuses, auxquelles le Conseil aurait bien voulu ne pas répondre... mais qui lui paraissaient cependant de bon

---

1. Arch. hist. nac. *Inv. fr. Consejo*. Leg. XX, fasc. 20, 5 déc. 1808.
2. Id., *ibid*. Leg. XX, fasc. 28, 6 déc. 1808.
3. Id., *ibid*. Leg. V, fasc. 14, 6 déc. 1808.
4. Id., *ibid*. Leg. XX, fasc. 30, 7 déc. 1808.

augure. Puisque le roi s'adressait à lui, c'était donc que son existence était acceptée et sa conservation résolue.

Il expédia encore des ordres, relatifs à l'exécution de l'article VII de la capitulation, pour le logement des officiers français en pavillons meublés [1].

Le 8 décembre, nouveau et grave symptôme, l'empereur fit mettre les scellés sur tous les papiers du greffe de la Chambre et du gouvernement de D. Bartolomé Muñoz [2]. L'imprimeur du Conseil avertit la compagnie que le général Belliard lui avait défendu de rien imprimer sans son ordre [3].

Le Conseil siégea cependant et s'occupa de la cause de D. Josef Merlo, fourrier du roi, arrêté le 19 août précédent, qui demandait sa mise en liberté et la restitution de ses biens. Le Conseil remit l'affaire au surlendemain [4].

Le 9 décembre, les magistrats s'informèrent des mesures prises par la *Sala* pour assurer la sécurité des approvisionnements, et apprirent avec une extrême satisfaction, par l'alcalde Martinez Marcos, que la *Sala* avait traité cette affaire avec le corrégidor et le général Belliard, que le général accordait tous les passe-ports et sauf-conduits qu'on lui demandait, que les édits du Conseil sur la libre circulation des maraîchers et revendeurs étaient partout affichés et que l'abondance avait reparu à la Plaza Mayor [5]. L'administration du grenier public adressa ce même jour au Conseil une représentation sur les désordres commis par les Français et demanda qu'il fût pris de sévères mesures pour assurer la protection des Archives du *posito*, et la conservation des grains et des farines. Le Conseil renvoya la pétition au corrégi-

1. Id., *ibid*. Leg. XX, fasc. 26, 7 déc. 1808.
2. Id., *ibid*. Leg. XX, fasc. 24, 8 déc. 1808.
3. Id., *ibid*. Leg. XX, fasc. 27, 8 déc. 1808.
4. Id., *ibid*. Leg. XX, fasc. 29, 8 déc. 1808.
5. Id., *ibid*. Leg. XX, fasc. 21, 9 déc. 1808. *Libro de acuerdos de la Sala,* 9 déc. 1808.

dor [1]. Mais il était de moins en moins rassuré sur son sort. Le comte del Pinar avait écrit à D. Gonzalo de Vilches que son frère et le fiscal du Conseil, qui, sur un ordre de Belliard, s'étaient rendus la veille à Chamartin auprès de l'empereur, avaient été déclarés prisonniers de guerre et envoyés on ne savait où [2].

Le 10 décembre, le Conseil se réunit encore ; vingt membres étaient présents, cinq s'étaient fait excuser pour indisposition, deux n'avaient pu être rencontrés à leur domicile [3]. On s'occupa de l'affaire du fourrier Merlo, on autorisa sa mise en liberté sous caution, avec obligation de ne pas s'écarter de Madrid et de ses faubourgs, et l'on remit le dossier de l'affaire à D. Martin Leones, avec ordre d'informer le Conseil le lundi 12 décembre [4]. Le Conseil reçut alors une lettre française, écrite par M. Hédouville, ministre plénipotentiaire de France auprès du Prince primat [5], employé auprès de S. M. I. et R. D. Arias fit donner lecture de la lettre. Elle dut être écoutée dans le plus lugubre silence : « Messieurs, j'ai traduit à S. M. I. et R. la lettre de VV. EE. du 3 décembre dernier. S. M. me commande de vous informer : que par un décret impérial, qui doit aujour-

---

1. Arch. hist. nac. *Inv. fr. Consejo*. Leg. XX, fasc. 28, 9 déc. 1808.

2. Id., *ibid*. Leg. XX, fasc. 31, 9 déc. 1808. Le comte del Pinar à D. Gonzalo Josef de Vilches. « Muy Señor mio y mi apreciable compañero. Acabo de recibir aviso de mi hermano y del señor fiscal que ayer tarde pasaron á Chamartin á ver el emperador, por orden suya, que ayer mañana les comunicó el Sr Belliard, de que han sido hechos prisioneros de guerra y trasladados á otro lugar que se ignora. Lo que participo á Vm. para que se sirva ponerlo en noticia del Consejo. »

3. Id., *ibid*. Leg. XX, fasc. 31, 10 déc. 1808. Présents : Vilches, Colon, Lardizabal, Villanueva, Riega, Puig, Fuerte Hijar, Navarro, Campomanes, Lasauca, Contreras, Cortavarria, Domenech, Martinez, Arjona, Estrada, Carrillo, Moyano, Ynguanzo, Arias Mon. Excusés : Yebra, Canga, Casa Garcia, Altamirano, Villela. Pas rencontrés : Torres et Quilez.

4. Id., *ibid*. Leg. XX, fasc. 29, 10 déc. 1808.

5. Le Cardinal Louis de Bourbon archevêque de Tolède primat d'Espagne.

d'hui vous avoir été intimé, V.V. E.E. doivent être suffisamment informées de sa volonté. S. M. a admiré la hardiesse qu'elles ont eue de recourir à sa personne souveraine, comme aussi les flatteries qu'elles ont osé lui adresser; VV. EE. étant les mêmes hommes qui ont étonné le monde par l'hypocrisie et la fausseté de leur conduite, puisqu'ils ont déclaré qu'il ne faudrait jamais donner crédit à ce qu'ils diraient. Par un effet de sa clémence naturelle, S. M. a daigné faire grâce de la vie à VV. EE. qui auraient mérité la perdre sur l'échafaud. Elle espère qu'on ne lui parlera plus de VV. EE. et qu'elles se feront oublier dans une vie retirée, afin que S. M. perde de vue les crimes commis par VV. EE. contre sa personne et contre la nation espagnole. Tels sont, à la lettre, les ordres de S. M. I. et R. que j'ai l'honneur de communiquer à VV. EE. en priant Dieu qu'il vous garde de longues années. Quartier impérial de Chamartin, 10 décembre 1808. Th. Ch. Hédouville [1]. »

On peut imaginer quelle douleur envahit l'âme des magistrats à la lecture de cette lettre. Ils ne poussèrent pas un cri; ils ne firent entendre aucune protestation, mais décidèrent qu'une lettre serait adressée à l'Empereur, pour lui porter l'assurance de la soumission du Conseil et lui faire remarquer que ses ordres n'avaient pas été officiellement communiqués à la Cour. Un aide-de-camp du général Belliard voulut bien se charger de faire parvenir la lettre à Napoléon [2].

Les magistrats se firent ensuite de muets adieux, quittèrent leurs toges et rentrèrent tristement dans leurs maisons, pour y prier, peut-être, ou pour y songer aux futures revanches du droit.

D. Arias Mon alla rejoindre à Chamartin le conseiller del Pinar et le fiscal Diez, et tous trois, prisonniers de guerre, prirent bientôt la route de Bayonne.

---

1. Id., *ibid.* Leg. XX, fasc. 31, 10 déc. 1808.
2. Id., *ibid.* Leg. XX, fasc. 31, 10 déc. 1808.

Napoléon s'acharna après le Conseil de Castille. La résistance que ce grand Corps lui avait opposée au nom du droit l'avait particulièrement exaspéré. En dépit de ses violences et de ses mensonges, il sentait que ces magistrats avaient représenté devant lui, le conquérant et l'usurpateur, la majesté de la loi; il avait beau les appeler lâches et traîtres, il comprenait que leur rôle avait été plus grand que le sien, et que s'il avait pour lui la force, ils avaient pour eux le droit. Il tirait avantage de la lettre que D. Arias lui avait écrite le 5 décembre, mais il voyait bien que cette lettre n'avait été dictée au vieux magistrat que par le souci très légitime de sauver du naufrage universel le grand Corps auquel il appartenait, et à la conservation duquel il croyait sincèrement le salut de l'Espagne attaché. Rira qui voudra de l'humiliation du Conseil à cette heure terrible; il y avait dans ce dernier effort pour vivre, dans cette convulsion suprême, autre chose que l'égoïsme de gens en place voulant sauver leur traitement; il y avait chez ces vieux serviteurs de la vieille monarchie espagnole un sentiment profond du rôle qu'ils jouaient dans l'État, un amour passionné et presque religieux de l'institution quatre fois séculaire qu'ils représentaient, et ils crurent pouvoir sans honte immoler leur orgueil pour lui garder une dernière chance de durée, si faible qu'elle leur parût. Ce qu'ils firent le 5 décembre 1808, les autorités barcelonaises l'avaient fait le 14 septembre 1714, quand elles se rendirent en grand appareil à la convocation de D. Josef Patiño, intendant de Catalogne, pour Philippe V; mais Philippe prononça la dissolution de la Députation générale de Catalogne et du Conseil des Cent sans injurier les vaincus, et Napoléon les fit insulter par un subalterne, sans le moindre égard pour leur âge, leurs services, leurs vertus, leur courage et leur malheur [1].

Tandis que D. Arias Mon suivait la route de l'exil, sa femme,

---

1. S. Sanpere y Miquel. *Fin de la nacion catalana*. Barcelona, in-4°, 1905, p. 620.

Doña Maria Argüelles, voyait sa maison remplie d'officiers et se trouvait dans la nécessité de faire appel à la clémence de l'empereur pour éviter de mourir de faim avec ses neuf enfants. On la dispensa de nourrir ses hôtes mais on ne lui accorda pas la grâce de son mari qu'elle sollicitait [1].

Un décret impérial du 10 décembre, ordonna l'arrestation des membres du Tribunal de l'Inquisition, parmi lesquels se trouvaient trois membres du Conseil de Castille ; mais D. Arias Antonio Mon y Velarde était déjà arrêté, D. Pedro de Orbe de Larreategui, ne put être découvert, et D. Antonio Gonzalez Yebra, laissé en

---

1. Dᵃ Maria Argüelles à l'empereur. Madrid, 15 décembre 1808. « Sire, Dᵃ Maria Argüelles, épouse du doyen du Conseil Royal, D. Arias, Antonio Mon y Velarde, avec le plus profond respect se prosterne aux pieds du trône de V. M. pour solliciter la consolation dont elle et sa famille ont besoin dans l'abîme d'amertume où elles sont plongées par l'arrestation, l'absence et le voyage de son mari, pendant la rigueur de l'hiver, à un âge avancé et à la fin d'une longue carrière où il a mérité l'estime générale par sa conduite, son intégrité et son zèle, étant parvenu au grade le plus élevé sans autre faveur ni appui que son mérite et son ancienneté !.. Si par hasard la circonstance de se trouver à la tête du Conseil a pu lui attirer ce malheur, son épouse observe à S. M. qu'il n'y avait que 3 ou 4 jours que le Président du Conseil (duc de l'Infantado) s'était absenté et qu'une erreur momentanée de l'esprit peut espérer de V. M. le pardon auquel semblent lui donner quelque droit tant d'années de services distingués rendus à l'État... Sans doute le maréchal Moncey était instruit de l'humanité et des intentions pures du doyen du Conseil, lorsque, dans la nuit du 31 juillet, il lui adressa une lettre pour le prier de soigner et de protéger les Français restés dans les hôpitaux, et le doyen s'acquitta non seulement avec joie d'un devoir aussi sacré ; mais même se trouvant alors sans un seul militaire pour faire respecter son autorité, il obtint par sa vigilance et ses mesures actives que la populace ne commît aucune atrocité et ne fît aucune insulte aux Français, leur facilitant les moyens de se dérober à la fureur du peuple, qui ne put sacrifier aucune victime tant que le doyen présida le Conseil... Enfin, sire, de longs services, une probité incorruptible, l'âge avancé d'un magistrat qui touche au terme de sa vie, une épouse désolée, neuf enfants... réclament et implorent la pitié de V. M. Nous nous prosternons de nouveau à vos pieds et implorons humblement la magnanimité de V. M. I. et R. Maria Argüelles. »

liberté comme conseiller de Castille, fut arrêté comme conseiller de l'Inquisition [1].

Le 14 janvier 1809, Belliard fit arrêter tous les membres des Conseils de Castille et de l'Inquisition qui se trouvaient encore à Madrid [2]. « Ce sont, disait-il, des ennemis irréconciliables, qu'il faut éloigner de Madrid et de l'Espagne pendant quelque temps et mettre dans l'impuissance d'être en opposition directe au système de l'empereur. » Le 15 janvier, il permettait aux magistrats âgés de plus de 65 ans de rester chez eux, sous la surveillance de la police, et annonçait l'intention de faire partir le lendemain pour Bayonne les six conseillers de Castille et les quatre conseillers de l'Inquisition qu'il voulait exiler. Le 16, Napoléon écrivait de Valladolid pour presser le départ des prisonniers. Ils partirent le 18, mais Joseph leur fit grâce et Belliard resta tout un jour très embarrassé entre les ordres de l'empereur et ceux du roi d'Espagne : « Je crois pouvoir assurer V. M., écrivait-il à Joseph, qu'elle tiendra toujours dans les membres du conseil de Castille des ennemis irréconciliables et qui sont en partie cause de tous les maux qui désolent l'Espagne [3]. » Sur les instances de tous les corps de la ville, Joseph se résolut « à signaler sa rentrée par le retour de ces six vieux magistrats [4] ». Belliard ne céda qu'en grommelant ; il permit au commandant Soubeiran de mettre une voiture à la disposition des magistrats, mais à condition que ce fût « la plus mauvaise et la moins bien attelée [5] ».

Il ne se trompait point d'ailleurs sur leurs dispositions à l'égard du « système de l'empereur ». Quand, au mois de juin 1809, la

---

1. Le major général à l'empereur. 14 déc. 1808. C[t] Balagny. *Camp. de Napoléon en Espagne*, t. III, p. 101.

2. Le général Belliard au major-général, 14 janvier 1809. C[t] Balagny, *op. cit.*, t. III, p. 131.

3. Id., *ibid.*, t. III, p. 136.

4. Id., *ibid.*, t. III, p. 139.

5. Id., *ibid.*, t. III, p. 139.

Junte nationale institua à Séville le Tribunal Suprême d'Espagne et des Indes, dix conseillers de Castille figuraient parmi les membres de la Haute Cour [1].

CHAPITRE IX

ÉPILOGUE. LES JUNTES DES AFFAIRES CONTENTIEUSES.
(1809-1813.)

I

Le Conseil de Castille, tel qu'il existait dans l'ancienne monarchie espagnole, ne pouvait subsister dans le système napoléonien. Œuvre de la sagesse castillane, compliquée par la bureaucratie autrichienne, il n'avait pas de place dans un État organisé sur le modèle de l'empire français, en vue de l'action rapide et énergique d'une volonté unique, réglant tous les modes de l'activité nationale. Ses attributions législatives devaient passer au Conseil d'État et aux Cortès, ses fonctions consultatives étaient dévolues aux ministres, son rôle de tribunal administratif revenait au Conseil d'État, son rôle judiciaire, si réduit et si effacé dans la période moderne, revenait de droit à la Cour de cassation.

Joseph n'aurait peut-être pas eu la hardiesse de le supprimer, mais Napoléon l'ayant fait, il tint l'œuvre pour bonne et la continua en supprimant un peu plus tard tous les autres Conseils, qui avaient survécu à la tempête et en prenant une série de mesures, qui marquaient clairement sa volonté de ne jamais rétablir ces antiques organes d'un gouvernement aboli.

Napoléon avait ordonné de mettre sous scellés tous les papiers

---

1. D. Josef Joaquin Colon, D. Mánuel Lardizabal, Conde del Pinar, D. Sebastian de Torres, D. Antonio Ygnacio Cortavarria, D. Ygnacio Martinez de Villela, D. Miguel Alfonso Villagomez, D. Tomas Moyano, D. Pascual Quilez Talon, D. Nicolas de Sierra.

du greffe de gouvernement du Conseil et D. Bartolomé Muñoz assista en personne à l'opération, le 8 décembre 1808 [1]. Il expliqua plus tard sa conduite à la Régence d'Espagne en disant qu'il n'avait reçu aucun ordre de sortir de Madrid, ni d'emmener les papiers confiés à sa garde, qu'il n'avait aucuns biens personnels, et qu'il avait cru plus avantageux au service de l'État de rester à son poste que de le céder à un partisan du régime français, qui aurait dépouillé les Archives comme il l'eût voulu [2].

Des visites domiciliaires furent ordonnées chez D. Arias Mon y Velarde, ex-doyen du Conseil de Castille [3], chez les ex-fiscaux D. Gerónimo Antonio Diez [4] et D. Simon de Viegas, chez les anciens membres du Conseil D. Antonio Ignacio de Cortavarria, et D. Juan Antonio de Inguanzo, chez l'ex-rapporteur D. Vicente Pedrosa [5] et chez l'ex-agent fiscal D. Juan Pedro Delgado [6].

Ces perquisitions donnèrent peu de résultats. Soit que les magistrats eussent fait détruire les papiers compromettants, soit plutôt qu'ils n'eussent que fort peu de notes chez eux, on ne trouva que des broutilles sans importance. On saisit chez D. Arias Mon trente et une pièces relatives au plan d'études de l'Université d'Alcalá, trois pièces relatives à la chaire de physique expérimentale de l'Université de Santiago, une liasse intitulée : *Statuts du Mont-de-piété*, des pièces concernant l'église royale de San Isidro et les messes de fondation qui s'y célébraient, des papiers relatifs au couvent des Descalzas reales, au Mont-de-piété, au paiement des salaires des compagnies théâtrales [7].

Chez D. Gerónimo Antonio Diez, on trouva une correspon-

---

1. Arch. hist. nac. *Junta de negocios contenciosos*. Leg. I.
2. Id. *ibid*. Leg. XI, 17 octobre 1812.
3. Prisonnier en France.
4. Prisonnier en France.
5. Prisonnier en France. *Junta de neg. cont*. Leg. II.
6. Id. *ibid*. Leg. II, 18 nov. 1809.
7. Id. *ibid*. Leg. II, 15 avril 1809.

dance de ce magistrat avec les Juntes provinciales et la Junte suprême, et les dossiers d'affaires contentieuses de la compétence du Conseil : c'étaient les commissaires électeurs des députés du commun de Barcelone qui demandaient l'extinction de la corporation des *Coupeurs*, c'était un candidat à l'étude notariale du bourg de Cherta qui réclamait l'expédition de son titre, et mille autres affaires de ce genre, sans le moindre intérêt politique [1].

Les papiers appartenant à D. Vicente Pedrosa, prisonnier en France, furent remis aux commissaires enquêteurs par sa femme Dª Maria Reguera, le 16 novembre 1809, et n'apprirent encore que peu de chose [2]. D. Simon de Viegas remit lui-même tout ce qu'il avait [3].

On poursuivit les recherches jusque dans les tiroirs du Conseil ; on ne put pendant longtemps se faire ouvrir la salle des Archives du Conseil, le gardien Ramirez se refusant toujours à livrer la clef ; une nouvelle et pressante sommation lui fut faite, le 10 novembre 1809, et enfin, le 6 décembre, il se décida à ouvrir les portes des Archives et d'une salle contiguë, où l'on trouva deux grandes caisses remplies des livres que la loi obligeait les auteurs à déposer au Conseil. D. Pedro Florez Quevedo, commissaire des Juntes des affaires contentieuses, se contenta de jeter un coup d'œil sur les Archives, les fit refermer et en confia de nouveau les clefs à Ramirez, qui se plaignait de n'avoir pas été payé depuis fort longtemps [4].

Presque toutes les pièces importantes se trouvaient au greffe de gouvernement du Conseil. Quand les Juntes eurent obtenu l'autorisation de lever les scellés, D. Bartolomé Muñoz classa à part tous les documents relatifs au procès de l'Escurial, et en fit faire une copie qu'il garda par devers lui ; il rassembla également toutes

---

1. Id. *ibid*. Leg. II, avril 1809.
2. Id. *ibid*. Leg. II, 16 nov. 1809.
3. Id. *ibid*. Leg. II, 16 décembre 1809.
4. Id. *ibid*. Leg. I, 10 novembre 1809, 6 décembre 1809.

les pièces concernant l'histoire du Conseil, depuis la révolution d'Aranjuez jusqu'à la capitulation de Madrid [1]. Ces papiers, D. Joseph Marquina, doyen des Juntes, et D. Pedro Alvarez Gonzalez, leur fiscal, se les firent livrer pendant l'occupation française [2], mais Muñoz obtint qu'ils lui fussent restitués le 10 août 1812, jour de la sortie de Madrid du roi intrus, et il les mit à la disposition de la Régence de Cadix [3]. Ce sont les dossiers de Muñoz qui existent aujourd'hui aux Archives historiques nationales.

Comme on avait inventorié les Archives du Conseil, on inventoria sa bibliothèque, et ce ne fut pas un des incidents les moins curieux de cette petite guerre administrative. On aurait pu croire cette bibliothèque riche en collections juridiques et en ouvrages de droit. Elle tenait tout entière dans six pauvres petites armoires ; le livre le plus ancien était un exemplaire des *Siete Partidas*, de 1555, en quatre volumes in-folio [4]. On y voyait encore deux ouvrages du XVIe siècle, huit du XVIIe et un très grand nombre de volumes de dévotion ou de littérature, qu'on serait bien étonné de rencontrer dans la bibliothèque d'un grand corps judiciaire, si l'on ne devait les considérer que comme de simples épaves du dépôt légal. C'est ainsi que se trouvaient sur les rayons un *Bréviaire romain* de 1782, *l'histoire du Martyre du Saint Enfant de la Guardia* [5] par le prêtre D. Matias, la *Retraite spirituelle de Peñalora* (1787), le *Travail des Apôtres dans la fondation de l'église de Madrid* par Cañaveras (1783), les *Grâces de la grâce, spirituélles*

---

1. Arch. hist. nac. *Junta de neg. cont.* Leg. XI, 17 octobre 1812.

2. Id. *ibid.* Leg. XI. Sans date.

3. Id. *ibid.* Leg. XI, 17 octobre 1812.

4. *Las Siete Partidas del sabio rey D. Alfonso el nono* (sic), *nuevamente glosadas por el licenciado Gregorio Lopez, en el año de 1555.*

5. Histoire du supplice d'un enfant chrétien crucifié par les Juifs au XVe siècle. Cette « cause célèbre », exemple très curieux de meurtre rituel, a été étudiée récemment en grand détail dans la *Revista de Archivos* par le R. P. Fidel Fita y Colomé, de l'Académie de l'Histoire de Madrid.

finesses des Saints, de Boneta (1787) [1], le *Directoire mystique* (1791) et le *Directoire ascétique* du même (1799) le *Sépulcre des délices du Monde* de Puget (1792) et le *Réveil eucharistique*, tout récemment publié à Madrid (1806). Les magistrats qui se piquaient de lettres pouvaient trouver à la bibliothèque du Conseil les *Aventures de Télémaque* et les *Voyages du jeune Anacharsis en Grèce*. Ceux qui préféraient les œuvres d'imagination pouvaient choisir entre le *Colloque des Rossignols* (1784), l'*Art de plaire* de M. Prévost (1787), la *Philosophie par amour* de Tojar (1799), l'*Enlèvement de Proserpine* (1806) et le roman d'*Euphémie, ou la femme instruite* (1806) [2].

La Bibliothèque du Conseil ne devait pas être tenue avec grand soin, car on y trouva un Registre des délibérations de la Chambre des Quinze cents doubles, commencé le 10 septembre 1778, et dont deux feuilles seulement était remplies [3]. D. Luis Pereyra, et plus tard D. Pedro Flores reçurent des Juntes l'ordre de rechercher les détournements de livres commis aux dépens du Conseil [4], on ne sait s'ils trouvèrent beaucoup de livres aussi intéressants que ceux dont nous venons de citer les titres.

Le mobilier du Conseil ne fut pas plus respecté que ses archives et sa bibliothèque. Joseph pensait à installer le Sénat au palais des Conseils [5] et fit inventorier et vendre toute leur argenterie. Avoir des objets d'argent était dans l'ancienne Espagne un luxe très prisé et très répandu. Le Conseil possédait 10 encriers, 10 poudriers, 5 sonnettes, 2 boîtes à oublies, un crucifix, 6 bouquets d'autel, 4 chandeliers triangulaires, 1 bougeoir, une paix, un petit bassin pour le service de l'autel, un plateau avec ses burettes et sa clochette, un calice et sa patène et un ciboire en argent.

---

1. Boneta, *Gracias de la gracia, saladas agudezas de los santos*. 1787, in-8.
2. Arch. hist. nac. *Junta de neg. cont.* Leg. I.
3. Id. *ibid.* Leg. VIII. Sans date.
4. Id. *ibid.* Leg. I.
5. Id. *ibid.* Leg. I.

Tout fut porté à la Monnaie par ordre royal du 16 septembre 1809, excepté le calice et sa patène. Les Juntes durent se contenter d'encriers de verre, et on acheta pour l'autel des chandeliers de verre, des burettes et un plateau de verre et deux sonnettes de métal [1].

II

On ne détruit, dit-on, que ce qu'on remplace, et dès l'instant que Joseph Napoléon avait la prétention de fonder un gouvernement régulier, il devait, à la place du Conseil de Castille supprimé, ériger un tribunal suprême, chargé de juger en dernier ressort tous les procès jugés en appel par les audiences. L'ordonnance générale sur l'organisation des services judiciaires en Espagne ne parut qu'au mois de juin 1812, juste au moment où Joseph allait se voir contraint d'abandonner sa capitale devant l'armée de Wellington victorieuse aux Arapiles [2]. Mais il n'attendit pas jusque-là pour instituer à Madrid une haute cour de justice, qui

---

1. Arch. hist. nac. *Junta de neg. cont.* Leg. I, 19 sept. 1809.

2. Id., *ibid.* Leg. 11, 21 juin 1812.

Titre I. — *Des juges conciliateurs* (un par *partido* de dix lieues carrées). — Section I. De l'organisation de ces tribunaux. II. De la juridiction et des fonctions des juges conciliateurs dans les affaires civiles. III. Id. dans les causes criminelles. IV. Des fonctions des juges conciliateurs comme juges de police.

Titre II. — *Des tribunaux de première instance* (un par sous-préfecture). — I. Organisation. II. Compétence. III. Police correctionnelle. IV. Juges d'instruction.

Titre III. — *Des Chancelleries* (treize pour toute l'Espagne). I. Organisation (on conservait la procédure par écrit avec 2 rapporteurs par chambre). II. Compétence.

Titre IV. — *Tribunal de Reposicion* (à Madrid). I. Organisation. II. Compétence. III. Distribution et fonctions des chambres.

Titre V. — *Des fiscaux.*

Titre VI. — *De la discipline.*

Titre VII. — *Dispositions générales.*

devait être dans sa main, croyait-il, un puissant instrument de propagande pacifique.

Le 6 février 1809, Joseph décréta la formation de deux Juntes composées de dix juges, soit cinq juges pour chacune, avec un fiscal pour les deux, qui décideraient des affaires contentieuses pendantes devant le Conseil royal et de celles dont la connaissance lui aurait légalement appartenu ; les affaires administratives et politiques dont s'occupait l'ex-Conseil seraient remises par les greffiers et les rapporteurs aux ministres compétents. Les Juntes siégeraient dans les mêmes locaux que le Conseil, et tous les jours, depuis huit heures du matin jusqu'à midi. Leurs sentences seraient exécutoires, sans qu'il y eût jamais appel au roi. Les procès de grande importance de la province de Madrid, qui venaient en appel au Conseil, se jugeraient par une des chambres de la *Sala*, comme s'étaient jugées jusqu'alors les affaires les moins importantes. Enfin, cette organisation ne devait être que provisoire, jusqu'au moment où seraient institués les tribunaux prévus par la nouvelle constitution [1].

Un décret royal du 8 février nomma les membres du tribunal, choisis parmi les conseillers des finances et des ordres et les alcaldes de cour [2]. Pas un conseiller de Castille n'y figura tout d'abord. Mais par une singulière inadvertance, les honneurs de

---

1. Id., *ibid.* Leg. I, 6 février 1809.
2. Id., *ibid.* Leg. I, 8 février 1808.

<table>
<tr><td>D. José Perez Caballero
D. Pedro Florez Quevedo</td><td>del consejo de Hacienda</td></tr>
<tr><td>D. Gaspar Lerin de Bracamonte
D. Carlos Simon Pontero</td><td>del consejo de Ordenes</td></tr>
<tr><td>D. Andres Romero Valdes
D. Diego Gil Fernández
D. Luis Marcelino Pereira
D. Tomas de Casanova
D. Martin Leones</td><td>alcaldes de casa y corte</td></tr>
<tr><td>D. José Ygnacio Joven de Salas</td><td>abogado del colegio de la Sala</td></tr>
<tr><td>D. Juan Melendez Valdés</td><td></td></tr>
</table>

membre du Conseil furent accordés, dans l'acte même de nomination, à D. José Ygnacio Joven de Salas, avocat près la *Sala de
Alcaldes*, nommé membre des Juntes.

Les Juntes reçurent l'ordre de faire dresser la liste de toutes
les affaires pendantes devant le Conseil et de remettre les affaires
administratives aux ministères compétents [1].

Le 15 février D. Manuel Romero, ministre de l'intérieur
chargé de l'intérim du ministère de la justice, convoqua chez
lui D. Bartolomé Muñoz et lui annonça que les gréffiers de la
chambre, les rapporteurs et l'huissier audiencier étaient déjà dési-
gnés. Il nomma de plus six huissiers ordinaires *pour le Conseil
de Castille*, deux huissiers pour la Chambre des appels, et en
laissa cinq autres à la disposition du président des Juntes [2].
En inaugurant les Juntes, le ministre de la justice déclara
que l'intention du roi était qu'elles suivissent, autant que possible, la procédure de l'ancien Conseil. On introduisit les rapporteurs, et le ministre leur dit qu'ils n'avaient qu'à continuer leur
office; il tint le même langage aux greffiers, puis se retira. Les
Juntes étaient donc une survivance du Conseil, une ombre de
ce grand Corps, et, tout de suite, l'idée s'imposa aux *junteros* de
continuer ses traditions, de l'aider à se survivre à lui-même et
de travailler à sa future résurrection. L'acte même qui instituait les Juntes portait que les magistrats siégeraient chaque jour
de huit heures à midi, mais l'ancien Conseil ne prenait séance

---

1. Arch. hist. nac. *Junta de neg. cont.* Leg. I, 6, 8 février 1809.

2. Id., *ibid.* Leg. I, 15 février 1809. Nombramiento de porteros de Camara
de S. M. por el presente año de 1809. Para el R. y supremo Consejo de Castilla :
D. Josef Valentin Lopez, D. Antonio Regidor, D. Josef Montiel, D. Matias
Fernández, D. Santiago Dominguez, D. Cosme Diaz Costilla, para Sala de
apelaciones : D. Antonio Josef Garcia, D. Josef Gil Turco. Ademas del
citado nombramiento, quedan fuera de el, a disposicion del Sr Presidente,
los siguientes porteros : D. Juan Gutierrez del Pozo, D. Gregorio Escolar,
D. Miquel Rancaño, D. Julian Pastor Garcia, D. Francisco Nabarro y
Velandia.

qu'à neuf heures ; entre les traditions du Conseil et la volonté du roi, les juntes n'hésitèrent pas : leur premier soin fut de décider qu'elles se réuniraient le lendemain, *à neuf heures*, et de faire prévenir le chapelain *du Conseil*, pour qu'il vînt dire la messe à l'heure ordinaire. Mais lorsque D. Bartolomé Muñoz avertit les magistrats que les scellés, apposés sur ses bureaux par ordre de Napoléon, n'avaient pas encore été levés, les *junteros* n'osèrent pas prendre sur eux de les faire briser et renvoyèrent l'affaire au ministre de la justice [1].

Le 16 février, un décret royal ordonna aux nouveaux magistrats de prêter serment de fidélité et d'obéissance. Le serment ne fut prêté que le 2 mai [2]. Tous les employés sollicitèrent un titre nouveau et se montrèrent heureux de continuer leur office auprès des Juntes [3].

L'histoire des Juntes montre leur constante préoccupation de maintenir les traditions du Conseil. Elles adoptèrent les titres honorifiques dont jouissaient les membres du Conseil [4]. Elles gardèrent les sept rapporteurs de l'ancien Conseil, et les répartirent aussi équitablement que possible entre elles, comme ils l'étaient jadis entre les chambres du Conseil [5]. Elles décidèrent qu'il y aurait tous les jours, suivant l'usage du Conseil, séance plénière (*Consejo pleno*) et que les greffiers de la Chambre et les rappor-

---

1. Id., *ibid.* Leg. I, 15 février 1809.

2. Id., *ibid.* Leg. I, 16 février 1809, 2 mai 1809 : « Juro cumplir las obligaciones de.... con el solo objeto de la felicidad de la nacion y de la gloria del rey, conforme á las disposiciones de la constitucion ».

3. Id., *ibid.* Leg. I, 18-20 février 1809, 2 mars, 18 août 1809, 11 février 1810.

4. Id., *ibid.* Leg. I, sans date, que no se hiciese novedad con el tratamiento que se habia dado al Consejo.

5. Id., *ibid.* 23 février 1809. 1re Junte : D. Juan Fernández de Quesada, D. Manuel Luxana, D. José Carvallo. 2e Junte : D. Manuel de Viergol, D. Juan Crisostomo de Santander, D. Antonio Benito. Pour les deux Juntes : D. Vicente Pedrosa.

teurs y assisteraient pour savoir quels étaient les membres absents
et s'il y aurait *semanaria* [1]. Suivant la pratique du Conseil, les
rapporteurs durent lire leurs mémoires debout, mais les deux
greffiers de la Chambre et de gouvernement étant en même
temps secrétaires de S. M. furent autorisés à parler assis, sur le
banc sans dossier où s'asseyaient les rapporteurs [2]. Le 29 avril,
D. Bartolomé fit observer que l'ancien Conseil de Castille avait
l'habitude de siéger de huit heures à onze heures du matin, du
1er mai jusqu'à la fin d'août, et les Juntes décidèrent de faire
comme faisait le Conseil. Le 31 août elles résolurent de reprendre
le service d'hiver à neuf heures, suivant l'antique usage [3]. Vers
la fin de 1809, Joseph prit l'habitude de leur communiquer tous
ses décrets, ce qui sembla leur rendre quelque chose de l'importance politique de l'ancien Conseil [4]. Les ministres les consul-
tèrent parfois. Cabarrus leur demanda des renseignements sur
les anciennes tenues des Cortès en 1632, 1701 et 1712 et sur les
rapports du Conseil avec ces assemblées [5]. Les Juntes furent
invitées par la municipalité à assister à la procession du Corpus,
comme y assistait l'ancien Conseil [6]. En 1810, la procession de
la bulle de la Croisade n'eut pas lieu, mais les Juntes assistèrent
à la proclamation de la Bulle à l'église paroissiale de Sainte-
Marie, comme le Conseil y assistait jadis, quand le mauvais
temps empêchait la procession et la cavalcade de l'après-midi [7].

---

1. Rapport des deux conseillers chargés, chaque semaine, de collationner
sur les minutes les copies des sentences du Conseil délivrées par les greffiers.

2. Arch. hist. nac. *Junta de neg. cont.* Leg. I, 7 mars 1809.

3. Id., *ibid.* Leg. I, 29 avril, 31 août 1809.

4. Id., *ibid.* Leg. XIII, 16 décembre 1809,

5. Id., *ibid.* Leg. VI. Demandes des ministres de l'intérieur, de la justice,
des affaires ecclésiastiques.

6. Id., *ibid.* Leg. XIII, 31 mai 1811. Assistaient à la procession : les Juntes,
la *Sala*, le tribunal de la Coutaduria Mayor, les juges de première instance, la
municipalité.

7. Id., *ibid.* Leg. XIII, 1810.

Le corrégidor invita les Juntes au *Te Deum* qui fut chanté pour célébrer les événements d'Andalousie en 1810. Elles figurèrent aux fêtes qui se donnaient le jour anniversaire de la naissance du Roi [1]. Le 2 janvier 1811, D. Josef Marquina Galindo, ancien membre du Conseil de Castille, et doyen des Juntes, inaugura la nouvelle année par une Mercuriale sur les devoirs respectifs des magistrats et des auxiliaires de la justice, et se déclara satisfait de la manière dont les services avaient marché l'année précédente [2].

Un instant, les Juntes parurent sur le point de prendre dans l'État une importance supérieure à celle qu'avait eue l'ancien Conseil de Castille. Une ordonnance royale du 21 août 1809 supprima, d'un trait de plume, les Conseils de la Guerre, de la Marine, des Indes, des Ordres et des Finances, la Junte de Commerce et la Junte des Postes ; parce que, disait l'édit, l'établissement du Conseil d'État et sa division en sections rendait les anciens Conseils inutiles et incompatibles avec la nouvelle Constitution. Les Juntes héritaient de toutes les affaires contentieuses pendantes devant tous les tribunaux supprimés, et devaient également connaître des causes civiles et criminelles des membres de l'ancien Conseil de l'Inquisition. Tout le personnel subalterne des tribunaux supprimés était donné aux Juntes. On parlait d'augmenter le nombre des juges, et l'on décidait que la procédure uniforme suivie devant les Juntes continuerait à se régler sur les traditions de l'ancien Conseil [3]. Quelques mois plus tard, le 16 décembre 1809, Joseph supprima encore toutes les juridictions ecclésiastiques, comme contraires à l'esprit de l'Évangile [4], et la sphère d'influence des Juntes parut encore s'étendre. Elles devenaient le tribunal suprême et universel.

Leur personnel subalterne, qui montait déjà à 69 personnes

1. Id., *ibid.* Leg. IV, 1810.
2. Id., *ibid.* Leg. XIII, 2 janvier 1811.
3. Id., *ibid.* Leg. I, 21 août 1809.
4. Id., *ibid.* Leg. XIII, 16 déc. 1809.

avant la suppression des Conseils, s'accrut de 119 auxiliaires nouveaux à la suite de cette mesure [1], et forma tout un petit monde judiciaire, qui eût été certainement fort influent, si l'Espagne avait consenti à reconnaître son existence légale et à lui soumettre le jugement de ses procès. Mais en face des tribunaux de Joseph, l'Espagne entière organisa la grève générale des justiciables.

Le roi n'eut pas besoin d'augmenter le nombre des membres de ses Juntes ; ils suffirent toujours à leur besogne. Madrid et son territoire leur fournissaient à peu près toutes leurs affaires ; deux ou trois procès extraordinaires, remis aux Juntes par décrets spéciaux, n'augmentaient guère leur besogne ; on avait cru que l'occupation de l'Andalousie amènerait quelque reprise, mais aucune des grandes affaires pendantes dans ce pays n'avait été déférée aux Juntes de Madrid. Elles auraient pu se contenter d'un personnel de dix-sept personnes, au lieu des 188 auxiliaires qui gravitaient autour d'elles [2].

Espérant toujours un meilleur avenir, Joseph maintint le personnel des Juntes à peu près au complet [3] et s'ingénia à leur

---

1. Arch. hist. nac. *Junta de neg. cont.* Leg. I, 1810.

Conseil de la Guerre	19 employés
Conseil de la Marine	11 —
Conseil des Indes	22 —
Conseil des Ordres	17 —
Conseil des Finances	26 —
Conseil de l'Inquisition	12 —
Junte du Commerce	5 —
Junte des Postes	7 —
	119

2. Id., *ibid.* Leg. XIII, 14 oct. 1811.

3. Id., *ibid.* Leg. I, 13 mars 1809. D. Francisco Roman, alcalde de Corte, est nommé membre des Juntes en remplacement de D. Joseph Ygnacio Joven de Salas.

6 mai 1809. D. Manuel Sarabia, alcalde de Corte, est nommé membre des Juntes à la place de D. Carlos Simon Pontero, décédé.

trouver de l'occupation. On les voit recevoir les décrets royaux
et les ordres ministériels, assister à la prestation de serment de
leurs membres et de leurs auxiliaires, répondre aux demandes de
renseignements des ministres, examiner les avocats et les greffiers, discuter les plaintes des officiers subalternes, dresser le
compte de leurs frais d'administration et même juger quelques
procès[1]. Le 10 décembre 1811, Joseph les autorisa à recevoir
tous les appels pour injustice notoire ; et pour rendre ces appels
plus fréquents, le roi dispensa les appelants de toute caution
préalable ; les appels téméraires devaient être seulement punis
d'une amende arbitraire, dont le tiers reviendrait à la partie
gagnante[2].

En dépit de tous ces efforts, les Juntes restèrent inoccupées,

---

21 mai 1809. D. Mariano Alonso, alcalde de Corte, est nommé membre des
Juntes à la place de D. Josef Perez Caballero, mis à la retraite.

27 septembre 1809. D. Josef Marquina Galindo est nommé « Juez de las
Juntas, con los honores, tratamiento y antiguedad que le correspondian como
individuo del extinguido Consejo y Camara de Castilla ». Il devient doyen des
Juntes.

Étaient encore membres des Juntes en 1812. D. Josef Marquina, doyen
D. Diego Gil Fernández, D. Martin Leones, D. Francisco Javier Roman,
D. Manuel Sarabia, D. Garcia Gomez Xara, D. Juan Sempere, D. Pedro
Flores Quevedo, D... Tobar, D... Camino et D. Pedro Alvarez Gonzalez,
fiscal.

1. Id., *ibid*. Leg. VII. Examens d'avocats et de greffiers.
    Leg. IX. Procès divers.
    Leg. X. Pièces relatives aux greffes de la Chambre et des divers
      Conseils.
    Leg. XIII. Consultes des Juntes (1809-1812). Décrets royaux,
      prestations de serments, nominations d'avocats.
    Leg. XIV. Listes des causes pendantes devant les Juntes.
    Leg. XV. Réclamations, plaintes des rapporteurs, ordres minis-
      tériels (1809-1812).
    Leg. XVI. Dépenses administratives, papiers divers.
2. Id., *ibid*. Leg. I, 10 déc. 1811.

et leur détresse juridique n'était rien encore au prix de leur détresse matérielle. Rentés — sur le papier — à 55.000 réaux, les infortunés *junteros* ne touchèrent jamais leur traitement intégral, et à partir de 1810, ils ne touchèrent plus rien du tout.

Dès le lendemain de l'installation des Juntes, D. Bartolomé Muñoz exposait aux magistrats que les employés de ses bureaux n'avaient rien reçu depuis seize mois, et que quatre d'entre eux avaient été obligés de quitter Madrid pour pourvoir à leur subsistance. Il déclara en outre que depuis le 8 décembre 1808, jour de la mise sous scellés de ses bureaux, il n'avait pas décacheté une seule dépêche, mais que le prix du port des lettres, qui devait être satisfait par la subdélégation des amendes, ne l'avait pas été depuis le mois de mai 1808, et qu'au 8 décembre, le Conseil devait déjà de ce chef 6.578 réaux ; sans compter ce qu'il devait encore pour papier timbré, frais d'administration intérieure et frais de culte [1].

Dans un état général des dépenses des Juntes, dressé en juin 1812, on voit que le Conseil dépensait annuellement en papier, encre, plumes, pains à cacheter, cire, ficelle, vin, biscuits, vin de messe, service de la Chapelle, almanach, porteur d'eau (car il n'y avait pas d'eau au Palais), service des cabinets (16 réaux par mois), nattes d'été et nattes d'hiver, pose et enlèvement des nattes, etc., 14.313 réaux, et que ces dépenses avaient été réduites en 1809 à 11.547 réaux. Les dépenses totales, ordinaires et extraordinaires, montaient jadis à 21.387 réaux et avaient été réduites en 1809 à 12.837 réaux ; mais le nombre des subalternes s'était prodigieusement accru et montait encore à 125 employés en octobre 1811 [2].

Le personnel subalterne des Juntes représentait encore en 1811

---

1. Arch. hist. nac. *Junta de neg. cont.* Leg. I, 17 février 1809.
2. Id., *ibid.* Leg. VIII, juin 1812.

une dépense annuelle de 248.809 réaux et maravédis [1]. Mais les traitements de toutes ces personnes étaient en retard. Si réduits qu'il les eût faits, l'État ne pouvait encore les payer. Les rap-

1. Id., *ibid.* Leg. VIII, 1811.
Personnel des Juntes : Rapporteurs :

	âge	ans de services	reaux	maravedis
D. Juan Antonio Fernández de Quesada :	59	25	6.000	
D. Manuel Viergol	63	26	6.000	
D. Vicente Pedrosa (prisonnier en France)				
Employés dans les fiscalias :				
D. Josef Barriopedro	57	8	22.058	28
D. Vicente Ramon del Vigo	40	6	22.058	28
Greffiers :				
D. Bartolomé Muñoz	73	57	11.685	
D. Manuel Antonio de Santistevan	60	43	11.685	
D. Manuel de Carranza	71	34	4.341	
D. Josef de Ayala	54	35	4.341	
D. Manuel Pico Santistevan	36	18	4.341	
D. Valentin Pinilla	52	32	4.341	
D. Manuel de Peñaredonda				
Employés aux greffes de la Chambre.				
Greffe de gouvernement de Castille :				
D. Damian Juarez	56	35	8.800	
D. Manuel de Saude	60	34	4.400	
D. Rafael Diez de Vega	41	9	2.200	
Greffe de gouvernement d'Aragon :				
D. Pedro Zabala	62	41	8.000	
D. Josef Pico	34	18	11.100	
Greffe de D. Bartolomé Muñoz.				
D. Cosme de Miguel Garcia	62	48	3.300	
D. Fernando Poza y Muñoz	39	21	2.200	
D. Antonio Merendon	41	14	1.100	
Greffe de D. Manuel de Carranza :				
D. Juan Aguado	55	36	3.300	
D. Francisco Garcia	40	19	2.200	
D. Manuel Salvador de Carranza	26	12	1.100	
Greffe de D. Josef Ayala :				
D. Dionisio del Campo	72	29	3.300	

porteurs du Conseil de Castille touchaient autrefois en guise de traitement des droits tarifés sur les procès dont ils avaient à s'occuper. Les 6.000 réaux de traitement que la loi accordait aux rapporteurs du gouvernement étaient regardés comme une faible indemnité de toutes les causes dont on les chargeait d'office ou de tous les procès des pauvres dont ils avaient à s'occuper. Le

D. Pedro Echevarria	49	29	2.200	
D. Manuel Jofre	37	17	1.100	
Greffe de D. Manuel Pico :				
D. Florentino Yanguas	60	38	3.300	
D. Felix Rey	52	25	2.200	
Greffe de D. Valentin Pinilla :				
D. Rafael de Yarra	50	26	3.300	
D. Clemente Reboles	44	26	2.200	
D. Isidro Rejo	22	4	1.100	
Greffe vacant :				
D. Tomas de Ayala	57	35	3.300	
D. Antonio Martinez Abad	42	10	2.200	
D. Vitores Vicario	41	8	1.100	
Huissiers :				
D. Francisco Martinez Davila (huissier audiencier)	49	3	6.320	
D. Josef Valentin Lopez	56	29	4.411	26
D. Antonio Regidor	52	27	4.411	26
D. Josef Montiel	65	24	4.411	26
D. Matias Fernández	43	21	4.411	26
D. Juan Gutierrez del Pozo	44	17	4.411	26
D. Gregorio Escolar	48	20	4.411	26
D. Antonio Josef Garcia	50	15	4.411	26
D. Santiago Dominguez	34	10	4.411	26
D. Francisco Navarro	50	8	4.411	26
D. Cosme Diaz Costilla	30	7	4.411	26
D. Julián Pastor Garcia	39	13	4.411	26
Archives :				
Archiviste principal (on ne sait s'il vit)				
D. Miguel Ramirez (employé)	45	21	3.300	
D. Simon Navedo	66		6.600	

rapporteur Quesada se faisait en moyenne 95.000 réaux par an avec ses droits, et c'était pour lui une ruine de se voir réduit aux 6.000 réaux d'indemnité officielle [1]. Mais cette somme si minime n'était même pas payée. Très irrégulièrement payés en 1809 et 1810, les membres des Juntes ne touchèrent plus rien en 1811 et se virent réduits au commencement de 1812 à demander au roi de vouloir bien les comprendre parmi les employés civils auxquels il faisait distribuer des rations en nature. Les malheureux se trouvaient exposés à mourir de faim avec leurs familles, s'ils ne se voyaient promptement secourus [2] ; leurs créanciers les poursuivaient sans relâche, leurs propriétaires menaçaient de les expulser [3] ; ils demandaient au moins quelque secours, soit en argent, soit en biens susceptibles de donner un revenu (*fructiferos* [4]).

Cette épouvantable détresse, qui prouve mieux que tout autre fait l'anarchie de l'Espagne sous l'autorité imaginaire de Joseph Napoléon, se compliqua encore en 1812 des terreurs de l'invasion et des représailles du parti national. Le 9 août de cette année, un avis pressant fit connaître aux membres des Juntes que le roi quittait Madrid et qu'un convoi d'*afrancesados* partirait le lendemain pour Tolède à quatre heures du matin. Les

Taxateur général :
    D. Joseph Toledo :   44   6   4.400
    D. Luis Berrosa, employé   65   30   4.400
Chapelain :
    D. Alonso Gavino Moreno   56   8   3.088
Sacristain.
    D. Pedro Pinilla   53   25   1.100
Garçon de propreté.
    Pedro Cadanes   30   4   1.220
                    Total : 248.809   2

1. Arch. hist. nac. *Junta de neg. cont.* Leg. VIII, septembre 1811.
2. Id., *ibid.* Leg. XIII, 3 février 1812.
3. Id., *ibid.* Leg. XIII, 4 février 1812.
4. Id., *ibid.* Leg. XIII, 8 avril 1812.

membres les plus compromis partirent, six restèrent. Le ministre de la justice leur ordonna de continuer leurs fonctions et même de remplir, au besoin, celles d'*alcaldes de Corte*. Ils obéirent et décidèrent de siéger le 12 août. Mais dans la nuit du 11 au 12, le ministre quitta Madrid, les troupes françaises évacuèrent la ville et bientôt l'armée anglo-espagnole y entra à son tour. Le doyen D. Gil Fernández décida alors la suspension des Juntes [1].

Elles ne se réunirent de nouveau que le 30 avril 1813. Cinq conseillers seulement étaient présents : Flores, Tobar, Sempere, Camino, Gonzalez. Le 26 mai, le bruit se répandit que le gouvernement allait de nouveau abandonner Madrid. D. Pedro Flores Quevedo, doyen des Juntes, envoya à D. Bartolomé Muñoz les clefs et la *bolsa* du tribunal et suivit la retraite désastreuse de Joseph Napoléon [2].

La lamentable histoire des Juntes des affaires contentieuses prouve que la suppression du Conseil de Castille fut très probablement une faute. Ne connaissant rien du caractère espagnol, Napoléon crut faire un coup de maître en brisant les vieux cadres de la vie nationale espagnole, en frappant la haute noblesse et le clergé monastique, en offrant au peuple « les bienfaits de la Révolution ». Il se trouva que ce peuple respectait son ancienne constitution, vénérait ses grandes familles et aimait ses moines. Napoléon, qui voulait être le régénérateur de l'Espagne, lui apparut comme un Antechrist et ce ne fut que bien des jours après que les idées françaises commencèrent à transformer la Péninsule, d'un mouvement si lent et si capricieux, que l'Espagne ne s'est pas encore vraiment métamorphosée en nation moderne.

G. Desdevises du Dezert.

---

1. Arch. hist. nac. *Junta de neg. cont.* Leg. I, 9 août 1812.
2. Id., *ibid.* Leg. I, 26 mai 1813.

MACON, PROTAT FRÈRES, IMPRIMEURS.

Bibliotheca hispanica

I. — Comedia de Calisto z Melibea (Unico texto auténtico de la *Celestina*). Reimpresión publicada por R. Foulché-Delbosc................ 10 pesetas.

II. — Vida del soldado español Miguel de Castro (1593-1611), escrita por él mismo y publicada por A. Paz y Mélia................ 15 pesetas.

III. — La vida de Lazarillo de Tormes, y de sus fortunas y aduersidades. Restitución de la edición príncipe por R. Foulché-Delbosc...... 5 pesetas.
Tirage sur grand papier du Japon (n°s 1 à 25)........................... 25 pesetas.

IV. — Diego de Negueruela. Farsa llamada Ardamisa. Réimpression publiée par Léo Rouanet................ 4 pesetas.

V, VI, VII, VIII. — Colección de Autos, Farsas, y Coloquios del siglo XVI, publiée par Léo Rouanet. Les quatre volumes............... 60 pesetas.

IX. — Obres poetiques de Jordi de Sant Jordi (segles XIVe-XVe), recullides i publicades per J. Massó Torrents...................... 4 pesetas.
Tirage sur grand papier du Japon (n°s 1 à 12)........................... épuisé

X. — Pedro Manuel de Urrea. Penitencia de amor (Burgos, 1514). Reimpresión publicada por R. Foulché-Delbosc................ 5 pesetas.

XI. — Jorge Manrrique. Coplas por la muerte de su padre. Primera edición crítica. Publicala R. Foulché-Delbosc................ 5 pesetas.
Tirage sur grand papier du Japon (n°s 1 à 25)........................... 20 pesetas.

XII. — Comedia de Calisto z Melibea (Burgos, 1499). Reimpresión publicada por R. Foulché-Delbosc................ 12 pesetas 50 cént.
Tirage sur grand papier du Japon (n°s 1 à 25)........................... 50 pesetas.

XIII. — Perálvarez de Ayllón y Luis Hurtado de Toledo. Comedia Tibalda, ahora por primera vez publicada según la forma original por Adolfo Bonilla y San Martín................ 5 pesetas.

XIV. — Libro de los engaños z los asayamientos de las mugeres. Publícalo Adolfo Bonilla y San Martín................ 5 pesetas.

XV. — Diego de San Pedro. Carcel de amor (Sevilla, 1492)... 5 pesetas.
Tirage sur grand papier du Japon (n°s 1 à 12)........................... 25 pesetas.

XVI, XVII. — Obras poéticas de D. Luis de Gongora, publicadas por R. Foulché-Delbosc................ Sous presse.

XVIII. — Spill o Libre de les Dones per Mestre Jacme Roig. Edición crítica con las variantes de todas las publicadas y las del Ms. de la Vaticana, prólogo estudios y comentarios por Roque Chabás................ 20 pesetas.

Les volumes de la *Bibliotheca hispanica* sont en vente à BARCELONE (Librería de « L'Avenç », Ronda de l'Universitat, 20), et à MADRID (Librería de la V^{da}. é Hijos de Murillo, Alcalá, 7).

CONDITIONS ET MODE DE PUBLICATION

La *Revue Hispanique*, fondée en 1894, paraît tous les trois mois ; elle forme chaque année deux volumes de six cents pages chacun.

Le prix de l'abonnement à l'année courante est de VINGT FRANCS pour tous les pays faisant partie de l'Union postale. Aucun numéro n'est vendu séparément.

Le prix de chacune des années antérieures est de VINGT FRANCS.

La *Revue Hispanique* annonce ou analyse les livres, brochures ou périodiques dont un exemplaire est adressé directement à M. R. Foulché-Delbosc, boulevard Malesherbes, 156, à Paris.

Tout ce qui concerne la rédaction et les échanges de la *Revue Hispanique* doit être adressé à M. R. Foulché-Delbosc, boulevard Malesherbes, 156, à Paris.

Tout ce qui concerne les abonnements doit être adressé : pour l'Amérique, à M. le Secrétaire de *The Hispanic Society of America*, Audubon Park, West 156 th Street, New York City ; pour l'Europe, à la librairie C. Klincksieck, 11, rue de Lille, à Paris.

Bibliotheca hispanica

Voir à la page 3 de la couverture

MACON, PROTAT FRÈRES, IMPRIMEURS